教師心理衛生

（第 二 版）

王以仁・陳芳玲・林本喬　著

作者簡介

王以仁（策劃主編，第一、二、三、八章）

學歷：國立政治大學心理系學士
國立政治大學教育研究所碩士、博士
美國密西西比州立大學諮商教育所研究

經歷：救國團青少年輔導中心台北市義務張老師、督導
國立海洋大學、輔仁大學兼任輔導教師
國立中山大學講師
台南縣、嘉義縣家庭教育服務中心顧問
嘉義縣衛生局社區心理衛生中心顧問
台灣嘉義監獄諮詢委員
國立嘉義師範學院秘書室主任、實習輔導室主任、進修
部主任、學生輔導中心主任
國立嘉義大學輔導學系主任
國立嘉義大學學務長

現職：國立嘉義大學輔導與諮商學系教授兼副校長
國立嘉義大學家教所、管研所兼任教授
救國團嘉義張老師諮詢委員
中華民國家庭教育學會監事
教育部學生輔導諮詢小組委員

著作：大學生寂寞之相關研究、青少年生活與心理需求之調查
研究、潛在特質理論及其應用、幼兒管教的藝術、如何
培養兒童的創造力、心理衛生與適應、婚姻與家庭生活
的適應等篇。

陳芳玲（第四、六、九、十章）

學歷：菲律賓中央女子大學（Centro Escolar University）心理
　　　與輔導博士

經歷：高雄縣岡山高中教師
　　　菲律賓僑校中文教師
　　　國立嘉義師範學院出版組主任、學生輔導中心主任
　　　加拿大 prinity Western University 諮商心理學研究所訪
　　　問學者

現職：國立嘉義大學教育學系副教授

著作：我國大學生害羞之相關研究、馬尼拉僑校菲籍華裔學生
　　　之挫折與期望研究

林本喬（第五、七、十一、十二章）

學歷：省立嘉義師專五年制國校師資科
　　　國立彰化師範大學輔導與諮商學系博士

經歷：彰化縣二水國小教師
　　　國立嘉義師院初教系助教、講師、副教授
　　　國立嘉義師院學生輔導中心主任
　　　國立嘉義大學輔導與諮商學系副教授兼附小校長
　　　國立嘉義大學輔導與諮商學系副教授兼進修推廣部主任

現職：國立嘉義大學輔導與諮商學系副教授

再版作者序

本書自民國八十一年出版至今已近十五年，除在台灣的行銷超過一萬五千本外，亦曾由中國大陸二家出版社以簡體字版發行，其數量應為台灣銷售本數的三、五倍之多。以大專教科書而言，這樣的成績當然值得作者們及出版商感到頗受鼓舞與肯定！

吾等不敢自吹法螺，強調我們三位作者是如何的才識豐富，僅可藉此說明在今日社會各種壓力之下，心理衛生及教師心理衛生係何等地被迫切需要與重視。心理出版社的發行人與總編輯這幾年間，不斷催促和要求我們對本書進行修訂而再版，然因迫於個人工作及生活的忙碌，一直遲遲無法著手進行此項任務。

直到半年前我們三位終於下定決心將本書的修訂列為第一優先，不先要求有最高品質的成果，僅以加入一些近年來國內外針對教師心理衛生相關主題之實證研究資料，作為此次再版的主軸工程！我們無法保證本書的修訂能有多麼完美，然而盡心盡力卻是作者們真實地寫照！當然，心理出版社同仁們的支持與協助，更是完成本書修訂之重要因素，想來自是令人感激萬分！

作者們因時間緊迫且個人才學有限，在本書的修定過程中難免會有些疏漏，仍然企盼各位先進能不吝給予指正。

王以仁、林本喬、陳芳玲

謹識於嘉義大學民雄校區師範學院

中華民國九十四年四月

作者序

　　民國七十六年，政府為提昇國小師資的素質，特將台灣區九所師專改制為師範學院，並於民國七十七年暑期，開始辦理暑期部學士學位進修班，提供具專科學歷之國小教師攻讀學士學位。這些冒著溽暑來修課的學生，大多數係富教學經驗與人生閱歷的國小校長、主任與教師;由於時代的快速變遷，教師角色與功能的多元化，較容易造成教師的壓力與適應問題，所以各師院為因應進修學生的需求，普遍在暑期學士班開設「教師心理衛生」課程。

　　作者先後曾擔任暑期部學士班「教師心理衛生」學習課程，透過課程的準備與課堂上熱烈的討論與報告，在在感受到學生對此一課程的學習欲望，唯一感到缺憾的，就是無法提供比較有系統的適宜教材;有鑑於此，作者曾在兩年前約定共同合作來編撰此一教材，但因各人諸多因素的影響，歷經一年仍無具體成果;直到去年，在心理出版社許總經理麗玉小姐的鼓勵、支持下，逐一克服各方面的困難，才以近一年的時間，如期完成本書。

　　本書得以順利出版，要感謝的人實在太多，在此一併致謝;而值得一提的是，沒有許總經理的支持、信任與耐心催促，便沒有此書的誕生，撰寫過程雖有很大的壓力，然而，結果卻圓滿收場。每個人的人生各階段的奮鬥與適應，不也正是如此！

　　作者在本書的撰寫工作上，雖已盡心盡力，但因才疏學淺加上時間的壓力與資料的不足，疏誤之處在所難免，尚祈諸位先進不吝指正。

王以仁、林本喬、陳芳玲

謹識

中華民國八十一年六月一日于

國立嘉義師範學院初等教育學系

目錄

contents

第一章

緒　論

　　教師心理衛生為本書所介紹之主要內容，然仍屬心理衛生（mental hygiene）之範疇，唯其以教師為特定之對象，故於介紹教師心理衛生前，先闡明心理衛生、心理健康（mental health）及適應（adjustment），接著說明心理衛生工作之演進，最後再談及教師心理衛生的重要性。

心理衛生、心理健康及適應

　　隨著社會之進步，人的意識層次也日漸提高，今日我們將個體分為「身體」（生理）與「精神」（心理）二方面；而精神方面也正如身體方面會產生各種疾病。醫學的產生原是以治療身體之疾病為主，而後研究出各種疾病的病因，人們逐漸重視預防工作；由於「預防重於治療」觀念的形成，針對預防工作所做的研究，稱之為「衛生學」。對於心理（精神）疾病的處理措施，人類最初亦著重於治療及病因的研究，今日的精神醫學便是因這些研究而產生；而以心理疾病的預防與心理健康之保持及增進為目標，所發展而成的就是心理衛生。衛生學是由一般醫學劃分出來，精神醫學導引出心理衛生，其終極目標是在滅絕心理疾病、保持心理健康。

　　如上文所述，心理衛生是在滅絕心理疾病，保持心理健康。但心理衛生與心理健康兩名詞之定義，無論在國內或國外均是眾說紛紜，莫衷一是，很難獲得一致的看法。國內專家學者或以為心理衛生就是心理健康（柯永河，民 60）；或以為心理健康有別於心理衛生（張春興、林清山，民 70），以下筆者分別探討之。

一、心理衛生的意義與目的

在心理衛生教育比較進步的美國，有關心理衛生的著作很多，對心理衛生之意義與目的的解釋，若僅從文字表面觀之，可說是多不勝數，但若從文字之涵義加以推敲，便覺大同小異，茲將其引述如下：

㈠一九二九年於美國舉行之第三次兒童健康與保護會議認為：心理衛生是指心理健康的衛生。而何謂心理健康？在該會草案中指出：「健康的心理是沒有像精神病患般的徵候……，不僅如此，心理健康是指個人在適應過程中，能發揮其最高知能而且獲得滿足，因而感覺愉悅之心理狀態。而在社會中，能謹慎其言行，並有勇於面對現實人生的能力。」（White House Conference, 1930）

㈡羅沙諾夫（Rosanoff, 1938）於其著作中說：「心理衛生是心理健康與心理效能的保持與實踐的科學。」而心理衛生的目的有下列三項：

  1.心理不正常（精神障礙）的預防。

  2.以優生學或其他方法幫助人們，在他的能力之內，保護其天生稟賦。

  3.將天生稟賦及才能，充分、妥善地運用於身體、社會、教育、職業及性等之適應。

㈢洛威利（Lowry, 1954）於其著作中說到，心理衛生之活動方向有下列三項：

  1.對人格發展給予影響作用。

  2.對精神障礙者之治療及社會復歸，以生物的、社會的、人為等具有功效之因素給予關心。

  3.保持心理健康。

　　由上所述，可界定心理衛生之意義與目的，今將其扼要概括敘述如下：

　　心理衛生是研究心理健康的一門學問，也是增進心理健康的一種服務，它是應用於人類心理方面的衛生之研究與實踐的科學。在消極方面，它是指沒有心理疾病或變態，並以預防心理方面的疾病，防止心理的不健康為目的。在積極方面，是指在身體上、心理上、社會上保持最高最佳的狀態，並以心理健康的保持，心理抵抗力的增進為目的。由此可知，心理衛生與心理健康可說是一體的兩面，若嚴格區分，心理健康是目的，心理衛生是要達成此一目的之手段。而今日談心理衛生應由以下二方面著眼：

　　㈠消極方面：應糾正對行為失常的偏差觀念，以建立對心理疾病的基本認識。

　　1.心理疾病是可以治療的。

　　2.心理疾病是可以預防的。

　　3.心理疾病並非可恥之病。

　　㈡積極方面：主動培養個人的心理健康。

二、心理健康的意義及其特質

　　談到心理健康，應先說明何謂健康。

　　所謂健康，應是泛指個體生理、心理與社會行為的健全狀態。而根據聯合國世界衛生組織（The World Health Organization，簡稱 W.H.O.）所下的定義是：「健康不僅指沒有疾病或不正常的存在，進而指每個人在生物層面、心理層面以及社會層面上能保持最佳、最高的情況。」（引自行政院衛生署，民 68）。由此可見身心平衡、情感理智和諧是一個健康人所必備之條件；而心理健康則是指：不僅沒有心理疾病或變態，且在個人之身體上、心理上以及社

會上均能保持最高、最佳的狀態。由此可見，心理健康有生理、心理及社會三方面的意義。

(一)就生理層面而言

一個心理健康的人，其身體狀況尤其是中樞神經系統應無疾病，其功能都在正常範圍，並無不健康的體質遺傳。健康的心理必須以健康的身體為其先決條件，有了健康的身體，個人無論在情感、意識、認知和行為上，才能運作正常。所以說：「健康的心理基於健康的身體。」

(二)就心理層面而言

一個心理健康的人，其個體必對自我持肯定的態度，能自我認知，明確認識自己的潛能、長處和缺點，並發展自我，認知系統和環境適應系統能保持正常而有效率，在自我發展上與人際和諧方面均能兼顧，在本我、自我與超我之間能平衡發展，且能面對問題，積極因應（coping），而不依賴消極的心理防衛（defense mechanisms）

(三)就社會層面而言

一個心理健康的人，在社會環境中能有效的適應，並能妥善的處理人際關係，其行為符合生活環境中文化的常模（norms）而不離奇怪異，角色之扮演符合社會要求，與環境保持良好的接觸，且能為社會貢獻其心力。

健康一詞，並不意味沒有疾病。當然，沒有疾病的人是比有疾病的人來得健康；但人們常不自覺疾病的存在，甚至有些疾病根本無法診斷。生活於今日知識爆發的時代，不同領域的科學研究者，均透過研究對象之數量化以求得客觀的分析、比較。但心理健康是

不能像生理健康方面可以若干數據加以量化；體溫、血壓、白血球
數目等數字，均屬具體數量，可表明生理健康與否，而心理健康無
法根據這些數據作為基準，衡量個體之實際狀況；且心理健康與不
健康，並非絕對的兩面。正如柯永河教授說：「天下無絕對健康之
人，亦無絕對不健康之人。」（彭駕騂，民 78）。它是一種相對
的型態，每個人在不同的環境中，其行為表現亦不完全一致，心理
健康與不健康之間，很難以明確的二分法予以釐清。今筆者將心理
健康者歸納為具有以下六項特質：

(一)積極的自我觀念──能了解並接受自己

　　擁有健康性格的人，能夠正向的看待自己和別人，喜歡自己，
也覺得自己為他人所接納；了解自己的長處與短處，並對此優、
缺、特點有適當的自我評價，不過分自我炫耀，也不過於自我譴
責，即使對自己有不滿意的地方，也不妨礙他感受自己較好的一
面。心理不健康的人，則將注意力全放在自己的缺點上，以至於對
自己的感受很差。例如有人會對自己說：「我不如期望中聰明，我
真是一無可取。」心理健康的人則會說：「我雖然不如期望中來得
聰明，但我仍有其他優點，我是快樂的。」且心理健康的人對違背
社會規範的願望，不作過分的壓抑。而一個人是否能接納自己，
「幽默感」是一個很好的指標；自己眼中的我和別人眼中的我是否
一致也是一個重要的關鍵，二者愈趨一致，顯示心理愈健康，若不
一致，則容易造成困擾。心理健康的人較能不受自己的動機或防衛
機轉所影響，能真確的觀察自己；能對自己真確的覺知，也就是能
與現實真實的接觸。

(二)對現實有正確的知覺能力——能面對現實並可有效地適應

幾乎所有心理學家都同意：心理健康的人要能對現實環境有正確的覺知。每個人每天都在適應環境和因應環境中的壓力與要求，因此能對現實作正確的詮釋是相當必要的。心理健康的人可與現實保持良好的接觸，能對環境作正確的、客觀的觀察，並可作有效的適應─我無法改變環境，我就適應環境；換言之，心理健康的人可以實際的方法謀求解決，而不企圖逃避；能忍受生活中挫折的打擊，而不遁入幻想。同時，在不違背團體原則下，能保持個性，不過分諂媚，亦不過分要求讚許。

(三)從事有意義的工作——有工作、勤於工作且熱愛工作

大多數人均投注相當多的時間在不同形式的工作上。艾克森（Erikson, 1950）指出，對工作的投入，能使人獲得成就感並提高自我價值感，對於心理健康相當有益。所以說有能力從事生產性工作，是一項有益於健康的人格特質。工作或職業可以表現個人的價值，獲得社會地位，並可免除不必要的憂懼。一個心理健康的人，能將本身的才能從工作中表現出來，同時也可由工作中獲得成就。因此，一個心理健康的人，他是勤於工作且熱愛工作的人。

(四)良好的人際關係——能有朋友且有親密的朋友

朋友可以滿足我們安全與隸屬的需求；滿足愛與被愛的需求；並可與我們合作奮鬥、分憂解愁。一個心理健康的人，他能愛人也能被愛；與人相處時，尊重、信任、讚美、喜悅等正面態度多於仇恨、疑懼、嫉妒、厭惡等負面態度。所以能維持和諧的人際關係，並不一定要有許多好朋友，但卻能與他親近的人，維持親密的關

係；且有健康性格者的社交能力，能使他在和別人交往時感到舒服自在，並能滿足自己的需求。與朋友能彼此信任、喜歡，也願意盡一己之力幫助對方，將關係建立在互惠之上。一個心理健康的人，其個人思想、目標、行動能力與社會要求相互協調，能重視團體需要，接受團體傳統，並能控制為團體所不容的慾望。

㈤平衡過去、現在和未來的比重──活在現實生活中，擷取過去之經驗，並策劃未來

擁有健康性格的人，能擷取過去之經驗以策劃將來。其重視現在，且有能力預期即將來臨的困難而事先設法解決，平衡過去、現在、未來的比重，對生命做最好的利用。健康性格的人並非是十全十美，而是能由過去的錯誤中學習，進而邁向成熟的人。

㈥能自我控制感受與情緒──真實且實際地感受情緒並恰如其分的控制

一個心理健康的人能體會所有的情緒。其感受快樂、愉悅、愛與感受憂傷、罪惡感、憤怒一樣自然。真實而實際的情緒經驗是接近現實，即個體對環境能真實的覺知，且能如實的感受；並能恰如其分的控制，不至於太過或不及。情緒若不加以控制或過分控制均會令人不悅，心理健康的人不會過於冷酷或無情，他在情緒方面能恰當地估量並表現得合乎情境。

上述論及心理健康之特質，在這多變、多元化的社會，要保持心理健康則必須有良好的適應能力。良好適應與心理健康二名詞，均表示個人有價值且被讚許的行為，但其在字義上仍有不同之處。以下就適應二字加以定義。

三、適應之定義及其標準

在日常生活中，「適應」是常用之詞，但其二字之意義為何？是表示個人問題得以解決時快樂自在的感覺；或代表對團體的要求與期望的一種使人不愉快的順服。不同的情境對「適應」二字有其不同的看法。且各學派受其本身價值觀之不同影響，每個人對人性有其獨到的見解；所以，截至目前為止尚無一個「適應」的定義能廣為大眾所接受。以下筆者根據各派之理論，綜合歸納，對「適應」二字加以界說。

㈠適應是指個人與環境間的互動

人類是群居的動物─居住於家庭、鄰居、社區團體、學校及職業團體間；所以，適應是個人與環境間的互動。互動意指一種相互的培養及影響，而環境是指個人外在一切與其有關的事務。

㈡適應是一種雙向的過程

我們影響環境亦受環境影響。單向的適應概念使許多人過於順從環境的要求，雙向的適應觀點不僅更為合適也較具樂觀性。所以，我們不僅順從環境，也應使它順從我們。

㈢適應的本質是動態而非靜態

個人、環境及其間之關係並非固定不變。因為在不同環境下，對相同的事件，個人會因環境之不同而做不同的調適。

㈣適應是對生活具有控制力

一個人若能自由選擇其所從事的活動，而非責任義務所迫，則

此種自主感將促其勇於追求有回饋、滿足感之事物，而非籠罩在未知的恐懼中，而不敢追求自己的目標。

　　由上述可知「適應」的意義，而適應之好與壞，常以個體與環境是否能取得和諧的關係而定，其標準究竟為何？今分別敘述如下：

(一)個人之心理情境與實際情境相吻合

　　所謂心理情境是指個人因實際情境所生之意念、看法與想法。個人之心理情境若能與實際情境相吻合，便可產生適當的行為以應付其所處的環境。

(二)可針對實際情境調節其反應

　　適應良好者，對事件之處理，不會受一時一地所影響，其將顧及廣大的空間、久遠的時間，隨時調節其反應。

(三)個人與環境必須相互協調以求適應

　　個人在某種情境下，必須改變其行為，以迎合環境之所需；有時則必須改變環境，以配合個人之需要。例如身心殘障者，於日常生活環境必適應不良，教育當局必須有特殊之教育設施，以因應其需要，使其能發揮所長，立足社會。

第二節

心理衛生工作的演進

一、心理衛生運動的起源

　　心理衛生運動的源起，與美國的畢爾斯（C. Beers, 1876～1943）有極密切的關係。畢爾斯畢業於耶魯大學法律系，但因患了憂鬱症而住進精神病院；在病癒後卻無法獲准出院。在當時以隔離收容為主的精神病院，缺乏有效的治療；即使痊癒後，也少有人聞問，因此能順利出院的人少之又少。畢爾斯本人是學法律的，他自知按照一般途徑是無法出院的，於是他運用所學，結合大眾傳播和司法的力量，經過一連串的努力，最後終於得到憂鬱症痊癒的證明而出院了。隨後他根據自己親身的經驗於一九〇八年寫成一本舉世聞名的書「我找回了自己」（A mind that found itself）。並於一九〇九年發起組成全世界第一個地方性的心理衛生組織，稱為「康州心理衛生協會」（Connecticut Society for Mental Hygiene）。一九一〇年組成「全美心理衛生委員會」（National Committee for Mental Hygiene），於日後再改名為「全國心理衛生協會」（National Association for Mental Health）。此一協會的主要目的在調查精神病患的保護狀況，再根據調查結果提高其保護水準。由於畢爾斯對心理衛生觀念的鼓吹，促使美國社會對精神疾病觀念的改變；而佛洛依德等人在精神醫學上的創見與方法，也因此為美國所引進。

　　上述是美國，亦是全世界心理衛生運動的起源。雖然在畢爾斯之前已有人使用心理衛生一詞，但此名詞確實發揮其作用，是在畢

爾斯出現之後。所以，畢爾斯一生貢獻於心理衛生運動之推展，為後人帶來無窮的福祉，也令世人無限的敬愛與追思。

二、國際心理衛生工作之推展及其現況

　　畢爾斯所倡導的心理衛生運動，由美國開始逐漸推廣成為世界性的活動。茲舉美、英二國，分別說明於后。

(一)美國心理衛生工作之演進及其現況

　　於一九一○年組成的全美心理衛生委員會，在一九二二年後協助全國各地陸續設立「兒童輔導診療所」（Child Guidance Clinics），並頒發精神醫學研究補助金。一九三○年國際心理衛生委員會在華盛頓召開第一次國際心理衛生研討會；此組織於一九四八年更名為「世界心理衛生聯盟」（World Federation for Mental Health，簡稱WFMH），此後每隔二年召開一次世界心理衛生會議，目前共計有會員國四十五個。我國於一九五四年加入，屬資深會員國；每次大會，均派有學者前往參加。一九四六年經國會通過，並由聯邦政府公佈《國民心理衛生法案》（National Mental Health Act），並根據該法案於一九四九年設立「國立心理衛生研究所」（National Institute of Mental Health），直屬聯邦政府衛生教育福利署之公眾衛生局。該研究所的主要工作為心理衛生之調查研究、各州心理衛生專家的訓練及有關心理衛生研究補助費的分配與撥發等；並於各地設置心理衛生診療所（Mental Hygiene Clinics）與兒童輔導診療所。一九五○年全國心理衛生委員會與全國心理衛生基金會（National Mental Health Foundation）、精神醫學基金會（Psychiatric Foundation）合併為「全國心理衛生協會」（National Association for Mental Health），推展全國心理衛生工作。一九五

五年七月成立「精神病與心理衛生協同委員會」（Joint Commission on Mental Illness and Health）並隸屬於國會，該會之目的在檢討及研究當前的心理衛生問題。以下針對美國之心理衛生診療所及兒童輔導診療所分別陳述於後。

1.心理衛生診療所

根據國立心理衛生研究所統計部巴哈與諾門（Bahn, A.K. & Norman, V.B.）共編之《美國精神科外來病患診療報告》（Coleman, 1953）指出：一九五四年至一九五五年全國心理衛生診療所共有一千二百三十四所。診療所每週診療時間在三十五小時以上者占百分之五十一點四，以下者占百分之四十八點六。就診療對象而言，五分之二的診療所是以成人及兒童為對象，五分之二是以兒童為對象，而另有五分之一是以成人為對象。由此可知心理衛生診療所運作之大概情形。

2.兒童輔導診療所

兒童輔導診療所是專為兒童心理衛生及精神醫學所設立的機構，故其又名「兒童精神診療所」（Psychiatric Clinic for Children）。其於一九○九年由海利創立，並以「診療協同工作」（診療所內不僅有精神醫學者，尚有心理醫學者、社工人員等結成一個診療協同工作）為其組織型態。其主要目的是不良行為傾向兒童的研究，以性格偏差、問題兒童為處理對象；而其功能最初乃在對少年法庭提出診斷報告，並向問題兒童之父母提出勸告，但因經常受感情的影響而無法實行，便於一九三○年改採針對兒童本人施予各種心理治療，並對其雙親施予面談方式的心理治療；除了治療的功能之外，兒童輔導診療所可獲得國立心理衛生研究所撥發之補助金，以訓練兒童精神科醫師、精神社會工作者等專門人員。有些診療所附屬於大學內，故其也具有教育功能，並能運用各種方式辦理大眾教育，以達到社會教育的功能。

兒童輔導診療所依其性質可分為五類：

(1)普通診療所：專門處理地域社會內的兒童問題。

(2)醫院附屬診療所：附設在綜合醫院內，尤其與小兒科有其密切的關連。

(3)收容診療設施：專門收容對象包括低能、癲癇病、精神病之兒童。

(4)學校診療所：它是在大都市學校內專為兒童精神或諮商者。

(5)大學附屬診療所：設於一般大學心理系、教心系、社會系內，以供學生實習，其主要目的為研究。

由上述可知美國各地心理衛生工作之推展及其功能，亦可見其對心理衛生工作之重視。

(二)英國心理衛生工作之演進及其現況

二次大戰前，英國國內經由有識之士的努力，先後成立心理衛生審議會（National Council for Mental Hygiene），中央心理福利協會（Central Association for Mental Welfare），兒童輔導審議會（Child Guidance Council）等團體。這些團體於戰後合併稱為「心理衛生協會」（Association for Mental Health），其對心理衛生的啟蒙運動有著鉅大的貢獻。以下針對英國的心理衛生行政機構與兒童輔導診療所的內容說明如下：

1.心理衛生行政機構

由於英國全面施行保險制度，其心理衛生服務成為國民健保服務的重要部門。並基於一九五三年心理缺陷條例（Mental Deficiency Act）在中央設立一所管理局，專門掌管心理衛生業務。而地方業務則由地區醫院局與地方保健局所管轄。地區醫院局負責管理專門的診療所與醫院業務；地方保健局則負責地方社會的保健，如辦理精神障礙者之醫療與保護手續、低能者之收容、輔導與職業

輔導業務，以及精神障礙者的保護工作等。（Ross, 1952）

2.兒童輔導診療所

　　自十九世紀後半期起，英國開始關心低能者或智能不足者的社會問題；而對少年犯罪問題更是特別重視。一九○八年英國設立最早的少年法庭，並於一九○九年由保護低能者皇家委員會（The Royal Commission on the Care and Control of the Feeble Minded），提出有關少年犯罪與心理問題之間關係的報告書，此報告書激起政府於一九一三年公佈智力缺陷條例，並於同年由各地之有識之士，組織中央心理福利協會，使社會大眾對於智力缺陷者特殊教育的關懷更為熱心。一九二五年倫敦大學心理學教授布爾特（C. Burt）出版一本「少年犯罪」（The Young Delinquent）專書，強調家庭與社會環境對青少年反社會行為二者之相關，促使原以治療成人精神病為主的 Tavistock clinic，於一九二六年設立兒童診療部，這是英國最早的兒童診療所。大不列顛猶太保健組織（Jewish Health organization of Great Britain）並於一九二七年開始正式創立兒童診療所，然在此診療所工作的人員均未曾受過專門的訓練。一九二六年蘇利少年法庭（Surry Juvenile Court）的一位法官訪問美國，並參觀其兒童輔導診療所；返國後，於一九二九年在 Islington 創立「倫敦兒童輔導診療所及訓練中心」（London Child Guidance Clinic & Training Center），在此正式開始訓練兒童心理衛生的精神科醫生、臨床心理學家與社會工作者，並且獲得財團援助，派遣人員赴美接受兒童精神醫學訓練，返國後在該中心專門負責指導訓練的工作；此後由地方教育當局協助設置兒童輔導診療所。一九四六年國民健康服務條例（National Health Service Act）公佈後，國民心理衛生工作更受重視，凡是人口在二十五萬人之地區，均設置兒童診療所，它是屬於地區醫院或地方保健局所管轄。

三、我國心理衛生工作之推展及其現況

　　我國心理衛生運動起源於民國二十年，由中央大學吳南軒教授於該校心理系開設「心理衛生」選修課程。並在吳南軒教授的鼓吹下，於民國二十五年四月十九日在南京宣佈成立中國心理衛生協會，並選出理事、監事，不久因抗戰爆發，僅成立一年會務便告停頓。抗戰勝利後，中國心理衛生協會於民國三十六年十一月十一日在南京復會，但因大陸政權改變，會務工作又告停頓。

　　民國四十四年中國心理衛生協會在台灣復會，每年定期舉行年會，並出版《心理衛生通訊》一冊；且不定期舉辦研討會、演講等活動。民國七十三年起，為提昇學術水準，改發行《中華心理衛生學刊》。

　　由上述可知，我國心理衛生之發展起步頗早，約比鄰國日本早十四年。雖因抗戰及動亂有所停頓，但自政府遷臺後，其發展更為迅速。目前在行政上由行政院衛生署負責推行此運動，在學術上由中國心理衛生協會領導，且定每年十二月的第一週為心理衛生週，教育部訓育委員會更經常舉辦心理衛生研習會、出版心理衛生叢書，是學校推展心理衛生工作的主導者。

　　目前我國心理衛生工作係由社區、醫院、學校三方面同時進行，簡要說明於後。

(一)社區方面

　　除設立於台北市市立療養院之台北市社區心理衛生中心外，早年由台灣省衛生處亦於台北、台中、台南、高雄四處均設有社區心理衛生中心，提供心理衛生之門診與諮詢；其他之民間公益團體有「張老師」、「生命線」、「勵友中心」、「兒童心理衛生中

心」。其中救國團之「張老師」輔導中心，首創於民國五十八年，目前已遍設於台灣省各縣市，提供生活、職業、學業、婚姻等多方面的諮詢輔導功能；並於民國七十七年增設「青年諮商服務處」。張老師推動的一些服務計畫均著重於預防工作方面，其成效頗為社會各界所肯定。

(二)學校方面

　　民國五十二年設立於台北市東門國小的心理衛生室，是全國最早設立於學校方面的心理衛生機構。而於民國六十年修訂高級中學課程標準，特將輔導工作增設於課程總綱中，強調心理衛生之重要性。民國六十二年公佈《高中學生評量及輔導實施方案》。民國六十八年公佈《高級中學法》，明定各高級中學設立輔導工作委員會，置專任輔導教師。自七十三學年度起，各高級中學及職業學校開始設立輔導室，聘任主任輔導教師或輔導教師。各大專院校則於六十五學年度起，由教育部通令設置學生輔導中心或心理衛生中心。目前學校心理衛生工作已與學校輔導工作結為一體，各校已普遍設置輔導中心及輔導人員。所以，我國目前學校方面的心理衛生工作已具有其普遍性了。

(三)醫院方面

　　根據葉英堃（民 73）之調查，台灣地區共有八十一所公私立精神醫院、綜合醫院精神科及診所；共有六〇九三個病床，一六八位精神科醫師、三十五位臨床醫師、四〇位社會工作者、六十五位職能治療師；這些設施和人員，主要從事於治療的工作。在預防心理衛生疾病的工作方面，因台北市立療養院兼台北社區心理衛生中心之故，故其做了不少預防方面的工作；但就目前台灣地區人口比例及實際需求而言，這些人員及設施就顯得相當不足，有待補充。

　　我國民國七十九年十二月七日公佈的《精神衛生法》，其內容共分為六章五十二條，且於九十一年六月作過部分條文修訂。在此，將其中與心理衛生工作有關的條文，分別摘述如下：

第一條：為預防及治療精神疾病，保障病人權利，促進病人福利，以增進國民心理健康，維護社會和諧安寧，特制定本法；本法未規定者適用其他法律之規定。

第八條：中央及地方政府為推動精神醫療，精神復健及心理衛生保健工作，應按年編列預算支應。

第十條：直轄市及縣（市）衛生主管機關得設社區心理衛生中心，負責推展心理衛生保健有關工作，並協助教育主管機關推動各級學校心理衛生教育及輔導。

第十二條：各級政府應按需要，設立或獎勵民間設立精神醫療機構、精神復健機構及心理衛生輔導機構。精神醫療機構之設置及管理，依醫療法規定；精神復健機構及心理衛生輔導機構之設置、管理及獎勵辦法，由中央衛生主管機關定之。

第三十六條：病人之人格與合法權益應受尊重及保障，不得予以歧視、虐待或非法利用。對於已康復之病人，除能證明其無勝任能力，不得以曾罹患精神疾病為由，拒絕入學、應考、僱用或予其他不公平之待遇。

第三十九條：病人或其保護人或家屬，認為精神醫療機構、精神復健機構、心理衛生輔導機構及其工作人員，有侵害本法所定病人權益時，得以書面檢具事實，向各級衛生主管機關申訴。前項申訴案件，各級衛生主管機關應就其申訴內容加以調查、處理，並應於一個月內將辦理情形通知申訴人；申訴人如有異議，得再檢具書面理由，向上級衛生主管機關提出申訴。

第四十六條：精神醫療機構、精神復健機構及心理衛生輔導機構違
　　　　　　反本法有關規定，除依本法第四十三條、第四十四條
　　　　　　或第四十五條規定處罰外，對其行為人，亦處以各該
　　　　　　條之罰鍰。

　　另外，在民國九十年十一月公佈「心理師法」，其中與心理衛
生及健康有關的條文，亦摘述如下：

第十三條：臨床心理師之業務範圍如下：

　　　　　　一、一般心理狀態與功能之心理衡鑑。

　　　　　　二、精神病或腦部心智功能之心理衡鑑。

　　　　　　三、心理發展偏差與障礙之心理諮商與心理治療。

　　　　　　四、認知、情緒或行為偏差與障礙之心理諮商與心理
　　　　　　　　治療。

　　　　　　五、社會適應偏差與障礙之心理諮商與心理治療。

　　　　　　六、精神官能症之心理治療。

　　　　　　七、精神病或腦部心智功能之心理治療。

　　　　　　八、其他經中央主管機關認可之臨床心理業務。

　　　　　　前項第六款與第七款之業務，應依醫師開具之診斷及
　　　　　　照會或醫囑為之。

第十四條：諮商心理師之業務範圍如下：

　　　　　　一、一般心理狀態與功能之心理衡鑑。

　　　　　　二、心理發展偏差與障礙之心理諮商與心理治療。

　　　　　　三、認知、情緒或行為偏差與障礙之心理諮商與心理
　　　　　　　　治療。

　　　　　　四、社會適應偏差與障礙之心理諮商與心理治療。

　　　　　　五、精神官能症之心理諮商與心理治療。

　　　　　　六、其他經中央機關認可之諮商心理業務。

　　　　　　前項第五款之業務，應依醫師開具之診斷及照會或醫

　　　　　囑為之。

第十五條：心理師執行業務時，應製作紀錄，並載明下列事項：

　　　　　一、個案當事人之姓名、性別、出生年月日、國民身
　　　　　　　份證統一編號及地址。

　　　　　二、執行臨床心理諮商心理業務之情形及日期。

　　　　　三、其他依規定應載明之事項。

第十六條：心理師執行業務發現個案當事人疑似罹患精神官能症、
　　　　　精神病或腦部心智功能不全疾病時，應予轉診。

第十七條：心理師執業機構之人員，對於因業務而知悉或持有個案
　　　　　當事人之秘密，不得無故洩漏。

第十八條：心理師執行業務時，不得施行手術、電療、使用藥品或
　　　　　其他醫療行為。

第十九條：心理師應謹守專業倫理，維護個案當事人福祉。心理師
　　　　　執行業務時，應尊重個案當事人之文化背景，不得因其
　　　　　性別、族群、社經地位、職業、年齡、語言、宗教或出
　　　　　生地不同而有差別待遇；並應取得個案當事人或其法定
　　　　　代理人之同意，及告知其應有之權益。

　　由以上所述可知，我國心理衛生工作的推展，在廣度上已由學校擴展到社區，在內容範圍上，則涵蓋了生活教育與職業等各方面；在法律上，也已公佈《精神衛生法》、《心理師法》及其施行細則。這些都足以證明我國近年來，在心理衛生工作的推展上，已有了進步與成效。

　　綜上所述，我國心理衛生工作的推展，在廣度上已由學校擴展到社會，在範圍上已涵蓋生活、教育與職業各方面，但在醫療人員的培育及醫療設施之完備上仍有待加強。

教師心理衛生的重要性

一、今日教師適應問題之社會背景

自傳統文化尊師重道的美德，到今日許多教育工作者之大聲感歎：「人心不古」、「老師難為」，乃至不得不佩服兩千年前孟子所說：「人之患，在好為人師。」這句話的先知灼見；可見在社會變遷快速腳步下，不少教師面臨了適應上的嚴重問題。展望未來，社會必然繼續加速變遷，教育之意義與功能，乃至教師所應扮演何種角色，必有其新的評價。

㈠教師之角色扮演

學校是培育學生健全人格，促進良好生活適應的主要場所，而其成敗則繫於師資之良窳，教師是學校教育的主要推動者。在整個教學過程當中，教師扮演著十分重要的角色；舉凡訂定合宜的教學目標、選擇適當的教材、呈現教材的方式、安排有利的教學情境、評量教學結果、診斷學習困難及教室管理等，都是教師所必須肩負的任務。教育的目的在藉師生彼此的互動歷程，促進學生智能與健全人格的發展。一個優良的教師，除需具備豐富的專業知能、精熟的教學技巧外，更重要的是需有健全的人格與健康的心理狀態。因為，有心理健康的教師，才能透過教學歷程影響學生，而培養出身心健全的良好學生，也是未來的良好國民，以達成教育目標。

西諺云：「有怎樣的校長，就有怎樣的學校；有怎樣的教師，

就有怎樣的學生。」教師是學生心目中的「重要他人」（significant others），是學生認同的楷模，在師生日常互動中，最能發揮潛移默化的功能。林清江（民70）指出：「教師是連繫過去傳統文化、現在社會需要與未來社會理想的關鍵人物」。美國教育學者畢比（Beeby, C.E.）更認為教育品質是教師品質的反應；沒有優秀的教師，則無法達成良好的教育品質（廖貴鋒，民 75）。教師在我國的傳統社會中，由於身負傳道、授業、解惑三重責任，所以地位一向崇高，受人尊敬。而教師的地位亦與天、地、君、親並列，一日為師終身為父的觀念是根深蒂固的。因此，以往很少有人懷疑教師的人格與心理適應的問題。但是近年來，工業技術發達，社會快速的變遷，傳統價值觀已不斷面臨新的挑戰。

(二)教師之適應及社會衝突

隨著教育的普及，國民知識水準的提高，教育的功能日益擴大，教師擔負的角色亦愈趨複雜；教師所要面對的不只是繁重的教學工作，他更要克服諸如升學主義之壓力、校園暴力之昇高、學生人數之激增，以及補習與體罰等層出不窮的教育問題所帶來的負面震盪；加上來自社會大眾、學生家長的期望與干預，主管教育行政機構的種種規定與要求，諸多無法控制的因素，更增加了今日教育工作重重的困境，致使教師甚難由工作中實現「作育英才」的理想和抱負，而不易獲致滿足感與成就感。

教師也是人，既然是人，難免或多或少有著某種程度的適應問題。尤其是社會的急遽變遷下，以教師有限之待遇、工作之繁重，我們不可期望每一位教師均是盡善盡美的完人。一個長期處於嚴重工作壓力下的教師，勢必抱持著消極的自我形象，對自身的社會地位產生焦慮（林清江，民 60），易感心力交瘁，甚至有放棄角色的意願（郭生玉，民 69），進而直接可能減低教學熱忱，間接影

響學生身心平衡與發展，中國時報民國八十年十月二十九日報導嘉義地區一名國小教師所寫〈給執政當局教育行政主管〉的一首打油詩：

> 你們說不過我們（有理），我們卻爭不過你們（有權），你們可以不守法（國民教育法），我們不能不聽話（一紙公文），你們可以再等十二年（國民教育法六十八年五月公佈實施），無奈歲月不饒我們。你們待人不公平（國中小差別大），我們年年鳴不平，你們可以對我們刻薄（歷年扣半獎金、扣發加班費鐘點費），我們不敢也不想討回這筆債。你們對我們漠不關心，卻要我們付出愛心。你們仍舊實施放牧式的大班制，卻叫我們因材施教適應個別差異。你們不解決國小教育實際問題，卻要我們個別化教學有教無類。請你們不要再以「大細漢」之（差別）利器，大力腐蝕和削減我們的士氣。只請你們多尊重我們，我們不想擁有特權（國中小學教師所得免稅），我們不奢求你們的垂憐，卻要活得有尊嚴。

上述一段是位國小教師對種種教育現況的不滿，所引發的不平之鳴。這首打油詩未必句句真實，但卻指出了在目前教育行政體系下，確實會造成部分教師的哀怨不平，對於其個人的心理健康自會造成頗大的負面影響，是值得深思與積極檢討改進者。

在美國，根據許多客觀資料，至少有百分之六至百分之八的教師，都有著不同程度的不良適應（彭駕騂，民 78）。這個數字和其他行業之從業人員心理不健康的數字大約接近，但由於教師人格對學生具有深遠的影響，因此教師心理衛生問題，是值得注意的問題。所羅門教授（Solomon）說過：「在個體人格發展方面，教師

的影響僅次於父母。一個孩子如果擁有甜蜜的家庭，享有父母的愛，又得到一個身心健康教師的教導，那是無比幸福的。相反的，如果他既不能由父母那邊得到足夠的關懷與愛護，又受到情緒不穩定教師的無端困擾，必將造成許多身心發展的問題。」（彭駕騂，民 78）。

二、近年來教師個人適應及其心理健康之相關研究

　　根據國外之調查發現，就現今從事教學這份職業的教師來看，無論在職業適應或生活適應方面，未必較社會上其他行業的人表現得心理更健康，甚至其心理適應困難之比率反較一般人高（張春興、林清山，民 70）。以下分別陳述有關教師適應不良、工作倦怠以及其成因之國內外各相關研究。

㈠有關教師適應不良之研究

　　根據美國教育協會（National Education Association, NEA）之估計，美國現職教師約有 30%的人想改行從事其他行業（Bardo, 1979），同時有40%的教師表明在屆齡退休之前會提前離職（Muse, 1980），一九七六年九月號之教師雜誌（Instructor Magazine）曾刊登有關教師健康的問卷，徵詢三十萬的讀者填答，從九千多份回答問卷中（絕大部分是小學老師）發現，84%填答的教師相信教學工作有危及健康的風險，75%認為至少會因有關壓力或緊張的疾病而失去一些工作日；而這些教師指出「壓力」是影響他們健康的主因（Sparks & Hammond, 1981）。美國教師協會（NEA）在一九三八年的研究指出：五千一百五十位的教師中，37.5%有嚴重焦慮和精神緊張的情形（Miller, 1981）。Dunham（1976）調查發現，今日的教師正經驗到較以往有更多與更嚴重的壓力，使其不

良適應更為嚴重。

(二)有關教師職業倦怠之研究

　　從國內研究中發現，burnout 一字的譯名有：工作倦怠、職業倦怠、專業倦怠、工作心厭四種，而大部分的學者多採職業倦怠為 burnout 的譯名。職業倦怠是壓力引發的問題，常發生在「助人」的專業，如教書、社會工作、人力資源、護理工作以及執法人員身上，它並不是某個時候特別出現的特殊情緒、態度或心理反應，而是長期存在的情緒上之疲憊，並且夾雜著負面態度（Robert & Angelo, 2001）。從一九七四年 Freudenberger 首次提出職業倦怠（burnout）的名詞後，相關的研究在質量上都快速的增長。教師職業倦怠的意義常因研究者的觀點差異而有不同的解釋，茲將各研究者定義條列如下：

　　1.「職業倦怠」乃是教師為因應不良的工作壓力，逐漸感受到生理與情緒耗竭，以消極的態度對待學生，以及工作動機與成就感降低等負面的情感反應，進而損害工作表現和身體健康（周立勳，民 75）。

　　2.「職業倦怠」是教師在工作環境的互動過程中，由於無法有效因應壓力與挫折，所獲致個人身心耗竭，會以退縮、冷漠、嘲諷的態度對待周圍的人，並且在工作上出現成就感低落等負向改變的現象（何郁玲，民 88）。

　　3.職業倦怠是負面反應或壓力的綜合症狀，包含無人性化、情緒耗竭、低成就感三方面。它可以視為個人心理的和情感上健康的指標（Cheuk & Wong, 1995）。

　　教師是屬於助人的專業工作者，其工作常與人接觸，需投入大量的心力和情感，但其成就無法獲得立即的回饋，故最易產生職業倦怠（Maslach & Jackson, 1981）。近二十年來美國教育界和一般

民眾對教師工作倦怠（工作不滿意、疏離感和工作壓力）之研究，產生極大的興趣，許多雜誌和專刊均曾對工作倦怠做了相當詳細的報導，美國教育協會（NEA）更將教師倦怠做為一九七九年教育年會的中心議題。就國內而言，有關助人專業者的工作壓力和職業倦怠之研究相當多，並發現助人專業工作者有明顯的職業倦怠和工作壓力現象。其研究對象有教師（周立勳，民 75；林玟玟，民 76；黃正鵠、鄭英耀，民 78；黃淑珍，民 77；郭生玉，民 76、78；黃焜輝，民 73；劉淑慧，民 76；廖貴鋒，民 75）；學校輔導教師（林幸台，民 75；劉淑慧，民 76；韓楷檉，民 75）；社工員（張曉春，民 72；楊蓓，民 77；蔡淑芳，民 73；劉淑慧，民 76）。Farber & Miller（1981）曾指出，在這些助人工作中，以教師最容易遭受工作壓力與職業倦怠，也發現教師的職業倦怠高於學校輔導教師。

　　而郭志純（民 92）綜合分析教師工作壓力後有以下三項發現：

　　1. 教師工作壓力對職業倦怠有預測作用。

　　⑴工作壓力是職業倦怠的來源。

　　⑵教師知覺到的工作壓力愈大，所感受的工作倦怠程度也愈高。

　　2. 教師工作壓力是職業倦怠來源，但非唯一重要因素。部分背景變項對工作壓力與工作倦怠具有調節作用。

　　3. 滿足教師因應資源是減少教師職業倦怠的有效方式。

　　教師的工作影響層面相當廣，故教師身心健康問題已日受重視。而美國教育當局特別指出：教師工作壓力和職業倦怠是教育人員在一九八〇年代最嚴重的問題（黃淑珍，民 77）。而當今研究教師工作壓力與職業倦怠情形，已成為國際性的一個重要主題。可見教師之工作壓力、職業倦怠等負向結果，已逐漸受到社會大眾的關心。

㈢有關教師工作倦怠成因之相關研究

　　教師工作倦怠與教師離職、曠職及退縮行為有關，其對學生學習的品質亦有重大影響；因此，深入了解目前學校教師工作倦怠的實際情況，探討有效建立教師工作的積極態度，並設法減低教師的工作倦怠程度，是今日從事教育研究之學者及教育當局不可忽視的重要課題。以下將國外之各項研究陳述於下：

　　1. 美國教育協調人員通告委員會（National Association of Educational Negotiators Bulletin）在一九八一年二月的報告中指出：下列乃是造成教師工作倦怠的成因：

　　⑴教師很少或沒有參與作決定的機會，例如參與選購教學物質方面的權力。

　　⑵由於教師調任和流動的減少，使教師晉陞不易。

　　⑶大眾對於學校的不滿意，可以經由人民拒絕繳納有關教育方面的稅收，以及從家長對於教育措施的苛求等現象而反應出來。

　　⑷財經方面的困難。即是指薪水的增加有限，以及編列購買教育物質的經費愈來愈少。

　　⑸大約半數的教師所獲得的報酬不夠。

　　⑹學校中學生訓育的問題，尤其是教師遭受言語或人身的攻擊方面。

　　⑺教師負責文書作業之數量大為增加。

　　⑻遭受到非自願性的調任，或申請調任不被採納。

　　2. 柯茲（Kurtz, 1980）認為教師許多情緒方面的不滿意和壓力，是由學校各種內在和外在之因素所引起的。

　　3. 卡拉普（Callup, 1982）的一項對公立學校的態度調查中指出，教師工作倦怠的可能原因是學生訓育問題、教師薪水低微、學生缺乏學習動機，以及缺乏學生家長的支持。

4.瑞德（Reed, 1979）認為不適當的專業訓練、不良的組織結構，以及和已經有工作倦怠的行政人員一起工作，是教師工作倦怠的主要來源。

5.麥孤瑞（McGuire, 1979）指出學生的暴力行為、蠻行、具破壞性的學生、不合宜的薪水、非自願性的調任，以及過度的文書工作是教師工作倦怠的原因。

6.瑪斯蕾克和潘斯（Maslach & Pines, 1977）認為自我的過渡涉入、大量的文書工作、不適當的薪資、與行政人員的關係不佳、領導人的軟弱無能、不良的領導方式，以及由於獨裁而產生的阻力等，影響到個人情緒和組織機構的發展。

7.加蘭德（Garland, 1981）認為教師之職業倦怠成因有下列七項：

(1)校長對訓育問題處理不當。

(2)學校缺乏足夠的資源可供使用。

(3)課程事前準備之時間不夠。

(4)學校行政缺乏效率。

(5)缺少學生家長的支持。

(6)缺少晉陞的機會。

(7)與同事之間人際關係欠佳。

三、當前教師心理衛生的重要性

由於社會的快速變遷，人際間之競爭日趨激烈，家庭結構的改變，人情味日漸淡薄，工商業之突飛猛進，造成人們的工作壓力也愈來愈大。因此心理疾病也隨著時代的轉變，有愈來愈普遍的現象，且心理疾病患者往往對社會會產生負面的影響。心理疾病者，往往無法從事有益於社會的工作，且缺乏效率，易產生人際關係的

緊張；在家庭上，造成家庭經濟之負擔，嚴重者則對家庭、社會安全構成威脅。一個人若有了心理上的疾病，即使其先天有頗多潛能，是個天才型的人物，也無法將潛能發揮應用。心理不健康者對社會、家庭與個人，有如此之妨礙與不便；教師也是人，一般人有的心理健康問題，教師也同樣具有，而教師之影響層面又較一般人來得廣、來得深，所以教師心理衛生之重要性是絕不容忽視的。

㈠教師心理衛生之重要性

*1.*教師心理適應困難之比例較一般人為高。由前述之各項研究可發現，今日教師心理適應困難之比例，已較其他行業為高，而教育主宰著國家未來發展之命脈；所以，教師心理衛生是當今之教育行政單位應正視的一個重要課題。

2.心理健康的教師，才能培育出心理健康的學生。教師是學生心目中的重要他人，是學生學習的榜樣、認同的楷模，教師之影響力無人可比。所以，要培育出心理健全的下一代，教師心理健康是其必要條件。

㈡增進教師心理健康之作法

要增進教師心理健康，可分二個層面扼要歸納如下：

1.個人層面

(1)了解並接納自己。

(2)認識並面對現實。

(3)主動參與社會活動。

(4)工作與休閒並重。

2.教師專業層面

(1)從愛的教育付出中，獲得自我實現。

(2)從有效率的教學中，得到成就感。

(3)面對現實，化解衝突與挫折。

(4)在不斷進修中，提昇教師自我成長。

本◆章◆摘◆要

　　教師心理衛生所論述的主要內容，與心理衛生所討論的範疇大致相同，只是其探討之主體，係以教師為特定對象，故在介紹教師心理衛生之定義時，應先針對心理衛生的意義加以界說。

　　心理衛生是一門探究心理健康的學問，也可說是一種增進個體心理健康的服務。心理衛生一方面消極地設法滅絕心理疾病，另一方面則積極地維護個人的心理健康，使其在心理、身體與社會三方面均保持最佳狀態，以發揮良好的適應功能。大多數的專家學者，亦都同意心理衛生就是心理健康的說法，其實心理衛生與心理健康實是一體的兩面。

　　心理健康而適應良好的人，應具有以下六種特質：

　　1.積極的自我觀念——能了解並接受自己。

　　2.對現實有正確的知覺能力——能面對現實並可有效的適應。

　　3.從事有意義的工作——有工作、勤於工作且熱愛工作。

　　4.良好的人際關係——能有朋友且有親密的朋友。

　　5.平衡過去、現在和未來的比重——活在現實生活中，擷取過去之經驗，並策劃未來。

　　6.能自我控制感受與情緒——真實且實際地感受情緒，並恰如其分的控制。

　　心理衛生運動起源於美國耶魯大學畢業生畢爾斯，一九〇八

年他以自己的親身經驗撰寫「我找回了自己」一書，引起世人對於精神疾病的關心，也因此展開了世界性的心理衛生運動。我國早在民國廿五年即成立了中國心理衛生協會推動相關事務，唯隨後因八年對日抗戰與國內動盪之阻擾而告停頓。近五十年來在台灣的心理衛生工作，正從社區、醫院與學校三方面積極地展開中。一個優秀的教師，除需具備豐富的專業知能，精熟的教學技巧外，更重要的需有健全的人格與健康的心理狀態。因為，有心理健康的教師，才能透過教學影響學生，以培養出身心健全的學生。但在現今社會快速變遷的腳步下，不少教師面臨了一些適應上的嚴重問題。

根據相關調查發現，教師心理適應困難者的比例，較之一般人為高。國內外許多有關教師適應不良與教師工作倦怠之研究，在在顯示出今日教師心理衛生的情況已亮起了紅燈，實在值得社會各界特別加以重視改善之。

最後，針對增進教師心理健康的作法，歸納出以下數點：

㈠在個人層面上

1. 了解並接納自己。
2. 認識並面對現實。
3. 主動參與社會活動。
4. 工作與休閒並重。

㈡在教師專業層面上

1. 從愛的教育付出中獲得自我實現。
2. 從有效率的教學中得到成就感。

3.面對現實化解衝突與挫折。

4.在不斷進修中提昇教師自我成長。

研◆討◆問◆題

一、根據某些調查研究認為教師心理適應困難者的比例反較一般人為高，您是否同意此一說法？同時亦請提出您個人贊成或反對的具體理由。

二、在現今社會快速變遷的腳步下，有哪些變化會導致教師個人適應上的嚴重困擾？請一一論述之。

三、您認為在台灣目前推展教師心理衛生運動過程中，最重要的三項工作為何？請分別詳細說明之。

四、如何增進現代教師心理衛生與心理健康？試暢述己見。

本◆章◆參◆考◆文◆獻

一、中文部分

王鍾和、李勤川、陽琪（民 73）：**適應與心理衛生**。台北：大洋。

行政院衛生署（民 68）：**心理衛生保健**。

吳武典、洪有義（民 79）：**心理衛生**。台北：空中大學。

何鬱玲（民 88）：中小學教師職業倦怠、教師效能感與生命意義關係之研究。**國立彰化師範大學教育研究所碩士論文**。

林彥妤、郭利百加等譯（民 80）：**心理衛生**。台北：桂冠。

林玟玟（民 76）：教師 A 型行為特質、社會支持與工作壓力之研究。**國立政治大學教育研究所碩士論文**。

林清江（民 60）：**教育社會學**。台北：國立編譯館。

林幸台（民 75）：國民中學輔導人員工作壓力之調查研究。**彰化師範大學輔導學報**，9 期，205～238 頁。

周立勳（民 75）：國小教師工作壓力、控制信念與職業倦怠關係之研究。**國立高雄師範大學教育學刊**，8 期，113～176 頁。

柯永河（民 60）：**心理衛生學**。台北：大洋。

施淑芬（民 79）：大學教師工作壓力、因應方式與職業倦怠之相關研究。**國立彰化師範大學輔導研究所碩士論文**。

郭生玉（民 69）：從教師角色談教師服務精神的激勵。**台灣教育**，360 期，29～30 頁。

郭生玉（民 76）：教師工作心厭與背景因素關係之研究。**教育心理學報**，20 期，37～54 頁。

郭志純（民 92）：國民小學教師工作壓力、社會支持與職業倦怠之研究。**國立嘉義大學國民教育研究所碩士論文**。

張春興、林清山（民 70）：**教育心理學**。台北：東華書局。

張曉春（民72）：專業人員工作疲乏模式─以一個社會工作者為例（上、下）。**思與言**，21（1，2），66～79頁，179～201頁。

陳嘉陽（民72）：國中教師工作環境知覺、工作滿意與士氣之研究。**國立台灣師範大學教育研究所碩士論文**。

彭駕騂（民78）：**教師心理衛生**。台北：五南。

黃國彥、李良哲等（民75）：**心理學**。台北：華視。

黃焜輝（民73）：國中教師學校壓力狀況調查報告。**教育資料文摘**，14（4），63～115頁。

黃正鵠、鄭英耀（民78）：國民中學老師工作壓力、成就動機與職業倦怠關係之研究。**國立高雄師範大學教育學刊**，8期，133～176頁。

黃淑珍（民77）：國中教師背景因素、工作情境、人格特質與工作倦怠的相關研究。**國立台灣師範大學教育心理與輔導研究所碩士論文**。

楊蓓（民77）：台灣地區縣市政府社會工作人員工作壓力、社會支持與職業倦怠之研究。**中國社會學刊**，12期，69～107頁。

葉英堃（民73）：台灣地區精神疾病醫療與心理衛生保健工作網之建立。**中華心理衛生學刊**，一卷1期，1～10頁。

路君約（民65）：**心理學**。台北：中國行為科學社。

劉淑慧（民76）：助人工作者職業倦怠量表之編製與調查研究。**國立台灣教育學院輔導研究所碩士論文**。

廖貴鋒（民75）：國中教師角色衝突、角色不明確與工作倦怠之研究。**國立台灣師範大學教育研究所碩士論文**。

蔡淑芳（民73）：社會工作者職業適應之研究。**國立台灣大學社會學研究所碩士論文**。

賴保禎、簡仁育（民73）：**心理衛生**。台北：中國行為科學社。

韓楷檉（民 75）：國民中學輔導教師的角色衝突對其輔導工作之影響。國立彰化師範大學輔導研究所碩士論文。

二、英文部分

Bardo, P. (1979). The pain of teacher burnout. *Phi Delta Kappan, 61* (4), 252-254.

Callup, C. (1982). The 14th annual Callup poll of the public's attitudes toward the public schools. *Phi Delta Kappan, 64* (1), 37-50.

Cheuk, W.H., & Wong, K.S. (1995). Stress, social support, and teacher burnout in Macau. *Current Psychology, 14*, 42-46.

Coleman, J.V. (1953). Mental health in United States. *The Annals of the American Academy of Political and Social Science.*

Dunham, J. (1976). Stress situations and responses. In National Association of School Master (Ed) . *Stress in school*, National Association of School Masters.

Erikson, E.H. (1950). *Childhood and society*. New York: Norton.

Farber, B.A., & Miller, J. (1981). Teacher burnout: A psycho-educational perspective. *Teacher College Record, 83* (2), 235-243.

Garland, V.E. (1981). *Organizational and individual burnout factors: Interviews of teachers formerly in an urban public school district.* Department of Educational Administration, University of Counecticut, Storrs, Counecticut.

Kurtz, S. (1980). *An annotated bibiography of literature dealing with stress in the teaching profession.* South Bend, Indiana: Indiana University at South Bend.

Lowry, J.V. (1954). *Mental health*. Social Work Year Book.

Maslach, C., & Jackson, S.E. (1981). The measurement of experienced burnout. *Journal of Occupational Behavior, 2*, 1-15.

McGuire, W. (1979). *Teacher burnout statement*. National Educational Associations 117th Annual Meeting, Detroit, Michigan.

Miller, S.L. (1980). *Teacher burnout*. ERIC, EP204317

Muse, J. (1980). *Survival of stressed teacher*. Washington, D.C.: National Education Association of the United States.

Reed, S. (1979). What you can do to prevent teacher burnout. *The National Elementar Principal, 58*, 67-70.

Robert, K., & Angelo, K. (2001). *Organizational behavior* (5th ed.) The New York: McGraw-Hill.

Rosanoff, A.J. (1938). *Manual of psychiatry and mental hygiene*. VII Ed.

Ross, J.R. (1952). *The National health service in Great Britain*. Oxford Univ. Press.

Sparks, D., & Hammond, J. (1981). *Managing teacher stress and burnout*, ERIC. Clearinghouse on Teacher Education.

第二章

動機與需求

　　一般人常認為所有的行為都是「有所為而為」，也常聽人說到：「行必有因」；在這兩句話中所提到的「所為」、「有因」，就是我們在本章中所要討論的「動機」（motivation）。在心理學上，經常將需求（need）視為動機的看法，而一般人是把需求視為形成動機的原因。動機的存在，吾人無法直接地加以觀察，只有藉著個人在行為上的變化，來加以推測。

　　在本章中，首先要介紹動機與需求的相關理論；其次將就個體日常生活有關的各種需求（如：飢餓、睡眠、渴、性、好奇、成就與親和等），一一地加以分析、討論。最後，針對教師動機與需求方面深入地加以探究。

第一節
動機、需求相關理論的介紹

一、了解動機與定義

　　何謂「動機」？根據凱帕藍及斯坦恩（Kaplan & Stein, 1984）認為：動機是指個體產生的一種內在狀態，它會促使個體引發朝向某一目標前進之行為。也有人將動機視為外在行為的內在動力；人類每項行為背後，都有促使它如此行動的原因，和維繫它持續進行的力量，這個原因和力量就稱為「動機」（梁志宏，民 80）。

　　從心理學的觀點看，當個體在生理上或心理上有了需求或驅力（drive）時，就失去了身心的平衡狀態，而呈現緊張與激動不安；這時他會朝環境中有關的目標，啟發持續性的活動，尋求有效滿足這些需求，抒發這些驅力的途徑，直到這些目標達成，緊張獲得紓

解，身心重歸平衡，活動才會暫告止息。以上這種源於內在緊張狀態，而引發個體朝向外界特定目標維持引起活動的內在歷程，就是動機作用之歷程，請參見圖 2-1。

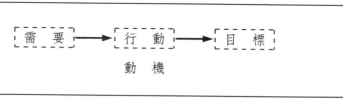

圖 **2-1** 動機與行動及目標的關係

　　例如：我們在上午六、七點鐘左右，看到很多學生在公車站等車，我們會推測他們要乘車去上學；可是在下午四、五點鐘發生同樣的情況時，我們就推測他們要乘車回家。在這其中，要上學是早上學生們乘車的動機，到車站搭車是外顯行為，車未到而排隊等待或車來了太擠而等下一班，等待就是動機尚未滿足而「維持引起的活動」，學生要搭的車是有選擇的，只有通往他們學校的車才是要搭乘的。所以，動機所引起的行為是有目標有方向的。

　　產生動機的另一個因素是刺激（stimulus）。外在的刺激，常會引起個體的反應，如個人聞到美食的香味而產生飢餓的動機，進而引發求食的反應。刺激所以能引起反應，實際上是先引起個體促進反應的動機；且個體對某種刺激的反應，常是具有選擇性的。例如個體通常在吃飽後，對食物不表現進食反應，就是因為此時食物引不起他的飢餓驅力所致。引起個體動機的刺激，不僅是外在的，個體內在的刺激，也同樣能引起動機。如個體成熟之後性荷爾蒙分泌的刺激，則會產生性的能力。

　　動機的定義會因研究取向的不同，而有不同的解釋。茲就幾種

學者所常採用的動機定義條列如下：

㈠動機的來源是由於某些需求未被滿足，這些需求可能是來自生理方面，或稱之為一種驅力，它們普遍存在於人類的特質中並有遺傳性（Maslow, 1970）。

㈡動機為從事某一件工作的意願，其大小決定於該工作完成後能滿足個人需求的能力（Robbins, 1988）。

㈢動機是用來解釋個體行為發生的原因或理由，是一種假設性建構，我們並不能直接觀察到它的存在，而必須由個體表現出的行為推測而得（瞿海源，民80）。

㈣動機（motivation）是指引起個體活動，維持已引起的活動，並促使該活動朝向某一目標進行的內在歷程（張春興，民82）。

二、動機的分類

研究動機的目的往往是為了要了解及預測個體的行為。因個體行為係複雜多變的，要想找出具有代表性，且可用以說明一般行為原因的幾種動機來進行研究，是一件頗為困難的事。過去，有許多學者雖曾用各種方式對動機進行分類研究，卻未獲得大多數學者共同接受的結論。然而，在大體上仍可看出兩項趨勢（張春興，民79）：

㈠儘管人類的行為複雜多變，心理學家所研究者仍只不過十幾種動機；雖然名稱未盡相同，但所指範圍卻大致相似。

㈡多數學者採取二分法，把各種不同的動機歸屬於兩大類；雖兩類的名稱不盡相同，但所指範圍卻相似。

有的學者把各種動機區分為「原始性動機」（primary motives）與「衍生性動機」（secondary motives）。其中原始性動機是指與

生俱來，不需經過特別的學習，而且人與人間在這方面的差異不大
者，例如：飢餓、渴、性、睡眠、母愛、好奇等；而衍生性動機則
指與後天的學習和經驗較有關係，且個別間的差異較大者，例如：
親和、成就、安全感、自尊等。但也有些學者將之區分為「生物性
動機」（biological motives）與「社會性動機」（social motives）；
亦有學者將之區分為「生理性動機」（physiological motives）與
「心理性動機」（psychological motives）兩大類。

就上述動機的分類方法，在名稱上雖有不同，然實際上所分二
類的內容卻大致相似。換句話說，所謂原始性動機與生物性動機、
生理性動機相類似；而衍生性動機與社會性動機、心理性動機相類
似。唯有原始性動機之一的「好奇」，雖是與生俱來者，卻是屬於
個體的心理性動機。

三、動機理論

因為人類的動機非常地複雜，所以動機與需求理論也頗為分
歧。在此，僅就心理學中經常討論的五種動機理論加以探究。

(一)心理分析論

佛洛依德以心理分析的學說來解釋動機。他相信所有人類的行
為，源於兩種相對的本能：其一是生命本能（life instinct）；另一
是死亡本能（death instinct）。生命本能是促使生命力的增強，包
括了生存與成長；而死亡本能是驅使人趨於滅亡。生之本能的原動
力，主要是性及與性有關的活動力；而死的本能之原動力，在內是
人作自我毀滅，在外則是採取對人的攻擊。因此，對於佛洛依德的
心理分析論而言，人的行為在基本上可以用性與攻擊兩個動機來解
釋。

另外，心理分析論亦以潛意識動機（unconscious motive）來解釋人的行為，其主要內容也離不開性與攻擊兩種本能性的動機。潛意識動機仍是支配行為的內在力量，但潛意識動機所支配的行為多是偽裝或變形的。佛洛依德指出，潛意識動機所引起的行為，主要有以下三種形式（張春興，民79）：

1.作夢

個人在清醒時所不能由意識行為表現的慾望和衝動（性與攻擊），常在失去個人意識控制的睡夢之中顯現。

2.口角溜言與潛意識的動作

個人潛伏的慾望或衝動，有時存在意識行為的夾縫中，會在個人暫時疏忽的情況下，從口語中「溜」了出來，或是從不經心的動作中表現出來。例如聽到自己厭惡的朋友遭遇災禍時不自覺的喜形於色，即屬此種情形。

3.神經性徵狀

當潛意識動機過度強烈時，可能使人形成變態行為。例如有的人無理由的過多次洗手（潛意識覺得自己骯髒污穢），即屬此類變態行為之一。心理分析論者以潛意識解釋行為時，多偏於人類失常的行為。

(二)社會學習論

有些學者採取刺激反應的聯結，以及制約學習歷程中增強（reinforcement）、消弱（extinction）、類化（generalization）等原理，來解釋人類的動機源自於學習，並經由學習歷程而使動機隨個體的成長愈趨於分化而複雜。此種刺激反應關係為基礎的動機理論，乃是根據聯結論的學習原理，故稱為動機的社會學習論（social learning theory），又可稱之為動機的行為論（behavior theory）。此一理論可概述為以下四項（黃國彥等，民71）：

1. 人類的動機是學習來的，其學習歷程皆係循著「需求→驅力→行為」的模式。需求多因生理上失去平衡而產生，因需要而生驅力，因驅力而有行為。如行為的後果能滿足需要而消滅驅力時，個體的行為與動機同時均被增強。以後同樣情境再出現，類似的行為即將重複出現，此即所謂習慣形成的歷程。

2. 成人的動機係由幼稚期基本需求分化演變而來。人類幼稚期的基本需要有五種，即為營養的需要、廢物排泄的需要、性的需要、被人照顧的需要及應付挫折的需要。

3. 由上述五種需要而產生相對的五種動機（驅力），即飢餓、排泄、性、依賴、攻擊；與此五種動機相當的五類行為即吃的行為、大小便的行為、性的行為、依賴的行為及攻擊的行為。

4. 以上五類動機與其所引起的五類行為，均隨個體年齡的增長、生活環境的要求、社會期望、文化傳統等漸趨分化且益形複雜；終而使學得的動機與表現於外的行為兩方面，都顯出極大的個別與團體差異。

根據前述社會學習論的觀點，成人很多複雜的動機，都是由幼稚期的基本動機分化而來。以最基本的飢餓動機為例，最原始的飢餓動機固然起源於生理上營養的需要，但以後經分化演變，則產生一些與原來生理需要毫無關係的動機與行為。由口腔驅力引起的行為可以超越吃食物的直接行為，而表現在生產食物、儲存食物等各方面的行為；依此而論，舉凡農、耕、漁、獵及販賣等一切與食物有關的行為，都是與飢餓動機有關的行為。

(三)認知論

動機之認知論（cognitive theory）的看法，認為個體的行為是按其事先的計畫向預定的目標進行，此種動機是個體自己所了解的。因此，認知心理學派對動機之解釋，係包括個人本身的認知能

力在內的；這個認知能力，使個體能預見或期望行為之最終目的，且與個體整個活動相配合。個體內在影響動機的因素，包括個人的好奇心、個人對世界事物的意像、個人的計畫與抱負等。在此僅就其中較常討論的三項主題說明如後（黃國彥等，民71）：

1.抱負水準（level of aspiration）

所謂「抱負水準」是指個人從事某種實際工作之前，估計自己所能達到的成就目標。例如高中畢業生參加大學聯招之前，每一個學生私下對自己會不會考取或各科考試的成績，都分別地加以預估；等考完後放榜，個人的實得成績可能優於或劣於自己預期的結果；屬於前一情形者，個人感到成功，屬於後一情形者，就會感到失敗。另外，綜合這方面相關研究發現，個人抱負水準高低之變化，主要是受到個人過去成敗經驗與所處團體標準的影響。

2.認知失調（cognitive dissonance）

在多數情形中，我們內在的認知與外顯的行為是一致的。例如我們知道黃皮的香蕉是熟的可吃，綠皮的香蕉是生的不可吃。但有時認知與行為未必一致，甚至會兩相衝突，此種現象即稱之為「認知失調」。又如某人吸煙已成習慣，若他從不覺得吸煙有什麼不好，也不知道吸煙與肺癌有什麼關係，所以他自然心安理得的繼續吸煙。但是假如有一天他知道了吸煙有害於身體健康，而且是導致肺癌的主因時，很可能在他每次吸煙時，在心中就會起衝突，此時構成認知失調的情況。

3.預期價值（expectancy value）

人類的行為之所以有目標有方向，是因為行為的背後有一個動機。而由動機促動的行為，也稱為「目標尋求行為」（goal-seeking behavior）。目標對人類而言，未必是眼前的事物，也未必是具體的事物，而且達到目標的手段也未必是直接的。在很多情形之下，個人可以犧牲現在的小目標而追求將來的大目標。例如，為什麼有

人買土地任其荒蕪而不事耕種生產糧食？為什麼有人用錢買房子不住而不把錢存在銀行內生利息？這些問題牽涉到個人對事務預期價值的判斷，在我們日常生活中，有很多事件須要決斷，而適切的決斷要靠個人對該事件有所了解，並預期達到目標的可能性，最後再做成決定。依這類複雜行為的動機，係屬認知性的，這與一般常說的「預謀」頗為相似；解釋此類具有長程目標行為的動機理論，即稱為「預期價值論」。

㈣需求階層論

馬士洛（Maslow, 1970）提出「需求階層論」（hierarchy of need），或稱之為「動機階層論」，把人類的需求（動機）有系統的歸納為以下八大類：

　　1.生理的需求。

　　2.安全的需求。

　　3.親和（歸屬）的需求。

　　4.尊敬的需求。

　　5.認知的需求。

　　6.審美的需求。

　　7.自我實現的需求。

　　8.超越的需求。

馬士洛所提的需求階層論呈梯形按層次排列，如圖 2-2 所示（梁志宏，民 80），其中包括兩個基本的觀念：

　　1.較低層次的需求，個別差異較小；而較高層次的需求，個別差異較大。

　　2.在需求階層當中，必須較低層次的需求獲得適當的滿足後，才進一步尋求較高層次需求的滿足。

圖 **2-2**　馬士洛的需求階層（**Maslow, 1970**）

㈤成就動機論

　　成就動機論（achievement motivation theory）係由麥克里蘭（McClelland, 1961）與艾肯遜（Atkinson, 1965）所提出。麥克里蘭發現到當個人面臨抉擇情境時，凡是抉擇正確工作表現成功的人，他們具有三項共同的特徵（McClelland et al., 1970）：

　　1.他們都求好心切，盡量把工作做到盡善盡美。

　　2.他們在面對不能確定成敗結果的工作情境時，敢於從事適度的冒險。

　　3.他們善於利用具體的回饋資料，能夠從失敗經驗中得到教訓。

　　在麥克里蘭之後，艾肯遜（Atkinson, 1965）對成就動機論做了一些改善，其主要貢獻是區分了此種動機中的二種不同傾向：其一是力求成功的需求；其二是力求避免失敗的需求（邵瑞珍、皮連生，民 78）。人在這兩種特徵的相對強度方面各不相同，可以分為力求成功或力求避免失敗這兩種類型的人。當生活使人面臨難度

不同的任務，他們必會評估自己成功的可能性。力求成功的人旨在獲取成就，並選擇有所成就的任務。這種情況最有可能發生在他們預計自己成功的可能有百分之五十，因這種情況給他們提供了最大的現實挑戰；若他們認為成功完全不可能，或勝卷在握時，動機水準反而會下降。反之，避免失敗的需求強於力求成功願望的人，在預計自己成功的機會約有百分之五十的希望時，則會迴避有所成就的任務；他們往往選擇更易獲得成功的任務，以使自己免遭失敗。或是選擇極其困難的任務，這樣即使失敗，也可為自己找到合適的藉口。

第二節

個體在動機、需求方面之研究

　　針對個體因某些需求、刺激，而產生之動機或驅力，在心理學領域中各有其相關的研究。在此僅就與個人日常生活有較密切關係的四項生理的動機（驅力），包括：飢餓、睡眠、渴與性，及三項心理的動機，包括：好奇、成就與親和，一一探討說明如後。

一、飢餓

　　根據吾人過去的經驗，若把應用餐進食的時間向後拖延，就會產生一種飢餓的感覺；當飢餓到達某種程度時，個體就會呈現出緊張不安，且緊張不安的程度將隨飢餓程度的增加而加劇，最後終會覺得饑腸轆轆有如火灼。像這種個體內在的緊張壓力，即為飢餓驅力或動機，並能促使個體表現出求食的活動。

　　在赫爾驅力理論（Hull's drive theory）中，認為飢餓的動機，

就是個體的身體需要食物，而去滿足它的需求。負責知覺饑餓的身體組織有胃、血液及腦中的下視丘（hypothalamus）；當個體一段時間未進食，血液中的血糖與脂肪含量降低時，下視丘會給予胃指令，而產生飢餓感。但此一理論並不能解釋為什麼有許多人超重（overweight），據統計約有百分之二十五到四十的美國人體重過重（Kaplan & Stein, 1984）。他們食用了超過身體所需的食物，很少有人是因消化腺分泌不平衡、血糖過低、新陳代謝功能或腦功能失常而過重肥胖的，所以下視丘不是決定人類飢餓驅力與進食行為的唯一因素。

早期學者們的解釋，主要認為飢餓感乃是起於胃壁收縮運動，當時也有學者以吞氣囊入胃所做的實驗，確實發現飢餓感與胃壁收縮有密切的關係，此種看法後來終被兩種事實所否定。其中一項事實是胃壁收縮現象乃起於食物進入胃之後，可由 X 光來鑑定，但飢餓感應產生在食物進入胃之前空胃時。早期吞氣囊入胃的實驗雖發現胃收縮確與飢餓感有關，但不能確知兩者的因果關係；後來學者們的解釋，認為這是倒果為因的不合理現象（Penick et al., 1963）。另一項事實是經手術將胃切除的人，雖無胃壁可以收縮，但仍會有飢餓感。基於上述二項事實，至少可以肯定胃收縮亦不是形成飢餓驅力的唯一原因。

飢餓的原因甚為複雜，到目前為止學者們對以下兩點意見較為一致（張春興，民 79）：

㈠飢餓原因的形成可能是由於血糖量的降低、內分泌的變化以及胃收縮三者的綜合作用。

㈡個體對飢餓的感覺（知道自己飢餓），乃是由於中樞神經系統中腦部的下視丘所管制者。

至於對大部分超重肥胖（obesity）的人而言，其主要原因乃在於心理與環境的因素。肥胖者對於自己生理上的飢餓缺乏自覺的能

力，往往不能分辨究竟是不是餓了；同時，肥胖者與其個人的飲食型態也有密切的關係。茲舉以下四個實驗來做說明：

㈠斯通卡（Stunkard, 1959）針對一群較瘦的受試與另一群肥胖的受試，分別述說飢餓感覺之相關實驗，結果發現：較瘦的一群受試所敘述的飢餓感和胃部收縮間有清楚的關聯，但肥胖的受試卻沒有這種現象。換句話說，肥胖者不能確實知覺自己是否真的飢餓。

㈡司考特等人（Schachter et al., 1968）曾將一群較瘦的受試與肥胖的受試，在他們吃飽後送進實驗室，做品嚐食物的工作。結果發現：較瘦的受試祇嘗試吃一些餅乾，而肥胖者只要餅乾在眼前，他們就持續不停地嘗試著食用。

㈢布魯奇（Bruch, 1961）研究發現，在某種壓力之下，瘦的人會吃得較少，而肥胖者則會吃得比平常更多。

㈣司考特及格羅斯（Schachter & Grose, 1968）研究發現，肥胖者的飲食習慣深受口味、時間及廣告的影響，同時肥胖者吃東西的速度也較一般人來得快些。

整體來說，肥胖的主因有下列三點（Kaplan & Stein, 1984）：

㈠遺傳的影響

一些研究指出部分肥胖者頗受遺傳的影響，他們似乎在出生時，其下視丘便設立了對脂肪警示程度較高的水準。

㈡兒童早期的飲食習慣

個體的脂肪細胞約在二歲時即形成，且終其一生都存在；節食或許能抑制脂肪細胞的膨脹，但不能消滅它們。肥胖者擁有較多的脂肪細胞，這正說明了為什麼曾經肥胖者，每天仍須為自己節食所減經的體重而奮鬥，因為只要一點點冰淇淋或一些些蛋糕，便會令其前功盡棄。

(三)學習的因素

　　一個家庭中的飲食方式與態度，會影響個人的體重。如果吃飯時間及點心時間，是一天中最重要的時刻，同時孩子被鼓勵在面對壓力時，以吃東西來提神，那麼小孩將學習到過度進食的行為。如果每天吃下的能量都比用掉的多三十五卡路里，則個體在一年中就會增加三磅。因此，最好的減肥方法，就是學習養成一種有節制的飲食習慣。

二、睡眠

　　睡眠佔用了我們生命中三分之一的時間。就每天的睡眠時間長度而言，每個人在這方面的需求皆不相同，有些人僅需要睡四小時，有的人則需要十小時（甚至更多）；然而，大多數人平均每天都花五到九小時在睡眠上。

　　睡眠驅力是相當強烈的，因而一夜的失眠便會影響到一個人隔天的工作效率。在二次大戰期間，關島的日本空軍經常派遣飛機在美國船艦上空飛行，目的在藉由飛機引擎聲來干擾個體生理時鐘的一貫作息，致使美軍陸戰隊士兵無法成眠。這種作法係根據一項理論：人若沒有充足的睡眠，容易疲倦也容易變得脾氣暴躁，若情形非常嚴重，人更有可能產生幻覺。

　　有一個研究剝奪睡眠的特例（Smith et al., 1978），受試自願做不睡覺之實驗，並曾創下二百個小時始終維持清醒的紀錄；而其結果最後顯示出：受試會變得暴躁、產生幻覺、記憶力衰退及人格解離的現象。有趣的是，這些現象很快地便消失了，這位受試事後以連續十三小時的睡眠來結束此項實驗，而唯一殘留的副作用是持續約三個月的輕微憂鬱。這個實驗說明了一個事實：睡眠剝奪所造成

的影響可輕易地加以消除。因此，吾人為什麼需要規律的睡眠，就成為值得科學家們深究的一個問題。

我們都曉得睡眠對人的重要性，但仍然不確定為什麼需要睡眠。在此提出三項理論來分別加以探討（Kaplan & Stein, 1984）：

(一)人體本身的系統可藉由睡眠來自我調適

如人體可利用睡眠休息時間，製造一些神經傳導素（neuro-transmitters）來遞補已消耗掉的（Hartmann, 1973; Stern & Morgane, 1974）。然而，除了諸如此類的復原工作在白天依然可進行外，睡眠時段也不一定和我們生命系統所需休息及遞補機能的時間完全相符合。

(二)進化理論（evolutionary theory）

人類如同其他動物，必須藉由睡眠來使他們的工作更有效率。既然我們的感官在夜間並不十分敏銳，便可以說自然界賦予人類的是白天工作的生物機能；反言之，若我們能擁有敏銳的嗅覺與精準的夜視能力，或許人們早可以從此夜間行動而白天休息。

(三)睡眠是保存體能的一種方式

任何有機體都無法長期承受壓力而不停地運作，所以睡眠便順應人類每日的需求，提供了一段時間，讓身體暫停工作以便休息。

另一個在日常生活中與睡眠有關的問題就是失眠症（Insomnia）。睡眠往往會受聲音、燈光等環境因素，或因個人的緊張、憂慮等心理因素的影響，而造成個人失眠的困擾。失眠會斷送一個人的工作、社會生活與家庭生活；按照傳統的看法，壓力、焦慮是失眠的主因。但為何有人在壓力過後仍深受失眠之苦呢？有些造成失眠的因素似乎已經揮之不去。換言之，在經過多次夜晚無法成眠

的焦慮後，床本身已成為焦慮的來源，即使原來心中焦慮的原因已不復存在了。不過，這些由心理因素造成的失眠，心理專家們通常亦有克服之道。

　　另一個失眠的可能原因是安眠藥的服用。有時安眠藥不僅不能幫助人入睡，反而更易造成失眠；因長期服用安眠藥，會產生對它的抗藥性反應，必須更大量的服用才能入睡。雖然，新的安眠藥仍不斷在開發上市，但因服藥而仍然失眠的情況依舊存在。

三、渴

　　人可以數週不進食尚能維持生命，但如數天不吸收水分，則無法支持。人體內必須保持適度的水分，體內水分若減低到某限度以下，輕則生病重則死亡。渴（thirsty）驅力的產生，自然是由於體內水分不足所致；體內水分消耗至某種程度，失去原有的均衡狀態，因而產生補充水的需求，繼則引發渴的驅力。

　　當個體感到有喝水的需求時，通常的現象是口部與喉嚨感到乾涸，但這並不是說口腔內有水分便不會渴。因為當我們在渴時，即使口裡含滿了水，也一樣仍會感到渴，除非把水吞下去到一個足夠的分量，才可以解決渴的問題（鄭肇楨，民 77）。

　　阿道夫（Adolph, 1941）的研究中，曾直接用管子把水送入動物的胃裡，而不濕潤口腔，結果狗亦獲得如飲水一樣的解渴效果；可見口乾只是渴時的其中一個現象，而非引起渴的原因。同時又觀察到，如果把水直接注入狗的胃裡，並立刻讓狗有機會喝水，狗便照平常渴時一樣喝一個相同分量的水，而沒有理會到胃裡已被注入了水。但如果在注水入胃後，讓狗再過幾分鐘才給牠水喝，則狗便全無渴的跡象，也不需要喝水。這種現象便解釋了渴是基於身體組織內的水分不足而引起的，故當水注入了狗的胃時，由於身體組織

細胞仍未獲得水分，此時給狗水喝，牠仍會有渴的感覺而喝水；但如果在注水後數分鐘，胃裡的水已進入血液供給身體所需，故渴已不存在，狗也不需要再飲水了。

當需要水分的時候身體便發出訊號，引起渴的感覺，使個體從體外找得水的補給；另一方面也可命令腎從尿中把水分回收重入血液中，所以在夜晚睡覺時沒有喝水，翌晨排出的尿特別黃，就是由於腎把水分回收的緣故。渴的感覺之產生，並不完全由下視丘及內分泌所控制，許多外來的因素也會影響渴的產生。對人類而言，渴之於飲料正如餓之於食物一樣，通常在我們進食時，飲水或飲用其他飲料（如茶、可樂、湯或酒）等行為大都同時發生，這種現象乃是個人長期制約增強學習的後果。

四、性

人的性（sex）行為雖屬於社會性的行為，但就其背後性驅力的形成及其作用，卻完全是以生理變化為基礎的，故一般視之為生理性的動機。不過，性驅力與飢餓、渴兩種驅力有以下二點不同之處（黃國彥等，民 71）：

㈠飢餓與渴的驅力，對任何個體而言，都是終生存在的；但性驅力卻只有在某一段時間內發生。例如人的性驅力始於青春期之後，而動物（雌性）成熟後的性驅力又呈週期性。

㈡性驅力雖具有強烈支配個體行為的作用，但就性驅力滿足的對象而言，它不像飢餓之於食物或渴之於水那樣成為維持生命的要素。因為，飢餓與渴的驅力一旦激起終須解除，否則將危及個體生命，但性驅力則沒有這種後果。

一般說來，性驅力具有下列六個特點（游恒山，民 77）：

1. 不是個體生存所必須的，但卻是種族延續所不可或缺的。

2.性興奮並不受情境剝奪的影響。

3.個體會主動尋求性興奮，因為可以藉此減除緊張。

4.性會激發相當廣泛範圍的行為型態與心理歷程。

5.幾乎任何的刺激都可能會引起性興奮，從生殖器的接觸，以迄於憑空的幻想等。

6.任何與性興奮聯結的刺激，都可以成為一學得之動機；而任何與性解除聯結的刺激，也可以成為一個制約的強化物。

　　人類以外的動物，性興奮主要是靠生理歷程來決定。腦下腺的荷爾蒙和性器官分泌物，促使動物進行交配行為。除了內部狀態與荷爾蒙可影響性興奮以外，一些周邊的刺激可使性反應更為敏感和活躍。在許多種動物裡，看到與聽見儀式化的行為形式，是性反應的必要條件；觸摸、味道，也可以是性奮起的興奮劑。人類的性興奮是由人們對性愛刺激的生理與認知反應，所帶來一種興奮與緊張的動機狀態；性愛刺激可以是實體的，也可以是心理的，它們導致性興奮與愛的感覺。性興奮可以由滿意的性活動（達到高潮）而減低。

　　個人的經驗與過去的學習所得，對於個人的性行為及性驅力具有很重要的影響力，由於學習和經驗的影響，人類的性行為與性驅力並不是週期性的，而且引起人類性慾的刺激也種類繁多，聲光、色彩，以及其他的許多因素都可以使人想入非非。個人的社會經驗，所處的文化背景，年紀的大小及營養的好壞等，都能夠左右一個人的性慾和性行為。因此，就人類而言，性激素在引起性慾與左右性行為上，其重要性是遠遜於學習和經驗，人類性慾的引起及性行為的表現，絕大部分是由心理的因素來決定。

　　對人類性行為科學化的研究，首先由金賽（Kinsey et al., 1948, 1953）和他的同事開始，他們共訪問了一萬七千多個美國人，結果相當令社會大眾吃驚，本來被認為很少甚至是變態的性行為，在那

時候已非常普遍。後來，馬斯特與詹森（Masters & Johnson, 1966, 1970, 1979）打破了傳統的禁忌，他們合法地在實驗室中，對正在進行中的性行為與表現的生理模式，直接地加以觀察與記錄；他們為人類的性反應週期找出了四個階段：激動期、高原期、高潮期與解除期。

　　為了提昇性行為的正面發展，吾人要了解性不只是一些技巧的運用，或是生理快感的施與受。我們必須先接受自己的身體，然後對伴侶的身體負責。事實上，最令人滿足的性經驗是建立在彼此關心、相愛與互信的基礎上。

五、好奇

　　好奇、探索與操弄的動機，常引起我們對外在環境的興趣，雖然它們並不能滿足我們生理上的需求，但是對新奇事物以及環境的認識與了解乃是一股很強的動機。此等動機並非經由學習而獲得，係純由個體生活環境中刺激所引起的內在驅力。動物對於新環境喜歡探索，幼兒對於新奇事物表現興奮，每逢新玩具到手，總是以注視、撫摸、吸吮、搖動、敲打、撕裂等方式對新玩具加以研究一番。引發此種行為的內在驅力，有時被稱為「好奇驅力」（curiosity drive），有時則被稱為「探索驅力」（exploratory drive），有時也被稱為「操弄驅力」（manipulative drive）；三者名稱雖然不同，但所指的可以說是同一件事，即個體對新奇事物注意、探索、操弄等行為的內在動力。因此，我們統稱此三種驅力為「好奇動機」（curiosity motive），或簡稱為好奇（curiosity）。

　　好奇動機的產生不是由於內在的需要，而是由於外在的刺激。但引起好奇動機的刺激要具備新奇性（novelty）與複雜性（complexity）兩個條件或二者之一。在成人的生活環境中，多數事物對

幼兒都是新奇而複雜的，所以在人類的幼稚階段常具有各方面的好奇動機。

在好奇動機之下，幼兒的外顯行為通常有三種表現方式（黃國彥等，民71）：

(一)感官的探索（sensory exploration）

遇有新奇事物出現時，幼兒即以視、聽、嗅、味、皮膚等感覺器官，單獨的或聯合的對面前的事物加以探索。

(二)動作的操弄（motor manipulation）

由感官獲得部分訊息之後，進而動作操弄之。操弄時或以四肢，或以身體，經手抓、腳踩或口咬等動作，企圖對所操弄物獲得進一步的了解。

(三)口頭的詰問（asking questions）

幼兒漸長到幼稚園階段，上述兩種行為常不能滿足他的好奇動機，因而就利用他已學到的語言向別人詢問。凡是有經驗的母親或幼稚園的教師都會體驗到，三、四歲幼兒對周圍事物所提出的問題是無所不包的。同時有一種傾向，就是成人愈願意回答幼兒們的問題時，幼兒們將會提出更多的問題。

六、成就

所謂「成就動機」（achievement motive），係指個人對自己認為重要或有價值的工作，不但願意去做，而且力求達到完美地步的一種內在的心理歷程。成就是相對的，係個人完成一件事後與別人比較或與一個既定的標準，相互比較之後所得的結果。因此，成就

動機實含有「與別人相互較量」的社會意義。成就動機是人類所獨有的，其形成既非來自先天的遺傳，也非由於生理的需要，而是在與別人交往的社會中學習而得的。

　　成就動機既然是學得的，則個人之間與團體之間在這方面的差異是可以想像的。張春興（民79）認為成就動機個別差異的形成，與個人的年齡、性別、能力、成敗經驗等主觀因素，以及工作性質（如難度）等客觀因素都有密切的關係；至於成就動機的團體差異，則與社會文化、宗教信仰、家庭教養等因素有關。

　　綜合各家研究結果，對成就動機的個別或團體差異，大致可獲得以下幾點看法（Horner, 1970; McClelland & Lowell, 1953; Winter-bottom, 1953）：

　　㈠成就動機的高低與兒童期所受家庭教育有密切的關係；父母中重視子女對工作獨立自主而又能以身作則者，其子女的成就動機也較高。

　　㈡男子的成就動機一般較女子為高；參加社會性的競爭事務或從事帶有冒險性的工作者，男子較女子為多。

　　㈢在學校裡，學生的成績與其成就動機間具有正向的相關，成就動機強者其學業成績也較高。

　　㈣個人成就動機的強弱與其對面臨工作的主觀認知有關。個人認為面對工作過難或過易時，都不會產生強烈的成就動機。個人對工作求成最切的情況是工作難易適中，成敗的可能性各佔一半；因為在這種情況下工作具有挑戰性，但卻無充分把握，欲求成功只有全力以赴。

　　㈤團體成就動機的強弱與自然環境及社會文化變遷等因素有關。氣候過冷或過熱地區的人民成就動機較低，最理想的溫度約在攝氏十度左右。至於社會文化環境的影響，根據以往研究發現，每當一個國家經濟繁榮時，其國民的成就動機就趨向提高；反之，即

趨於消沈降低。

　　同時，一個社會的經驗成長與社會文化中對成就動機的鼓勵，兩者之間具有相當的關連。社會文化會透過民間故事、學校書籍和正式的教育來使兒童社會化，讓他們接受文化所贊同的生活型態。一項檔案研究發現，某個年代出現在孩童書籍中有關成就意像的數量，與幾十年後這個社會經濟成長的幾個指標之間有很高的正相關，這幾個指標包括申請專利權的數量和電力生產的數量等（游恒山，民77）。

七、親和

　　親和（affiliation）是社會常見的行為，親和就是尋求與人在一起。我們常說人是社會的動物，透過與他人的交際接觸，我們獲得某種程度的滿足。因此，我們必須承認人在某些社會活動中，存在著與人親近的內在驅力，如：需要別人關心、需要友誼、需要愛情、需要別人的接納、需要別人的支持與合作等。像此種與人親近的內在驅力，即稱之為「親和動機」（affiliation motive）。由親和動機促動而表現於外的社會行為，其主要者有依親、交友、家人團聚、參與社團活動等。

　　為什麼人有親和的傾向呢？這可能產生於安全的需要。在古遠的時代，人離群獨處便易生危險，但如人多勢眾，有什麼外敵的攻擊，包括野獸侵襲及自然災禍的發生，都可利用群體的力量減少或避免危害，這樣便培養了人的親和行為。在人進入有組織的社會生活後，這種安全的需要並沒有減少；雖然抗拒的對象是改變了，不再是群體對付猛獸或天災，但政治、經濟活動所帶來的可能危險，卻更為廣泛使人更須要互相幫助與照應。例如家庭中的長幼關係，在學校中師生與同學間的關係，在社會中相互分工的關係，正說明

了親和是愈來愈重要。

　　除了獲得直接的幫助以外，表現親和行為還希望能獲得消息與感情的交流。人在社會上是需要知道環境中的各種消息，這樣才能夠決定採取什麼樣的行為。因為個人的獨立行動，如果與所屬群體行動脫節的話，顯然是大大的不利；所以如果一個人不和人親和，其所需的有關消息便得不到了。同時，感情交流亦是促使個人親和行為出現的因素，人總喜歡別人友善地對待自己。安慰、讚美、同情、鼓勵、督促等都是人所希望獲得的，所以親和行為本身就具有強化的作用，亦即其本身即具有酬賞的。你對人表現出親和行為，對方也給你精神上的酬報與支持（鄭肇楨，民77）。

　　對於尋求精神上的支持而產生親和動機方面，司考特（Schachter, 1959）曾以一群女大學生接受電擊來進行實驗。在實驗過程中受試被分作兩組，同樣先有機會看過一個模樣十分可怕的實驗儀器。然後實驗主持人告訴其中一組受試，說在實驗中所受的電擊會相當痛苦，因此這一組受試便產生了焦慮，可稱之為高焦慮組；另一組受試則僅知道這個實驗的電擊是十分輕微的，且先受到安慰說不致有什麼痛楚，這組便可稱之為低焦慮組。在進行實驗時，兩組人均須在實驗室外等候，並讓他們作出自由選擇，是在一個有伴的環境中等候，還是在一個自處的環境中等候。結果發現高焦慮組的人都願意留在有伴的環境中，而低焦慮組的則多選擇獨自等候。此項實驗正說明了親和行為是可能由於減低焦慮而來的，人在困境中往往覺得互慰的重要，一方面可以交換消息，另一方面則可同病相憐，藉此獲得精神上的支持。在這研究中亦發現，在焦慮中的人找伴，多傾向於找那些與自己有相同遭遇者，大概這就是同是天涯淪落人的心境，彼此之間的溝通與憐惜便更增加了。

教師動機與需求之探討

一、國內在教師動機與需求方面實徵性之相關研究

有關教師動機與需求方面實徵性之研究，在國內非常地少見。在此僅就單小琳（民 70）及林志成（民 79）二篇研究，分別探討說明如後。

單小琳（民 70）的研究中，探討教師成就動機（分為：精熟、工作取向及競爭三項）與學生（係指國小學童）評定教師、學生學業成績（包括：國語、數學、常識及總分）間之關係。其研究主要發現有以下三項：

㈠教師成就動機中，工作取向與競爭的交互作用，對學生評定教師有影響。就工作取向、競爭均偏低傾向的教師，在學生所知覺的好教師上被評定較優。

㈡教師成就中精熟一項對學生評定教師有影響。精熟度高的教師，在學生所知覺的好教師上被評定較優。

㈢教師不同程度的成就動機，對學生的學業成績沒有影響；唯教師有低工作取向時，其所教的學生在國語科及三科總分上成績較高。

同時，單小琳（民 70）亦提出以下二項研究建議：

㈠不再過份強調教師太高的工作取向成就動機，以免過度的工作要求，導致教師影響學生行為產生負向的反映。

㈡安排各類新知能的成長機會與挑戰情境，促使教師發揮較高

精熟度的成就動機。

在林志成（民 79）的研究中，係探討動機理論對提振國民中小學教師士氣之關係。其研究主要發現可歸納為以下三項結論：

㈠在六項工作動機層面（包括：環境適宜、安全保障、歸屬與支持、公平、尊重與地位、抱負與目標），相當多的教師認為協助教師實現工作環境的動機，是提振教師士氣最重要與最關鍵的做法；而公平動機的實現，卻非教育行政人員短期間所能把握推動的；至於歸屬支持動機的實現，則是行政人員激勵教師士氣，所能掌握的最經濟可行之做法。

㈡國民中小學教師工作動機會因個人背景因素（包括：性別、任教年資、擔任職務、任教地區、學校班級數、學歷、畢業院系組別及任教階段）的不同，而有顯著差異。綜括言之，在此八項個人背景因素中，工作動機較高的組別是：女教師、服務滿二十年以上者、擔任組長主任者、城市國中與鄉鎮國小教師、在廿四班以下之學校服務者、學歷較低者、教育院系組畢業者與在國小任教之教師。

㈢教師工作動機與教師士氣之相關達到顯著水準，兩者間之相關強度為中等；在各類教師動機中，以抱負與目標動機一項，最能預測教師士氣。

另外，他也提出了七項建議：

㈠鼓勵教師實現抱負目標，有效激勵教師士氣。

㈡儘速改善教師工作環境，符合多數教師期望。

㈢恢宏尊師重道傳統，提高教師社會地位。

㈣主動支援教師教學，增進教師對學校之認同。

㈤力求公平公正，研修激勵教學的考核辦法。

㈥了解不同背景教師動機，設計各種士氣激勵方案。

㈦加強溝通聯繫，繼續推展主動敏捷的教育行政。

二、正視教師在需求與動機之困擾問題並予以改善

　　筆者就讀教育研究所時，曾接觸到一位師範出身的同學，在其個人奮鬥成長的過程中，受到小學五、六年級老師的鼓勵與幫助甚大。但某日他返鄉探望這位恩師時，卻發生了一件令人很傷感的事件，以下即針對此一事實加以敘述，唯人名為保密之故均已改為杜撰者。

　　偉揚出生在南部鄉下的農村，在家六個孩子當中排行老么，因父母係佃農，家中經濟情況欠佳。兄姊上學讀到四、五年級，就輟學回家幫忙農事；偉揚雖是老么，成績表現也不錯，但父母仍未打算允其升學。到了六年級他的級任林老師，見他資質不凡又有上進心，就親自到偉揚家去拜訪他的父母，央求他們允許偉揚準備參加聯考。

　　父母在不置可否的情況下，即將偉揚交由林老師進行課後升學輔導。因此，偉揚白天、晚上都在學校讀書，夜晚就在教室併上三張桌子當床來睡，寢具則寄放在學校旁邊的老師宿舍中，三餐也在老師家搭伙，每個月林老師由他們幾位類似家庭經濟狀況的同學，自由繳交膳食及補習費，多少不拘。因林老師當年讀師範也是貧苦出身，對於有相似情形的偉揚等學生，也就不計較這些啦！祇要學生肯上進，老師看在眼裡，心中也覺得十分安慰；當然，偉揚他們這些小毛頭在心中也萬分地感激老師。

　　初中聯考放榜，偉揚考上了一流的省中，但家中卻一時籌不出註冊的學費，林老師知道了立刻先將學費借給偉揚，讓他得以繼續升學就讀。因為林老師的支持與鼓勵，偉揚在

初中畢業之後，即考入師範專科學校，畢業服完兵役且當了
幾年小學教師後，偉揚又繼續升學考入大學並攻讀研究所，
最後拿到了教育博士學位。

　　偉揚心中一直惦記著待他恩重如山的林老師，返回鄉下
探親時，也經常會去看望恩師。然數年前他利用某個連續假
期返鄉之便又去拜訪林老師，但師母說老師正巧有事外出，
沒有遇著。偉揚悵然離去趕到火車站欲乘車返北時，在站前
聽到一個很熟悉的聲音，是位計程車司機正在拉客的叫聲，
仔細一瞧偉揚楞住了，那位計程車司機不正是自己的恩師——
——林老師。偉揚當場立刻朝旁邊一閃躲起來，以避開師生相
會的尷尬場面。

　　回到台北之後，在偉揚的惱海中經常會出現林老師在火
車站前拉客的那一幕；當年不辭辛苦，不計較金錢而以作育
英才為職志的恩師，今日竟利用假日兼營計程車司機的行業
來賺錢……難道一切真的都完全改變了嗎？是耶？非耶？

　　由上述這個實例，吾人可以深入地加以思考。在目前這個多元
價值的社會中，許多的人生觀、道德觀與倫理觀都在不停的變化
（如：偉揚恩師的轉變，可能是他個人價值觀的改變，也可能是受
到妻子家人經濟需求的期盼，或是受周圍其他教師同仁追逐金錢的
影響…），甚至有人認為世上唯一不變的就是「變」。

　　教師也是人，也是社會的一份子。就他個人而言，也須設法針
對各項需求與動機來加以滿足。因此，面對今日的社會，不可僅以
「清高」一語來期許教師；必須從薪資結構、教師福利的調整改善
著手，給予教師有更多的進修機會，並允許其參與校務的決策與運
作，使他們在生理、安全與歸屬感上的需求能充分獲得後，才能朝
自尊和自我實現更高的需求境界加以邁進。

本◆章◆摘◆要

　　動機是指個體產生的一種內在狀態，它會促使個體引發朝向某一目標前進之行為。也有人將動機視為外在行為的內在動力，人類每項行為背後，都有促使它如此行動的原因，和維繫它持續進行的力量。在心理學上，常將「需求」視為「動機」的同義字，而一般人是把需求視為形成動機的原因。產生動機的另一個因素是刺激，引起個體動機的刺激，包括外在的與個體內的刺激。

　　多數學者採取二分法，把各種不同的動機歸屬於兩大類，雖兩類的名稱未盡相同，但所指範圍卻大致相似。分別是「原始性動機」與「衍生性動機」，「生物性動機」與「社會性動機」，「生理性動機」與「心理性動機」。其中唯有原始性動機之一的「好奇」，雖是與生俱來者，卻是屬於個體的心理性動機。

　　因為人類的動機非常地複雜，所以動機與需求理論也頗為分歧。在本章中僅就心理學中經常討論到的心理分析論、社會學習論、認知論、需求階層論與成就動機論等五種動機理論，分別加以探究之。

　　針對個體因某些需求、刺激，而產生之動機或驅力，在心理學領域中各有其相關之研究。在本章中祇針對與個人日常生活有較密切關係的四項生理動機（驅力），包括：饑餓、睡眠、渴與性，及三項心理動機，包括：好奇、成就與親和，一一地探討說明之。

在目前這個多元價值的社會中，許多的人生觀、道德觀與倫理觀都在不停的改變，甚至有人認為世上唯一不變的就是「變」。教師也是人，亦是社會的一份子。就他個人而言，也須設法針對各項需求與動機來加以滿足；必須從薪資結構、教師福利的調整改善著手，給予教師更多的進修機會，並允其參與校務的決策與運作，促使教師們能朝自尊和自我實現等更高的需求境界，積極地向前邁進。

研◆討◆問◆題

一、試列舉二項您個人生活中的實例，具體說明本章圖 2-1「動機
　　與行動及目標的關係」。

二、就「需求階層論」中的八項需求而言，您個人目前停留在哪一
　　個需求階層上？想想看是否有提昇階層的必要？請分別說明
　　之。

三、針對本章第三節中所舉偉揚的案例來看，您認為林老師前後如
　　此巨大轉變的主因究竟為何？試暢述己見。

四、面對一般人重視或追逐金錢的社會趨勢，部分老師亦兼營不同
　　的副業以增加收入的作法，您是否贊同？並請詳細說明您個人
　　贊同與否的理由。

本◆章◆參◆考◆文◆獻

一、中文部分

林志成（民 79）：動機理論對提振國民中小學教師士氣之研究。**國立台灣師範大學教育研究所碩士論文。**

邵瑞珍、皮連生（民 78）：**教育心理學。**台北：五南。

梁志宏（民 80）：學習動機與興趣。載於賈馥茗等編著，**教育心理學。**台北：國立空中大學。

張春興（民 79）：**心理學**（二版，三十刷）。台北：東華書局。

張春興（民 82）：**現代心理學。**台北：東華書局。

黃國彥、李良哲、黃世琤（民 71）：**心理學**（二版）。台北：中華電視台教學部。

游恒山編譯（民 77）：**心理學。**台北：五南。

單小琳（民 70）：教師成就動機與學生評定教師、學生學業成績的關係。**國立政治大學教育研究所碩士論文。**

鄭肇楨（民 77）：**心理學概論。**台北：五南。

瞿海源（民 80）：**社會心理學新論。**台北：巨流。

二、英文部分

Atkinson, J. W. (1965) . The mainsprings of achievement oriented activity In Krumboltz, J.W. (ed.) *Learning and the Educational Process.* Chicago: Rand McNally.

Bruch, H. (1961). Transformation of oral impulses in eating disorders: A conceptual approach. *Psychiatry Quarterly, 41,* 458-481.

Horner, M.S. (1970). Femininity and successful achievement. In Bardwick, J. et al. (eds). *Feminine Personality and Conflict.* Belmont,

Calif: Brooks / Cole.

Kaplan, P. S., & Stein, J. (1984). *Psychology of Adjustment.* Belmont, Calif: Wadsworth.

Kinsey, A.C., Martin, C. E., & Pomeroy, W. B. (1948). *Sexual Behavior in the Human Male.* Philadelphia : Saunders.

Kinsey, A.C., Pomeroy, W. B., Martin, C. E., & Gebhard, R. H. (1953) *Sexual Behavior in the Human Female.* Philadelphia: Saunders.

Maslow, A.H. (1970). *Motivation and Personality.* (2nd ed.). New York: Harper & Row.

Masters, W. H., & Johnson, V. E. (1966). *Human Sexual Response.* Boston: Little, Brown.

Masters, W. H., & Johnson, V. E. (1970). *Human Sexual Inadequacy.* Boston : Little, Brown.

Masters, W.H., & Johnson, V.E. (1979). *Homosexuality in Perspectives.* Boston: Little, Brown.

McClelland, D.C. (1961). *The Achieving Society.* New York: Van Mostrand.

McClelland, D.C., & Lowell, E.L. (1953). *The Achievement Motive.* New York: Appleton-Century-Crofts.

McClelland, D.C., et al. (1970). *Teaching Achievement Motivation.* Middletown, Conn.: Educational Venture.

Schachter, S. (1959). *Psychology of Affiliation.* Stanford, Calif: Stanford University Press.

Schachter, S., Goldman, R., & Gordon, A. (1968). Effects of fear, food deprivation and obesity on eating. *Journal of Personality and Social Psychology, 10*, 91-97.

Schachter, S., & Grots, L.P. (1968). Manipulated time and eating be-havior.

Journal of Personality and Social Psychology, 10, 98-106.

Stunkard, A. J. (1959). Eating patterns and obesity. *Psychiatric Quarterly, 33,* 284-295.

Winterbottom, M. R. (1953). The sources of achievement in mothers attitudes toward independent training. In Mc Clelland, D.C., et al. (eds). *The Achievement Motive.* New York: Appleton.

第三章

角色與壓力

　　莎士比亞曾說：「世界是一個舞台，所有男男女女不過是個演員，他們上台又下台，進進出出，一個人在其一生要扮演多個角色。」我國有句俗語說：「人生如戲，戲如人生。」的確，在社會之互動互助下，每一個人都在表演自己的戲目。

　　今天在這複雜的人生舞台上，大多數人都同時扮演多種不同的角色，而這些「角色」，可以說是社會團體期許於某一特定類別的人所應表現的行為模式。假如個體與角色要求之間有矛盾，即產生個人角色的衝突，亦常由於角色的衝突而產生工作上的壓力。本章以教師為特定之對象，探討教師角色之扮演及其所承受的壓力與因應之道。

第一節

角色概念與教師角色之探討

一、角色之定義及其基本概念

　　角色理論的起源溯自舞臺之表演者，以力求逼真，將其角色的義務與權力表現於實際的行為與態度中，即是角色的扮演。角色扮演之最終目標是將角色行為內化至人格當中。角色的定義頗為分歧，缺乏一致性與研究者共同接受的定義（Biddle, 1979）。薩爾賓（Sarbin, 1982）將角色界定為：一個人努力扮演他所具有的特別身分，所應表現的一套行為。由薩爾賓（Sarbin）與畢德禮（Biddle）兩人的角色定義，可以發現角色即是行為，而行為是發生在特定的範疇之中，並且限定是人的行為。每一角色都有其功能的要求、言行的要求、思想的要求、情緒的要求等，此稱為角色內容。

角色內容的制定，受到社會的需求、文化的預期、傳統的習俗、政治、經濟和人際關係等影響。其中任何一個因素的變遷，都會導致角色內容的改變。並且隨著時間的運行，角色內容將不斷的、自然的修改，而以某些公認的型態被重新定義。國外學者亦將角色定義為組織系統內、外的有關人員，對某一職位（position）者所賦予的一系列期望（Banton, 1965; Gross et al., 1958; Neiman & Hughes, 1951）。上文所提之有關人員乃指被期望者的上司、同事、下屬、顧客等，一系列與被期望者有直接關聯的角色，亦即所謂的「角色組合」（role set）。綜合歸納前文所述，筆者將「角色」定義為：當人作用存在於其所屬之特定時空時，所應具有的特定功能型態、特定之行為性格。簡單的說，角色是一種特定的身分時所伴隨該身分的行為。

角色理論中通常運用的基本概念，扼要歸納說明如下：

㈠角色知覺（role perception）

是指個人對所付託之角色的想法。

㈡角色規範（role norms）

個人或團體對某種角色的要求。

㈢角色期待（role expectation）

是角色理論概念當中最重要的一個。在角色意識中，對個人而言，代表一套固定的行為模式，是其置身於社會生活中應表現的行為，也同時為社會所期待者。

㈣角色接受（role acceptance）

即角色的實際行使，亦即個人行使其角色義務與角色權力的行動。

二、角色問題在生活中所造成的困擾

　　從社會結構來看，當一個人進入組織後，若能認同其所屬的組織，遵行組織規範和實踐其要求，將個人的角色能力貢獻給組織，且能進一步與組織環境取得協調，就可稱得上是成功的角色扮演。反之，若個人加入組織後，對其所屬的組織不能認同，或其能力不足以勝任，或其表現與組織要求不一致，或有某些不利因素干擾角色任務之運作，致使個人陷於無所適從之困境，因此就會產生角色壓力的問題。

　　一般將角色壓力分為主觀經驗與客觀事實二種型態（Kahn et al., 1964；王青祥，民 74）。其中，客觀角色壓力是一種環境狀態，即指組織中的社會與環境特質，確實具有某些不利角色活動的因素，因而造成了不良的角色特性；而在主觀經驗的角色壓力則是個人受環境狀態所引起的心理歷程，即指經由客觀的不利因素，而影響到個人對角色不良覺察與認知，進而產生的角色壓力。

　　當今研究角色壓力的學者們，常探討二個重要概念，一是角色混淆，一是角色衝突。由於社會結構中存在這種對成員含糊、不協調的要求，所謂含糊的要求，可稱為角色混淆；不協調的要求，則稱為角色衝突。今將角色混淆、角色衝突及角色過度負荷分別說明於後。

㈠角色混淆

　　從有關角色混淆的研究中，可歸納出三種看法（王秋絨，民70）：

　　1. 康亨，斯尼克，麥爾斯，哈利，來翁斯等人（R. Kahn et al.; J. D. Snoek; R. M. Miles; M.E. Hardy; T. Lyons）認為角色的混淆，

是指角色要求或期望不清楚的狀況。

　　2.賓‧戴維德，戴維士，李納德等人（J. Ben-David; J. Davis; H. Lennard & A. Bernstein）的研究，則由角色要求或期望的不一致來說明此一概念。

　　3.帕洛拉（E. Palola）則提出「行為與期望的矛盾」之看法。

　　綜上所述，我們可知角色混淆是指個人無法獲得一明確清晰的角色期望，或因角色期望無法一致而產生的混亂。而如何減少角色混淆的程度，筆者將其歸納為下列幾點：

　　1.了解工作目標、範圍與職責。

　　2.能清楚他人目前的期望，並能預測他人未來的期望。

　　3.了解他人期望中的權利、義務和職責。

　　4.能以最好的方式，履行角色期望的內容。

　　教師之角色混淆，主要來自於教學環境的正式規定與非正式規範的學習。正式的規定如組織的要求，或重要人物如校長、行政人員對教師的要求。非正式的規範則是指學校成員合作、競爭、模仿、認同等過程之形成。

(二)角色衝突

　　就意義而言，角色衝突是指個人經常被要求扮演與他們的價值系統不一致的角色，或同時扮演二種以上相互衝突的角色而言（Kahn et al., 1964）。或更明確的指出，角色衝突意謂對某一特定角色的不一致期望（Brief et al., 1981）。根據畢禮夫（Brief et al., 1981）綜合其他學者的說法，將角色衝突分為下列四種類型：

1. 角色傳遞者間的角色衝突（intersender role conflict）

　　指不同角色傳遞者（role sender）對同一角色有著相互衝突的期望，使角色接受者（focal person）產生左右為難的情況。

2.角色傳遞者內的角色衝突（intrasender role conflict）

意謂同一角色傳遞者對某一角色對象賦予其相衝突的期望。

3.角色內衝突（person—role conflict）

是指角色接受者，本身所持角色期望與角色組合中成員對其之期望不一致的現象。

4.角色間衝突（inter—role conflict）

是指同一角色接受者同時扮演數種角色，而這些角色各有不同的規範與期望，使角色接受者無法調適來完成所有角色的義務與期望。

㈢角色過度負荷（role overload）

角色過度負荷係指角色傳送者，基於合法的地位，對個人提出工作方面的要求，使其個人必須完成許多工作角色，若他個人無法完成所有角色之要求，則將承受超過其能力的心理負荷。其中又可分為以下二類（Van Sell et al., 1981）：

1.若對角色行為的要求過多，使角色表現者無法在一定時限內完成，則會造成量方面的角色負荷。

2.若對角色的要求水準過高，超過了個人的能力、技術及知識範圍，則會造成質方面的角色負荷。

角色通常是指由他人的期望或角色規範所引導的社會行為。在個人所處的團體中，角色一致性（role consenus）對於角色行為具有引導的社會功能，而在高度複雜、分工極細的社會體系中，角色一致性極難達成。目前學校教學環境、行政規模日益擴大，教育工作者本身之背景複雜，所以角色的一致性更難達成。由於這些困難，使角色衝突在今日社會中是相當普遍的。無論上述之角色衝突或前述之角色混淆，二者均是源於合理的角色期望所形成的外在壓力，在此稱之為角色壓力。以下列舉出臺灣教育輔導月刊，八十年

四月號第四十一卷第四號三十三頁—〈壞班老師為什麼心寒〉，由這篇文章中可見目前的教育體制下，為師者面對多重角色及角色期望衝突下之心聲：

由於在「階梯式能力分班」下，教學以升學考試為掛帥，而此種編班方式之最大目的，亦在便於集中優良學生和教師於一爐，於是老師成了知識的販售者，而升學考試不考的德育、美育、群育，幾乎完全被忽略。

就以公民與道德的課程來說，這個科目的課程是沒有地位的，而教這個科目的老師亦沒有尊嚴。舉一實例來說，不少國民中學暗中推行一、二年級放學後留校惡補（名為「課業輔導」）社會科的歷史、地理科目均列入輔導，唯將公民與道德科目剔除，如此美其名的「輔導」，竟將最有輔導做人做事的公民與道德科目排除，豈不是「課後輔導」的一大諷刺？

況且，時值校園倫理不振，社會治安動盪之際，公民與道德科目益顯其重要，可憾的是「加強民族精神教育」、「加強公民與道德教育」竟是徒託空言。這種不重視公民與道德的教育現象，除了會繼續降低國民的國家民族觀念以及國民的道德水準外，更嚴重損害了公民與道德教師的教學士氣。

吾人再從另外一個角度來談，如果是基於國中的歷史、地理課程內容較繁重的理由，則為何該實施「補救教學」的後段班學生沒有放學後留校惡補？豈不明明在賤視壞班學生和輕視壞班老師嗎？允其擔任壞班課程的老師，其付出的多，而所受待遇和讚美者少，這又豈不是明明在逼迫教壞班的老師要降低他們的教學熱忱嗎？今天，壞班學生之所以學習境遇日惡，皆此等不公平的編班方式衍生出來的！根本談不上

德育、美育、群育、體育，知識成了商品，教師成為販賣升學資料的機器，教壞班的熱心老師最後也心寒萬分。

二、學校社會體系中的教師角色

　　古時候教師乃是知識或道德的化身。在教育不普及，教育人員數量不多的社會裡，教師往往被視為「無所不知」的先知先覺者，備受尊崇。但今日教育事業擴張，教師數量大為膨脹，科技的進步，知識已不再由教師所獨享，往昔教師在師生位階中，為師如父的「傳統權威」與「精神感召權威」已不可待了。而教師究竟扮演何種角色呢？吳靜吉教授認為教師是一個能提出假設並驗證假設的決策者和執行者；他也是一位助長學生發揮潛能的輔導者；有時他也必須是賢妻良母、嚴父慈母及提供社會支援的人，有時也是學生的認同者；學生資訊提供者及傳道授業解惑者，他要注意上課的氣氛，甚至也要提供學生學習的機會；有時他也是個打雜的人，要印講義，幫學生找資料兼做些行政工作；他也必須是位評鑑者，要給學生打分數，評量學習效果，並適時給予讚美和鼓勵。老師的角色不僅如此，真是一個角色過多的忙碌者（吳靜吉，民76）。

　　學校是一正式組織，一個服務性的組織，是由教職員與學生等二種不同的角色所形成的結構，並具有某種程度的科層化，如人員分工，因才任用，照章行事等特質。因此，學校已具備正式組織的特性，有其正式的行政程序，權威結構及共同目標，其主要目的在於集合各種教育資源，提供學生有系統而適當的學習環境，以協助其社會化，並發展自我。因此，在學校這個社會體系中，教師一方面要負責教導學生的工作，一方面也要協助學校組織充分運用教育資源，以盡到服務學生的職責。綜上所述，教師主要角色有兩種：

一為教學者，一為行政者。以下就這兩種角色加以說明。

(一)教學角色

　　現代教育目標強調五育並重，注重學生知、情、意的均衡發展。學校的主要功能在於傳遞各種知識與文化，並培養其健全人格，輔導其身心健康。為達此一功能，教師一方面是教學者，以傳遞知識、文化；另一方面是評鑑者，以促進教學效果，並負起為社會選擇人才的責任。教師並且扮演社會化者的角色，幫助學生學習成人社會的角色，以適應未來生活。由師生關係來看，教師等於是家長，學校是不是像個大家庭，學生在學校是否能感受到家庭的溫暖，有安全感、有愛、有歸屬感、有自尊，能夠自我充分發展，便要看教師是否能扮演好此一家長的角色。教師也必須扮演輔導者的角色，協助學生平衡個人情緒，專心向學，發展健全人格。英國牛津、劍橋大學裡的導師制度非常有名，那是一種非常親切、溫暖、坦誠的關係；老師不但是「經師」，而且是「人師」，在自然愉快的氣氛中把「道」傳下去，也把「德」傳下去，這是值得我們學習的。就學生的問題而言，教師也必須扮演醫生的角色。學生來到學校一定有其不足或不是之處，經驗不足，心智尚未成熟，行為可能有所偏差，需要老師的幫助。正如常人偶爾也會生病，需要醫生來醫治。學校裡，學生可能會行為生病、心理生病、價值生病、道德生病；這時老師就要像醫生一樣耐心的診斷、配處方，幫助學生解決病痛。由此可知，現代教師的職責是多方面的，在教學角色中基本上還包括了教學、評鑑、社會化、家長、醫生、輔導等角色。

(二)行政角色

　　學校是一正式組織，其主要目的在於藉學校各種行政程序與規章，以達到服務學生、促進教育效果之目標。教師是學校組織中達

成教育目標的主要推動者，為了增進教育成效，除了教學外，更須協助校長及其他行政人員推展校務。學校是一個小型社會，有各式各樣的人物，而每個人的想法和行為方式並不完全相同，在人與人之間存在著或大或小的「溝」，而教師便是學校行政當局和學生間的橋樑。藉此橋樑溝通學校裡的政策、課程、規定，透過教師讓學生們體會、了解、接受及執行。學生亦可透過教師反應其意見。教師在學校組織的地位結構中，是被領導者，須接受校長的領導，兼具參與或執行各項行政措施之權利與義務。這點可從教師在學校體系中所屬的層次進一步來加以說明—帕森思（T. Parsons）將社會體系分成三個層次：（王秋絨，民 70）

　　1. 策略層次（strategic level）。

　　2. 管理層次（managerial level）。

　　3. 技術層次（technical level）。

　　其中校長是學校的主要決策者，居於策略層次；其他學校行政人員負責執行或管理行政業務，居於管理層次；教師主要職責在於從事教學工作，屬於技術層次。但有時教師因兼任行政工作，而處於中間層次。無論教師是居於技術層次或管理層次，都為學校組織中的一員，積極參與並執行學校決策是其職責之一。林清江（民60）亦曾調查教師的自我及他人的角色期望，發現無論教師本身或家長均強調「積極參與學校決策」與「協助改善學校各種組織及協助同仁重視學校的工作目的，以改善學校行政效率」，為教師重要的學校角色。所以，由學校在教育上的功能來看，教師的角色應包括教學、評鑑、社會化、輔導、執行決策、參與校務等工作。

　　教師履行這些角色時，除了受教師個人特質、專業教育之影響外，也會因教師教學經驗與環境之差異，而偏重於某些角色。王秋絨（民 70）亦指出：就教師個人特質而言，霍宜爾（E. Hoyle）認為年齡、性別、資歷等是影響他人對教師角色期望，及其自我概念

的因素。這些角色期望或自我概念又影響其角色表現，故個人特質
對教師角色的履行狀況有影響；而就教學環境對教師角色的影響而
言，班克斯（O. Banks）曾指出：「很多研究顯示，任教數月後，
教師的態度與學校同事的相似性，便高於與受教學院的相似性」。
柯文（R. G. Corwin）也發現教師就在學校的日常生活中形成並協
調了教學的角色與期望。愛德格（D. E. Edgar）的研究認為學校組
織中校長的評鑑、同事的期望與組織條件，為其專業社會化的重要
因素。由這些研究者的發現，可說明教師任教學校比受教學院，是
更為重要的社會機構。而在實際的教學環境中，教師行為一方面受
學校正式的規章、程序及目標的影響，一方面受教師與校長、同事
之間的非正式關係、規範、價值的影響，這些都是對教師的正式與
非正式要求或期望，形成教師角色表現的外在控制或指引的力量，
對其角色行為具有很大的影響。

三、角色理論運用於師資培育之相關研究

　　國內外諸多學者專家將角色理論應用於師資培育之研究，今將
其重要者列舉於後，以窺其要。
　　㈠薩爾賓（T. R. Sarbin）將角色定義為：對某一社會地位者
所期望的行為稱為角色；角色具有兩方面的特徵（林玟玟，民
76）：
　　1. 某些人對於居於某一地位者所持的期望（expectations）。
　　2. 居於某一地位者的實際行為（enactments）。
　　㈡林頓（R. Liuton, 1936）對角色與地位（status）有深入的分
析。他說：「地位是權力與義務的集合體，角色代表地位的動態
面；個人在社會結構中被指派一個地位，當他實際履行構成這個地
位的權利與義務時，即正扮演一個角色。」

　　㈢霍宜爾（E. Hoyle, 1969）在《教師角色》（The Role of the Teacher）一書中說明教師專業社會化的內涵，最重要是將期望教師應有的行為風度及專業價值內化於其人格當中。霍氏指出教師應扮演「教學的專業角色」，是學科的專家，懂得教育方法及具有專業態度；並應扮演「領導角色」，以合宜的領導方式，及其領導能力，促使教學的成功。

　　㈣威騰柏格（W. Wattenberg, 1951）提出教師角色行為應包括的內涵有：

　　*1.*為社會模範的代表，包含道德的概念。

　　*2.*給予學生正確的評分與判斷。

　　*3.*指導學習知識與技術，並指導發現學習方法及學習過程。

　　*4.*仲裁學生之間的爭論。

　　*5.*偵查規則的破壞者。

　　*6.*確立學生認同與模仿的目標與方向。

　　*7.*幫助學生控制衝動。

　　*8.*幫助學生建立自信及成為自我支持者。

　　*9.*奠立團體學習氣氛及做好團體領導角色。

　　*10.*做為學生的父母代理人（parent surrogate），照料學生指導其表現客觀態度及行為。

　　*11.*反對成人給予學生挫折感。

　　*12.*與學生建立溫暖的關係並分享信賴。

　　*13.*情感的目標，給予學生希望，結合學生心理的需要。

　　㈤林清江（民 60）對教師角色之研究發現，教師宜扮演下列角色才有益於教育與社會的進步。

　　*1.*教師在教室中之角色，協助學生社會化及選擇。

　　*2.*教師在學校中之角色，傳授知識與方法，參與組織決策、平衡學生情緒。

3.教師在專業團體中之角色，研究及價值的統合。

4.教師在社區中之角色，協調社區關係，導向社區行動。

5.教師在社會文化中之角色，經由選擇人才、協助政治社會化，促成社會流動，參與文化革新，促進全面的社會發展。

㈥郭為藩（民 64）認為「教師角色是教學生好，提示學生如何辨別是非善惡，透過有計畫的教學歷程，使學生由壞變好，由好變為更好。」為扮演好教師角色，應具備下列二項條件：

1.專業知能（professional competency），即如何組織教材，運用有效的教學方法。

2.專業精神，即良好的教育態度。基於教育愛、圓熟的人格，情緒上的成熟，喜歡學生也了解學生，民主化性格、傳道熱忱、有幽默感、民主意識及愛國觀念。

教師角色概念及表現專業角色行為，受其所屬國家之文化背景因素影響。在東西方的國家中，所賦予教師的角色任務不太相同，如法國中學教師之角色任務，注重其有優異的專門學科知識，現代化教育觀，功能化的教育觀念；美國教師之角色任務注重個別化指導，指導時不偏心，保護學生免受外在不當壓力，教育診斷時尊重專家診斷；日本之教師角色，注意團體取向（group orientation）、觀護取向（paternalistic orientation），注重學校與社會規範的遵守，對學生給予較高的期望，及提供額外的指導（supplementary instruction）及家庭密切的聯繫；我國教師之角色任務，偏重尊師重道之傳統，潛移默化等角色。

許多學者認為一個人擁有許多角色時就可能產生角色衝突。學校教師需扮演之角色已如上述，其產生角色衝突的比例頗高，在角色無法協調時，角色衝突即可能產生。在許多研究中亦證實，角色衝突能產生諸如緊張、焦慮、壓力，或工作效率、角色實踐的降低等許多非功能性的結果，其影響所及非教師個人，對學校及學生亦

皆蒙其害。教師的角色誠然沈重，但為人師者亦應在社會變遷與本身變化中，不斷求取適應及創新，才能符合時代的需要，並達教學相長的效果。

壓力及其因應之道

一、壓力的意義

在我們的生活環境中，為了要使生活過得更好，常須面對挑戰，解決困難，生活中充滿著壓力（stress）。壓力可說是生活中不可避免的一部分，因為每個有機體都必須面對來自環境或本身需求的挑戰。如果我們想生存和茁壯，便必須面對和解決這些困難與挑戰。

壓力的概念中最早取自物理學和工程學，指的是將充分的力量用到一種物體和系統上，使其扭曲變形。二十世紀初，壓力的概念才出現在醫學界，表示人體的過度負荷。康農（Cannon, 1935）提出壓力的概念和個體回復平衡的關係，他的學生雪萊（Selye, 1956）繼承了他的理論，首先將之引入社會科學領域深入探討，此後壓力這一名詞，廣泛的被使用，雖然此一名詞被廣泛的使用，但在一般有關壓力的研究中，它的定義卻缺乏一致性的看法。在此就筆者蒐集到有關壓力的重要定義，依其年代先後順序分述於後。

㈠壓力是身體為滿足其需要，所產生的一種非特定之反應（Selye, 1956）。

㈡壓力係對有機體施加要求的刺激，與有機體處理它的能力間

之差距，此一差距為有機體所能知覺程度之函數（Mechanic, 1962）。

㈢壓力為一種涉及有機體無法有效應付某些未來刺激之心理狀態（Lazarus, 1966）。

㈣壓力是一種需要以異常的反應，克服其負面情緒、目標障礙及壓迫感，而妨害了正常功能之情況（Arnold, 1967）。

㈤壓力是一種由個體知覺環境的要求具有威脅性，所引發生理及心理緊張的狀態，亦即是個體被迫要去處理的任何情況（Kaplan & Stein, 1984）。

㈥壓力是個人理智、情緒、身體失調的狀況的時期，它通常是個人對情況的理解，並影響身體和情緒上的反應（Yvonne & Robert, 1993）。

㈦由外界行為、情境或事件造成特殊的生理或心理需求，因而引起個人產生的心理調適反應歷程（Robert & Angelo, 2001）。

㈧個體面對外界要求或刺激時的身心適應的反應（周立勳，民75）。

㈨壓力是指個體生理或心理感受到威脅時的一種緊張狀態。此種緊張狀態，使個人在情緒上產生不愉快甚至痛苦的感受（張春興，民80）。

㈩當個體在面對外界要求某種特定事件刺激的情況下，個體所做出的身心適應反應；而此反應乃是依據他個人過去的經驗、人格特質或心理認知歷程為媒介所產生（李明宗，民89）。

綜上所述，筆者可將「壓力」歸納為：個體基於其內外周遭的要求或特定事件的刺激，所帶來身體或心理緊張之反應狀態；此種反應是以個人過去的經驗、人格特質與認知歷程作為媒介。例如在衝突、焦慮、挫折、危險、驚恐等情境中，都會帶給個體不同的壓力。

就一般研究之取向，亦可將其歸納為以下三大類（林玟玟，民76）：

(一)視壓力為對情境的整體性反應（Selye, 1956, 1976）

所謂壓力係指個體面對刺激時，為求重新回復正常狀態所做的反應；不論外界的或身體內的變動，雖有其特殊之處，都會引起個體的整體性反應，凡有此種反應，即稱為處於壓力之下。雪萊並強調身體反應的非選擇性（non-selectivity）和非特殊性（non-specificity），即指任何環境的要求，均會產生個人身體組織和生化成分的改變，這些改變引發了身體的適應性反應。雪萊稱此反應為一般適應症候群（general adaptive syndrome，簡稱GAS），其發展分為三階段：警覺反應期、抗拒期、耗竭期。此觀點強調身體機能和生化反應，主要為醫學研究取向，偏重整體性反應，而不認為壓力來源有何重要性，亦未涉及個人認知、評估的探討。

(二)視壓力為生活情境的變動（Holmes & Rahe, 1967）

這類觀點偏重於探討社會與物理環境變化對於個人的影響。人如同物體不能承受彈性限度以外的情境變動，若是變動超過個人的適應能力，就會產生適應不良的現象。所以這個觀點的研究者研究之取向，在於分析各種情境的刺激，強調壓力來源的重要性。

(三)視壓力為個人迎合環境要求的某種關係型式（Mason, 1975a, 1975b; Lazarus & Laumier, 1978; Caplan, 1983）

此類觀點強調人與環境間之互動，即環境有了變動，將會對個體形成一種要求（demand），但個體並非完全被動地反應，而是採主動的方式因應環境的要求。特重個別差異中知覺和認知特性所扮演的角色。個體面對壓力時，可透過認知作用，分辨壓力的性質

與來臨的時刻，藉以動員適應的資源作有效的反應。此觀點的研究取向，不僅考慮到雪萊（Selye）提出的整體性反應和荷姆斯與雷赫（Holmes & Rahe, 1967）提出的壓力源指標（stress-index），同時兼含拉爾斯（Lazarus）和樓尼爾（Laumier, 1978）提出的個人認知評價系統。所以綜合歸納，生活壓力是「環境要求」與「個人因應能力」互動之後的結果。

根據上述的研究取向，我們對壓力的完整定義是：壓力是個體預期未來可能發生的不安，或對威脅有所知覺，因而對有機體產生刺激、警告或使其活動。上述定義之三個成分為：外在環境、對環境的評估，以及對情緒和生理刺激所做的反應。外在環境的要求只有在被當事人了解及被認真考慮時，才足以稱之為要求。事件本身並不會引起壓力反應，事件本身及其內容都是中性的，最主要是我們對於事件的認知或評估而使事件形成壓力。

壓力是否均令人喘不過氣？手忙腳亂？冒冷汗？緊張得啞口無言？憂鬱？人生乏味？坐立不安？悶悶不樂？或無法集中精神、六神無主？壓力的反應有心理上的、生理上的及行為上的。通常，當一個人感到不愉快，或有上述情形時，即受到壓力的壓迫。但並非所有的壓力均是令人不悅的。壓力也能使人振奮，給人力量。以生理面而言，無論是悲或喜的壓力反應，均能讓體內分泌壓力荷爾蒙，我們一般稱健康或愉快的壓力為「eustress」；不健全或不愉快的壓力為苦惱「distress」。亦即，壓力來源以及壓力後果有正向的，亦有負向的。

壓力有如調味之佐料。適量可使一道菜美味大增，太少則食之無味，太多則難以下嚥。壓力也像提琴的弦，它需要適當的張力。但若弦張力（壓力）太緊了，則弦斷；太鬆了，則琴鍵無力。儘管壓力帶來許多消極的影響，但是適度的壓力卻也是進步和創造的原動力，可以使自己在任何角色的扮演中處在備戰狀態，激發潛能。

因此，不管在人生舞台上扮演何種角色，面臨任何壓力，都應積極的把壓力轉換為動力，這是我們該學習的。

二、壓力的來源

壓力是生活中普遍存在的問題，因我們的生活中常不免會有一些變動，諸如親近的人生病、離開、死亡；或是個人結婚、考上大學、找到工作、離家、工作失敗等。除了上述的重大變動外，生活中也會有一些小干擾，如交通阻塞、室友打鼾等。另外，生活中亦會有不可預測的事發生，如地震、颱風等自然災害的壓力，及戰爭、暴力等非自然災害的壓力，而長期的社會問題也會在生活中產生壓力。藍采風（民 77）將壓力的來源分為兩種，一是「身體導向壓力」，係指壓力來自外在環境直接對身體產生干擾；二是「情緒導向壓力」，係指壓力來自個人之思想過程（外在環境並無直接與身體接觸，或造成肢體上的不平衡及干擾）。大多數的壓力來自於後者。情緒導向的壓力可再分為下列三種：時間的壓力、預期的壓力、情境的壓力。

而 Compas 提出壓力的來源有三：1.尖銳緊急的壓力源，包括主要生活事件、日常瑣事、不規則的事件、生活的改變等；2.長期的壓力源，包括剝奪或不合的環境條件、不利於個人創造的環境、債務、一再發生的事件等；3.人際間互動壓力源，包括個人與父母、同儕和同事間的互動溝通、不合理念的相處、常有長期的壓力等（引自陳聖芳，民 88）。以下筆者將一一分別深入探討這些壓力來源。

㈠重要的生活變動

生活中突然的變動常是壓力的主要來源之一。而個體對突來的

重大變動常無法有效適應，甚至造成身體的不適或疾病。重大的生活變動對身心健康的影響，是目前相當受到注意的一個研究問題。最先發展出來的是荷姆斯（Holmes）和雷赫（Rahe）於一九六七年所編訂完成的一份「社會再適應量表」（Social Readjustment Rating Scale，簡稱 SRRS），此量表列出四十三條大部分人所經歷的生活變動事件，包括愉快和不愉快的變動（參閱表 3-1）。表中每個事件由於影響程度之不同而給予不同指數，讓受試勾選一段時間內其所經驗之變動事件，再累加其所選事件之指數，便可知受試所承受之壓力強度。

國內之研究者蘇東平、卓良珍（民 70）亦根據 SRRS 再改編成適用於中國人之社會再適應量表（參閱表 3-2）。

繼社會再適應量表後，研究者又發展出「生活經驗調查表」（Life Experience Survey，簡稱 LES）來測量生活事件之壓力指數。此量表不僅提供負向變動分數，亦提供正向之變動分數；並且其分數可反映出每個事件對個體所造成的衝擊程度或渴望程度。由上述可知此量表不是在合計個體所記得的生活變動，而是在測量個體對每項變動所具個人意義的評估（Sarason et al., 1978）。

表 **3-1** 社會再適應量表（取自 Holmes & Rahe, 1967）

事　　件	衝　擊 的程度	事　　件	衝　擊 的程度
配偶死亡	100	子女離開家門	29
離婚	73	與姻親有相處上的困擾	29
夫妻的分居	65	個人有傑出成就	28
牢獄之災	63	配偶開始或停止工作	26
家族近親死亡	63	開始上學或停止上學	26
個人身體有重傷害或 疾病	53	社會地位的變動	25
結婚	50	個人習慣的修正	24
被解僱	47	與上司有所不和	23
夫妻間的調停、和解	45	工作時數的變動	20
退休	45	居住處所的變動	20
家庭成員的健康狀況 不好	44	就讀學校的變動	20
懷孕	40	娛樂、消遣活動的變動	19
性困擾	39	教堂活動的變動	19
家中有新成員產生 （嬰兒）	39	社交活動的變動	18
職業上的再適應	39	較輕微的財務損失	17
財務狀況的變動	38	睡眠習慣的改變	16
好友死亡	37	家庭成員總數的改變	15
轉變行業	36	進食習慣的改變	15
與配偶爭吵次數有變動	35	假期	13
負債未還、抵押被沒收	31	聖誕節	12
設定抵押或借債	30	違反交通規則	11
工作責任的變動	29		

表 **3-2** 社會再適應量表（引自蘇東平、卓良珍，民 70）

排次	生活事件	指數	排次	生活事件	指數
1.	配偶死亡	86	13.	家庭成員相聚人數有重大改變	45
2.	家族近親死亡	77	14.	個人有傑出成就	45
3.	牢獄之災	72	15.	兒女離家了	44
4.	離婚	68	16.	負債超過四十萬元	44
5.	個人身體有重傷害或疾病	61	17.	好友死亡	43
6.	事業上有重大改變	60	18.	性行為困難	43
7.	分居	56	19.	懷孕	42
8.	家屬健康重大改變	55	20.	與配偶言歸於好	41
9.	負債沒還、抵押被沒收	53	21.	改變行業	40
10.	工作被開革	53	22.	與配偶發生重大吵架	40
11.	財務狀況重大改變	51	23.	家中有新成員產生	40
12.	結婚	50	24.	職務上責任有重大改變	38

(二)生活小困擾

生活中常充滿許多不順、挫折，如趕時間時碰到塞車、等不到公車、忘記重要約會等。這些小困擾累積起來將成為足以破壞健康的壓力來源，研究發現，生活中的小困擾事件多少與健康有密切的相關（Lazarus, 1981）。

另一項研究發現，117 位住院的心臟病患中，五分之一的病人在發病時並無明顯結構上的疾病，但卻在發病前 24 小時內曾經驗

突發性的心理困擾，如憤怒、恐懼、驚恐等情緒性反應（Reich et al., 1981）。這項研究再度說明心理歷程和生理歷程有著密切的關係。

(三)災變事件

災變事件的發生不僅對傷殘的受害者造成重大的壓力，對現場之目擊者、醫院工作人員、傷殘者之親友，及知道或看到的人們或多或少都會造成壓力。初經歷災難時，一般人均會震驚失措，但隨之會主動嘗試對災情反應，繼而合作、做更深入的了解，而至復原，重新適應災變所帶來的改變。在災難片中常見之恐怖情緒只有在三種條件下才會出現：

　　1. 人們知道危險已迫在眉睫。

　　2. 逃跑途徑相當有限、且不久即被堵塞。

　　3. 不知有其他選擇途徑可以來處理逐漸接近的災難。

人們大多能以適宜且理性的行為表現，盡其所能處理所面臨的情境。

(四)長期之社會問題

生活中哪些社會事件會對個體形成壓力？如經濟衰退、環境污染、核子災變、噪音、擁擠等。這些問題不僅和科學技術有關，這也是政治上和心理上的問題，需要全體人民的協力合作。

(五)工作的壓力

在頗多的研究中，都在探討工作環境下的壓力來源及其對員工之影響。是否工作中一定必須要有壓力？有些人會提到所以會被稱之為「工作」就是因它會有壓力存在。而在工作的場合內，到底多少的壓力是必須被考慮的？在此方面分為以下三點來加以討論。

1. 多少份量的工作就嫌太多

　　一般人處於某些壓力之下，在其工作上常會有較佳的表現。但有研究顯示（Poulton, 1971），過度地壓力對某些工作質與量二方面，都會帶來負面的效果。換言之，隨著工作本身性質不同，承受壓力的程度也各不一樣。雖然，適度的壓力可使員工集中注意力在其手上之工作；但在人們學習一項新的複雜工作技術時，壓力可能往往會阻礙其成效。因此，主管對其部屬的工作要求，切不可施以過大的壓力，以免員工無法自我控制。

2. 適當地設計安排壓力

　　多數人都會同意，某些工作確實較其他工作壓力來得大些。就如機場塔臺負責空中交通的雷達導航員，在工作中遭遇的壓力頗大，因他們了解一次錯誤的判斷與決定，可能帶來的嚴重後果！任何一項工作其結果若可能會帶來挫折、焦慮或衝突時，即是一份有壓力的工作。其實，只要在工作訂定之初，針對其內容、性質與人員分配上善加調整，且儘可能減少工作中個人的角色曖昧、衝突及過度負荷，則社會中任何一種工作的壓力都可以設法加以降低。

3. 工作環境之氣氛

　　在工作中人際之間相處是否和諧，也會造成不同程度的壓力；當同事間意見相左或發生爭執，都會引發緊張和壓力。在你要認真工作時，辦公室內卻有人想找你聊天，或是上司盯著看你較弱部分能力的表現，都會產生相當的工作壓力，並妨害你正常工作效率之發揮。每一種工作環境都有屬於其自己的工作氣氛，有些是輕鬆、愉快且和善的，另外一些則會令人覺得沒有任何支持與歸屬感。根據研究發現（Lowenthal & Weiss, 1976），一個具有良好人際往來且十分友善的工作氣氛，確實有助於工作壓力之舒緩。因此，如何營造一種較佳環境氣氛，是工作場所中每位成員需要共同努力的。

(六)家庭的壓力

　　祇要二人以上住在一起，難免會有一些看法不同、意見相左之處，這是必然的情形。同樣的，在家庭中每位成員都有其各自不同的需求和慾望，這些需要往往會與其他家人之所需發生衝突，由此亦可知家庭內夫妻、親子、手足之間良好關係維持之不易。人際關係的維繫，需靠當事人能做適度的自我犧牲（self-sacrifice），至少也得具有延遲滿足（delay gratification）的能力。當下班後夫妻二人由工作場所回到家，因工作所帶來的挫折、不滿或疲憊，會使得他（她）只想脫掉鞋子，縮身捲曲在沙發或床上看點休閒書刊，以調整個人低盪的情緒；這時，可能會有其他的家人想在晚上十點開舞會，或是大聽爵士音樂，家人間的爭吵必然會因此而發生。

　　事實上，要想維持全家的和諧，就不能夠在每件事情上都隨自己的高興來做，個人不單要顧自己的事，也得同時顧念到其他家人的需要。夫妻之間應彼此支持、體諒，家中若有了孩子又得加上雙親角色的扮演，個人原本的喜好、需求與計畫，都得做一番調整或妥協，否則必會帶來頗大的家庭壓力。

　　不同人家之間所具有的家庭壓力自然不同，舉凡家中吵雜、潮濕、過於擁擠等不佳情形，或是夫妻、父母、手足之間的角色衝突，都會帶來較大的家庭壓力。在表 3-3 家庭壓力檢核表（Home Stress Checklist）中，列出了家庭內具體之壓力源（Kaplan & Stein, 1984），當事人可藉檢核表，大致評量出個人在家庭生活中實際的壓力為何。

表 **3-3** 家庭壓力檢核表（引自 Kaplan & Stein, 1984）。

家庭壓力檢核表
作答說明：此一檢核表將大略地評估您目前的家庭壓力，針對 以下各項描述，請在符合您現況的項目旁打「√」。
一、角色：您個人在家中戴了哪些角色行為的帽子？
1. 負擔家庭生計者   _____
2. 母親／父親   _____
3. 丈夫／妻子   _____
4. 付帳者   _____
5. 園丁   _____
6. 管家   _____
7. 菜單調理者   _____
8. 廚師   _____
9. 清洗碗盤者   _____
10. 家中修理專家   _____
11. 其他
二、家庭環境壓力：在您家中是否會有這些物理因素來打擾？
1. 噪音   _____
2. 擁擠   _____
3. 零亂污穢   _____
4. 漏水破爛   _____
5. 缺乏儲藏空間   _____
6. 其他
三、休息：多久您能自己獨自做些有趣且讓自我鬆弛的事？
1. 每天都有   _____
2. 每週可有好幾次   _____
3. 每週只有一、二次   _____
4. 很少有

(七)個人本身的特殊因素

　　面對各種壓力情境時，個人自己本身也是一個非常重要的因素。就如公開演講來說，有些人面對廣大群眾特別興奮而積極，另有些人則緊張的一直發抖，甚至無法言語；有些人特別喜歡嬰兒，另有些人就會不知所措。

　　同樣的，一個人若接受過急救訓練，當面臨有關之危險情境時，其所承受的壓力會比一般人輕些。因此，每個人接受過的訓練、自我概念與期許、過去的相關經驗等因素之不同，在我們面對相同壓力情境時，所感受到的壓力程度，必然會有所差別。

三、壓力之身心反應及其與疾病之關係

　　當個體遭遇緊急情況或面對外在威脅時，其心理與生理必須做出立即的行動或反應，以因應個體之需求。

(一)壓力之生理性反應

　　面對壓力之生理性反應可分為二類，一是個體知覺外在威脅，一是生理內部之平衡受到威脅時所產生。當個體察覺到外在威脅時，個體要生存需作立即之反應，若需額外的力量，身體的自主系統便會根據需要而作適當的反應。當威脅是來自身體內部（如細菌之侵擾），這會擾亂正常的生理運作，而使個體之穩定性和協調性受到威脅。

1.對外在威脅之緊急反應

　　一九二○年代，美國哈佛大學生理學家康農（Cannon）可說是第一位以科學方法探討身體對壓力反應之研究者，其研究人類與動物對危險事件的反應，他發現面對危險狀況時，個體之神經系統與

腺體會進行一系列活動。使身體產生充分的能力對抗危險或是逃離危險。康農（Cannon）稱此種雙重反應為「反擊或逃離」的併發症狀（「fight or flight」syndrome）。這種壓力的原始反應中心是大腦的下視丘，下視丘又被稱為「壓力中心」（stress center），因為遇到緊急狀況時它具有下列二種功能：一為它可控制自主神經系統（autonomic nervous system）的活動；一為它可促進腦下腺（pituitary gland）的分泌。以下分別針對這二種功能敘述之。

(1)自律反應

自主神經系統的主要功能是調適身體器官的活動，個體自認為面臨壓力時，自主神經系統會使個體呼吸加快、心跳加速、血管收縮、血壓上升，除了這些意識無法控制的內部變化外，喉嚨和鼻子的肌肉會放鬆，使更多的空氣得以進入肺部，臉部表情也會產生強烈的情緒反應，這訊息傳達至身體內部時，將使內臟的平滑肌停止活動（如胃的蠕動）。

自主神經系統若遇到壓力時之另一主要功能，是促使腎上腺（adrenal gland）分泌腎上腺素（epinephrine）和副腎上腺素（norepinephrine），使脾臟釋放較多的紅血球，骨髓製造更多的白血球，肝臟製造較多的血糖。一般而言，腎上腺素在恐懼反應（如逃離）扮演較重要的角色，而副腎上腺素則與憤怒反應（反擊、打鬥）較有關連。

(2)腦下腺激素

腦下腺體自下視丘得到訊號後，分泌二種激素因應壓力，一為甲狀腺刺激激素（thyrotrophic hormone，簡稱TTH），一為腎上腺皮質激素（adrenocorticotrophic hormone，簡稱 ACTH）。TTH 刺激甲狀腺製造更多的能量以因應身體之需要。ACTH可分泌三十多種荷爾蒙，使身體各器官能進入「備戰狀態」以因應各種壓力。

2.一般適應症狀

　　加拿大學者雪萊（Selye）以動物為實驗對象，研究長期持續高度壓力對身體的影響，他認為除了對其特定壓力來源會有特定反應，若長期處於高度壓力下會使身體產生一種非特定性（nonspecific）之適應性生理反應。而雪萊稱這種型態的反應為「一般性適應症候」（general adaptation syndrome，簡稱 GAS）。而此症狀包括三個連續性階段如圖 3-1 所示：警覺階段（alarm reaction）、抗拒階段（stage of resistance）和衰竭階段（stage of exhaustion）。

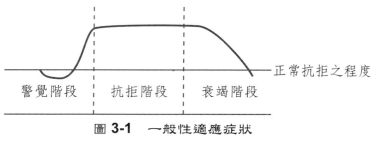

圖 3-1　　一般性適應症狀

資料來源：摘自 Selye, 1974。

　　警覺階段是各種生理變化所組成，這些生理變化可使受威脅的有機體能迅速地恢復正常功能，無論壓力是來自生理或心理，都會產生相同的生理變化，而罹患不同疾病的人，亦會有類似的症狀，如頭痛、發燒、疲累、沒有胃口等。

　　假如個體仍置身於這個壓力情境中，則繼警覺階段後，會跟著出現抗拒階段，而第一期出現的症狀將消失，個體就嘗試去修補創傷，身體對壓力的有效應變，可能因而回復到正常狀態，使壓力降低或至少予人有能力與壓力抗衡。雖對原先刺激的抗拒力增加，但對其他壓力來源的抗拒卻反而降低了。

　　當個體之傷害性壓力持續過久，而使個體無法承受，繼續抗

拒，個體創傷無法復原，壓力又持續不斷時，個體無法再適應這些
壓力，第一階段的許多症狀又再出現，導致身心耗竭，嚴重者將趨
於死亡。

3.壓力與疾病

　　雪萊的最初理論強調壓力來源會造成個體對壓力的反應，但是
長期的壓力反應，對個體而言會產生疾病，一般相信在所有疾病
中，一半以上與壓力有關（Pelletier & Peper, 1977）與壓力有關的
疾病症狀最常發生在四個身體系統上─神經、心肺、呼吸和內臟系
統。長期心理性壓力來源之所以會導致身心失調，必是身體構造上
有些弱點，或是處理壓力之方式不當，或身處長期之壓力下而不自
知，或是深信沒有較好的方式處理該項困擾。而每人都有一個限定
的能量被用來適應壓力之來源，如果此適應能量（adaptation en-
ergy）耗盡，則個體無法抗拒壓力，而為疾病所控，最後終達衰竭
的階段。人體並非以平均速率老化，也並非依據某些預定之生物性
歷程，反而每個人之死亡，若在無任何疾病或無意外事件下，是發
生在「脆弱的連環」（weak link）終於無法支撐下去時，而這「脆
弱的連環」一部分是由遺傳上的弱點所決定，另一部分是由我們每
個人所面對的壓力所決定。長期高度的壓力會加速老化，若能降低
壓力之程度，會使人活得更久、更健康。

(二)壓力之心理性反應

　　就生理而言，壓力之生理性反應是可預測的、自動的固定性反
應，在一般狀況下，它是無法以意識加以控制；而心理性反應則與
個體對外界環境之知覺和解釋及個體處理壓力的能力有關，它是可
經由學習而得到。這些反應可歸納為行為的、情緒的、認知的三個
層面，以下分別敘述之。

1.行為層面

　　面對壓力時個體會有各種行為的變化，而這些變化決定於壓力的程度、個體的特質、環境的可能性。而壓力程度可分為輕度、中度和重度。

　　輕度壓力會增強一些生物性的行為，如進食、攻擊和性行為。在人類生活史上，過度進食是某些人用來應付日常壓力最典型的行為反應。就像一位不快樂的肥胖婦人所報告的：「有時候我認為自己完全不感到饑餓，我只是為某些得不到的東西感到沮喪。而食物是最容易得到並可使我覺得舒服美好的東西。」（Bruch, 1973）。而對動物所進行的研究發現，當動物面臨各種壓力來源時，如受到電擊、隔離或過度擁擠，則會出現攻擊的行為反應。若將一對動物關在一個無法逃離的籠子中而給予電擊，則電擊開始或結束之後不久，牠們會打起架來。若僅有一隻動物被關起來，同樣的電擊，則會引起牠吃食的行為（Azrin, 1967）。而輕度壓力也可以導致正向的行為適應，諸如對環境線索較敏感、警覺性較高、學得較適當的態度，以及處理技巧，能量集中，增進表現。

　　壓力若長久不被解決，則會隨著時間之累積成為較嚴重的壓力，而引起不良適應的行為反應，如注意力減弱、耐心降低、容易煩躁、生產力減少。中度壓力會妨礙行為，特別是需要身體各部位協調的複雜行為。中度壓力會造成重複的、刻板的行為動作，使個體無法調和環境的要求，而這些刻板動作如猩猩會繞圓圈，吸吮手指會成為一種穩定的型態。這些反應有著混合的效果，一方面，它可減低個體對環境的敏感性，降低高水平的壓力刺激；另一方面這些動作也是對環境無法適應的表現。

2.情緒層面

　　壓力的情緒反應是多樣化的，從較正面的情緒、精神振奮到普遍的負向情緒，如憤怒、暴躁、憂鬱、焦慮、沮喪等。而大部分壓

力所帶來的多為負面的情緒反應，以下筆者將談及憂鬱、倦怠、創傷後的心理失調等三種情緒反應及其有關的壓力情境。

(1)憂鬱（depression）

失去摯友、愛人、親人等生活中的重大變動，常會使個體造成憂鬱；而個體若正面臨一連串的壓力事件，也會產生憂鬱的情緒反應。

(2)倦怠（burnout）

倦怠是一種情緒性衰竭（emotional exhaustion）的症狀。社會服務人員長期處於持續性的緊張狀態，日積月累，便會出現倦怠的現象，使得他覺得無法再關心求助者，甚至不想見這些人。此時工作者需要休息一段時間，並且讓工作人員能彈性選擇個案、選擇放假時間。

(3)創傷後的心理失調

當個體經歷非常可怕的經驗後，如空難事件、戰爭、被強暴等，在情緒上會有一種創傷後的心理失調反應。這種反應會讓個體不知不覺在夢中或在「瞬間回顧中」（flashbacks），再去經歷這個創傷事件，特別是再去體驗當時恐怖、震撼、戰慄的感覺。除此之外，其對日常生活事件的情緒反應相當遲鈍、麻痺，與他人疏離，而這些情緒上的痛苦會導致個體產生失眠、對生存的價值懷疑、無法集中注意力，並且有誇張的驚嚇反應。

3.認知層面

當個體認定某一壓力源對其具有威脅性時，其在智力方面的功能就會受到影響。一般而言，壓力愈大，認知效能愈低，思考的變通性便愈差。人們的注意力是相當有限的，若將注意之焦點置於威脅性的事件及個人之焦慮，對因應問題之注意力便會大大地降低，威脅便更不容易被消除。壓力會影響個體的記憶，干擾問題的解決、判斷和決策能力；這是因為壓力會窄化知覺的範圍，並以刻

板、僵直的思考方式來取代較有創意的思考（Janis, 1982）。

四、紓解壓力之策略

　　假使生活必然存在著壓力，太多的壓力甚至會在壯年時期就殘害我們的身體，若想生存、茁壯、繁榮就必須學習有效的處理壓力。壓力常會造成苦惱等負向感受，在生理、心理、社會上造成影響，而這些影響不僅可做為自己或壓力的檢核，亦可幫助自己或他人了解壓力，並且面對壓力。許多人在面對壓力時，常以消極的逃避來暫時遺忘壓力的存在。的確，適度的逃避是無可厚非的，有時蒙頭睡一覺，給自己一個緩衝時間來重新面對壓力問題，睡醒後反倒能集中精神解決問題。其他的消極面對壓力的方法還有缺席、藉酒消愁、服安眠藥、興奮藥物、壓抑、不理睬等。但是，這樣長久下來必定爆發身心症。因此，我們必須學習以積極健康的方法來應對壓力。

㈠了解自己、接納自己、建立合理的期待

　　所謂天生我才必有用，先了解自己是怎樣的人，自己能做什麼，什麼是我能發展的，哪些是我的限制；真誠地面對自己，剖析接納自己的缺點，截長補短發展長才，依據自己的能力，所處的環境，建立一個合理的期待，按部就班努力實現，可省去不必要的闖撞嘗試。

㈡修正自己的認知觀念

　　處理壓力相當有效的方式是改變我們對壓力來源的評價，並改變對壓力自我挫敗的想法。因個人對事件的解釋，影響壓力的形成，過於執著於個人經驗、認知角度去解釋事件，往往是壓力形成

的因素，何妨以其他角度重新定義認知層面，以減低壓力強度。所謂「塞翁失馬，焉知非福」，譬如失戀，一般人將其歸之於自己不夠好，但若能因此增進彼此的了解，學習相互溝通、相處，表達個人感受，尋得真正的幸福快樂，失戀豈不也可接受。

㈢面對壓力，主動解決

面對壓力時需即時動動腦筋，主動發展有效的解決方法，切勿一味逃避，拖延時間。

㈣學習鬆弛技巧

藉著冥想來鬆弛身體，或深呼吸、活動筋骨等以紓解緊繃的精神。而產生鬆弛反應需有四個要素（Jacobson, 1970）：

　1.安靜的環境。
　2.閉上眼睛。
　3.舒適的姿勢。
　4.重複性的腦力活動。

㈤改善環境

有些壓力是來自於工作環境制度之不良，或交通擁塞等居家環境的壓迫感。

㈥養成健康的生活

包括均衡的飲食、充分的休息、妥善安排生活、適度運動、注重休閒生活、擺脫行事曆的奴隸生活方式，適當應用休假來調劑身心、培養輕鬆認真的生活態度。

㈦減低壓力來源

　　每個人的能力、體力、時間及精神，都有其最大的限制。就如社會再適應量表中所描述的，吾人應於日常生活諸多事件中，排列出優先順序（establishing priorities），針對次要的生活事件部分，可先加以擱置或暫時放棄，亦可降低自我預期的目標水準，如此方能降低個人每日生活中感受到之壓力強度或減少其壓力來源。

㈧建立並妥善運用支持系統

　　家人、親友、同學、師長，甚至專業的醫師、輔導人員、神職人員，均能給予精神力量，以協助自己度過難關。每個人均需應付壓力，若想能有效地應付壓力，使自己成功的生活，便需將自己納入社會支援網路系統（social support network）的一部分。社會支援較少的人，對壓力因應之道比較差，孤立的人表現的不適宜行為永遠比喜歡與別人相處的人多。一項研究顯示，缺乏社會支援的人們無法妥善應付壓力（Nerem et al., 1980），且有較多不良適應之思考、行為模式（Silberfled, 1978）。

第三節

教師工作壓力及其相關研究

一、教師工作壓力之概念

　　壓力（stress）自工業革命以來，嚴重襲擊每個行業，可說是二十世紀的流行現象，而引起許多學者對工作壓力研究的興趣。教

師這個行業也不例外，雖然有關教師工作壓力的研究只有佔少數（Kyriacou & Sutcliffe, 1979），但不能以此說明教師這個行業沒有工作上的壓力。美國教育學會（National Education Association，簡稱NEA），於一九六七年對公立學校二千二百九十名教師之調查發現：百分之七十八的教師有「些許」或「相當多」程度的壓力。研究教師工作壓力的先驅英國學者柯禮柯夫和蘇利夫（Kyriacou & Sutcliffe, 1977, 1978, 1979）調查英國綜合中學教師的工作壓力，發現綜合中學教師感受「很大」職業壓力的比率，在五分之一至三分之一之間。但是，也有一些研究發現，教師壓力事件（teacher stress events）並不多於其他工作團體（Beutz, Holister & Edgerton, 1971）。我國在教師工作壓力的研究方面，師大學生輔導中心（民 73）的調查發現，台北市國中教師有相當大的工作壓力；林幸台（民 75）調查台灣省國中輔導教師的工作壓力也有相同的發現。

　　教師工作壓力的概念源自於一般工作壓力的研究，壓力的有關研究多從人與環境交互作用的觀點出發，工作壓力的研究亦然，這可從一些學者對工作壓力的定義發現。凱帕藍（Caplan），柯柏（Cobb, 1975）定義為：工作環境中對個人造成威脅的任何特性，包括二方面：其一是超過其負荷；其二是無法滿足其需要的匱乏狀態。此二方面的工作壓力由 Cobb（1976）透過個人與環境符合理論說明，提出二種符合狀況：其一是個人的技能和能力與環境要求或需要符合；其二是個人的需要，在工作環境中獲得滿足。因此 French et al.（1974）界定工作壓力是個人的能力及其可運用資源，與其環境需求之間的差距所導致的現象（林玫玫，民 76）。當差距過大時，緊張（strain）就產生；Caplan et al.（1975）定義緊張是個人任何偏離正常的反應，包括三方面：

　　㈠心理的：如工作滿意、焦慮和低自尊等。

　　㈡生理的：如高血壓、心臟病等。

㈢行為症狀：如吸煙、使用鎮靜劑等。

此外，畢爾和紐門（Beehr & Newman, 1978）綜合文獻之後，指出工作壓力是指與工作有關的因素和工作者發生交互作用，因而改變工作者的身心狀態，以致失去正常功能。古柏和馬勒荷（Cooper & Marahall, 1976）認為工作壓力是表示環境對個人的直接影響，與個人對壓力源反應的現象。對於工作壓力的定義一如對壓力的定義般各有不同，但終不偏離下列三方面：

㈠引起個人偏離正常工作的因素。

㈡影響個人知覺、評估的個別差異因素。

㈢因壓力而產生的緊張反應。

下列先列舉柯禮柯夫和蘇利夫（Kyriacou & Sutcliffe, 1978b）統整其他工作壓力理論後，所提出之教師工作壓力模式（圖3-2），以便進一步理解教師工作壓力的內涵。

由下圖可知：

㈠可能的壓力來源。

㈡經過個人的認知評估。

㈢才能成為實際的壓力源。

㈣透過適應機轉。

㈤產生教師之壓力反應。

㈥長期影響才成為慢性壓力症狀。

此模式亦說明個人特質對解釋壓力的重要性。

臺蘭別克、柏拉尼爾、羅夫真（Tellenback、Brenner、Lofgren, 1983）也曾根據柯禮柯夫（Kyriacou）和蘇利夫（Sutcliffe）的教師工作壓力模式略作修正，其修正的特點在指出學校所在之社會特質對壓力源的影響。如圖 3-3 所示。

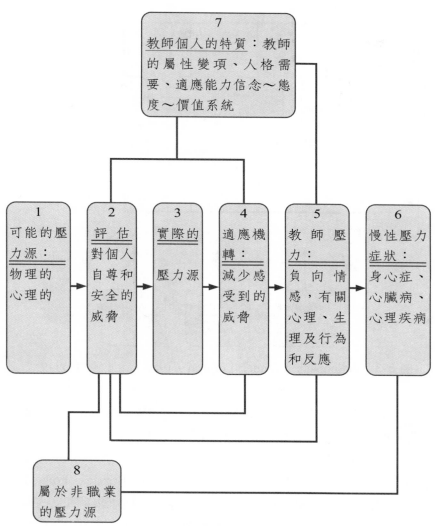

圖 **3-2**　教師壓力研究模式

資料來源：Kyriacou & Sutcliffe, 1978。

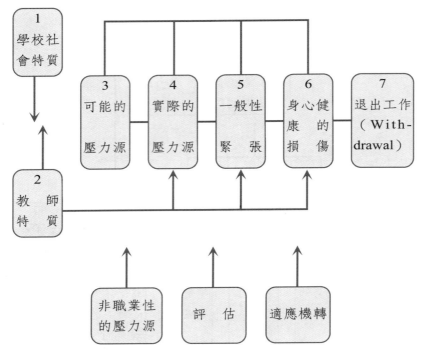

圖 3-3　Tellenback, Brenner, Lofgren（1983）之教師壓力模式

　　根據臺蘭別克等人（1983）的描述，乃為一刺激到反應的過程。他們認為教師壓力之模式包括下列三部分：

　　㈠學校壓力源和教師壓力反應的關係。

　　㈡教師特質的影響。

　　㈢評估、適應機轉和非職業性壓力源對壓力的關係。

　　教師工作壓力亦即教師之職業壓力（occupational stress），是教師因職務上所賦予之要求（demends）、期許（expectations）和職責（duties），所感受到的壓力（蔡先口，民 74）。研究教師工作壓力之著名學者柯禮柯夫（Kyriacou）和蘇利夫（Sutcliffe）於

一九七八年定義教師壓力為：由教師的工作而產生之負向情感（如生氣或沮喪）的反應症狀。依據以上之定義可知對於教師工作壓力的研究包含兩大方面：教師壓力情境和壓力反應。壓力情境係指產生壓力之外在、客觀環境或事件，它是一種或數種刺激。而壓力反應係指個人主觀對外界刺激所做之適應或引起的緊張壓迫感（strain）。

二、教師工作壓力之來源

教師在學校教學情境裡有哪些壓力來源？以下分別摘錄國內外許多研究者的發現：

㈠柯禮柯夫和蘇利夫（Kyriacou & Sutcliffe, 1978a）曾列舉五十一項教師壓力來源，並調查英國綜合中學二百五十七名教師的壓力，發現工作壓力產生之四個因素：

　1.學生的不良行為。

　2.不足的工作條件。

　3.時間的壓迫感。

　4.不好的學校風氣。

㈡西克恩和柯夫（Cichon & Koff, 1978）編製教學事件壓力量表（The Teaching Events Stress Inventory），係仿社會再適應量表（SRRS, 1967）的編製原理和方式編成。請芝加哥地區四千九百三十四位中小學教師填寫後，得到四個因素（蔡先口，民74）：

　1.暴力和學生常規。

　2.行政管理的緊張。

　3.專業的工作要求。

　4.教學的功能。

㈢克拉克（Clark, 1980）編製教師職業壓力因素問卷（Teacher

Occupational Stress Factor Questionnaire，簡稱 TOSFQ），該問卷有三十個題項，經分析得五個因素（蔡先口，民 74）：

　　1.專業的不足。

　　2.校長和教師間專業的關係。

　　3.同事之間的關係。

　　4.班級教學和常規指導。

　　5.工作負荷過重。

　　㈣荷若克（Hronk, 1982）的這類研究得到四個因素（林玫玫，民 76）：

　　1.個人的安全感。

　　2.管理的緊張。

　　3.專業的成果。

　　4.教學的功能。

　　㈤王秋絨（民 70）曾專門研究教師角色壓力，將之分為三個層面：

　　1.角色不明確。

　　2.角色的過度負荷。

　　3.角色衝突。

　　㈥師大學生輔導中心（民 73）調查台北市國中教師壓力，發現其因素為：

　　1.人際關係。

　　2.工作負荷。

　　3.教學要求。

　　4.學生行為。

　　㈦蔡先口（民 74）調查台北市國中教師壓力，發現其因素為：

　　1.與學校行政人員的關係。

　　2.學生課業學習方面。

3.角色方面。

4.工作負荷。

5.學生的不良行為。

6.教師的專業發展。

㈧林幸台（民 75）分析台灣地區四百九十五名國中輔導人員的壓力，其中以工作負荷、經費設備、督導評鑑、同事關係等方面較為明顯。

綜合上述教師工作壓力來源的研究結果，可知教師工作壓力來自許多方面，並不是單一向度或單一因素，不可僅用一單純的因素分析，必須同時分析多元性、多面性之因素（藍采風，民 71）。教師工作壓力來源應該涵蓋環境的、人際關係的、教學的、心理的、組織的、社會的等等層面。

三、教師工作壓力之反應

在教師工作壓力反應方面，相關研究發現有：

㈠杜荷姆（Dunham, 1981）歸納教師壓力反應為三方面：

1.行為的。

2.情緒的。

3.身心反應徵候。

他以此列出了許多壓力反應（如喝酒、壓抑、退縮、攻擊、冷漠、離職、失眠、胃病、心臟病、高血壓…等），並以此比較英、德二國之教師在壓力反應上的差異。

㈡柯禮柯夫和蘇利夫（Kyiacou & Satcliffe, 1978a）對英國綜合中學教師調查得出十六種壓力症狀，依次是疲勞、挫折、憤怒、緊張、焦慮、壓抑、神經質、頭痛、心跳很快、沒有能力應付感覺、失聲、血壓高、恐懼、胃酸、流淚、出汗。

㈢師大學生輔導中心（民 73）調查台北市國中教師之壓力反應，前五名分別是：

1. 心情不好。
2. 喪失幽默感。
3. 容易將事情忘記。
4. 容易發怒。
5. 想處罰學生。

㈣林幸台（民 75）對臺灣地區四百九十五名國中輔導人員的工作壓力調查，發現較嚴重的反應為身心疲憊、挫折感、健忘等。

四、教師工作壓力與壓力反應之相關研究

有關工作壓力與其產生結果的關聯，許多研究均支持高壓力的工作結果，必然降低工作效率，影響身心的健康，並影響個人之成長與認知。

馬哥利斯（Margolis et al., 1974）有關工作壓力的研究發現，工作負荷與負向反應間有高關聯，而這些負向反應包括：喝酒、缺勤、低工作動機、低工作慾望和低自尊（蔡先口，民 74）。研究中多發現工作負荷和工作滿意間呈負相關（Kahn et al., 1974; Van Harrison, 1978）。而柯禮柯夫和蘇利夫（Kyriacou & Sutcliffe, 1979）在教師工作壓力與工作滿意的研究中發現，個體受壓力時會產生疾病，尤其是人際關係不良和工作受挫時，均會產生不良的生理反應。壓力與疾病之間的關聯為研究所存疑，無法得到完全清楚的答案，但可相信的是，當個體長期面對壓力時，自主中樞系統會阻礙免疫系統的功能，影響內分泌與荷爾蒙激素的協調，當免疫系統失調時，疾病就容易產生。柯禮柯夫和蘇利夫（Kyriacou & SutCliffe, 1978a）並指出，性別、年齡、教學年資與教師壓力，僅有很少的

關聯，另在某些因素或項目上有顯著的差異。性別方面，女性教師在不良學生行為壓力方面比男性教師大，而男性教師在行政和文書工作中有較大壓力。從壓力症候來看，女性教師在頭痛、流淚和疲倦三項比男性教師常發生。教學方面，年輕資淺教師在處罰學生、維持班級秩序、對行政主管的態度方面比資深教師壓力大。而在離職意願上，女性教師比男性教師高。

綜上所述可知，女性教師比男性教師工作壓力大；資淺教師比資深教師壓力大。

國內，王秋絨（民 70）的研究發現，教師性別、年齡、任教年資，在角色衝突上無顯著差異；只有職務上有顯著差異，兼行政工作之教師在角色衝突、角色過度負荷、整體角色壓力方面比專任教師小。

師大學生輔導中心（民 73）調查臺北市國中教師壓力發現，在性別方面，女性教師在壓力分數總分及工作負荷壓力上比男性教師大，而導師在處理人際關係的壓力大於專任教師。

林幸台（民 75）調查臺灣地區輔導人員的工作壓力，發現女性輔導人員在參與決策、工作負荷、專業知能三方面高於男性輔導人員。資淺者在專業知能上比資深者感受較大壓力。職務類別方面，專任輔導教師在參與決策、督導評鑑、物質報酬上比輔導組長和主任有較大之壓力。

蔡先口（民 74）研究臺北縣教師壓力與專業教育關係的研究發現，性別、職務類別在教師壓力上無顯著差異，只有教學年資才達顯著差異，年資在五年以內的教師壓力大。

在國內的教師工作壓力研究，就人口變項方面稍有分歧的結果，但仍有一致趨勢的是，女性教師和資淺教師有較大之壓力。

五、教師工作壓力紓解之道

(一)對教師之建議

　　每個人的日常生活中，都有生活壓力。教師在從事教學工作時，也難免有工作壓力。所以，壓力是正常現象。現代教師比過去感受更多的壓力，教師的主要壓力事件隨著社會變遷而改變，現代教師對於學生不良行為感覺的壓力日趨嚴重。而學校行政人員，為了激發每個成員的最大潛能，發揮組織的效率，也製造了學校教師某些的工作壓力。當壓力構成個人身心傷害和效能降低時，便須加以調適。壓力調適的第一步，是對壓力要有正確的認知，能區分長期壓力和短期壓力，良性的壓力（eustress）和有害的壓力（distress）。在壓力來時，相信壓力雖是危機，但也蓄藏機會和機運，進而主動的適應壓力。

　　專業態度適當的教師，工作壓力較低。因此，對態度不當而感受很大工作壓力的教師，應時常檢討自己的教學態度，養成適當的專業態度，對學生具有教育愛，喜好教學工作，具有教師專業精神，並改變權威和嚴厲的管教方式，提高教育專業素養。有了適當的教學態度，便能與學生建立和諧親密的關係，也能有效的進行教學和輔導工作，因此而降低工作壓力。

　　教師的壓力因素，除了學生的學習和不良態度之外，還有人際關係、角色、工作負荷、專業發展方面的壓力，可見教師也應有發展人際關係的能力，釐清角色，善用時間，並參加研習。教師平日應從事正當的育樂活動，練習鬆弛技術。而當壓力太大造成障礙時，必須尋求心理醫生和輔導專家的幫助。

(二)對學校和教育行政機關的建議

　　與學校和行政人員的關係常是教師壓力來源的因素之一，要減低教師工作壓力以增進教學效率，學校行政人員應檢討、改進其行政和領導措施，並且重視教師心理衛生工作，如倡導教師育樂活動、協助教師調適工作壓力。此外，學生的課業學習和行為問題也是教師壓力的主要來源，學校應正常化教學，不要過度製造升學主義的壓力，並協助教師建立教室常規，輔導學生行為問題。

　　一般說來，年輕教師比資深教師所感受的工作壓力大。所以，學校和教育行政機關應加強新進教師的教學輔導，多舉辦研習會與觀摩會，並提供教學資料，以增進教學及輔導學生的知能。同時，增加年輕教師參與學校行政的機會及溝通的管道，使其了解教育法規和行政運作的軌道，以減少行政的壓力。

　　教師的專業態度是教師行為的心理傾向，直接影響教學效果。為使教育更能達其成效，應加強在職教育，提振教育專業精神，並對教師之工作倦怠感（burnout）予以改善。

(三)對師資培育機構的建議

　　師範院校負責培育師資，師資培育之政策對教育之成敗會產生立即的影響。師資培育機關應重視下列各點：

　　1.全體師生應建立「全校一體認同教育」的環境，尤其教育學院以外的學系，應加強專業精神的培養，教師專業態度的陶冶，教育學術的研究，並注重教材教法的訓練。

　　2.加強輔導知能的訓練。一方面熟練對學生之輔導技術及教室管理，另一方面藉由心理學和輔導學，增進教師本身調適工作的能力，並能與同事、學生、學生家長建立良好和諧的關係。

　　3.落實實習教師的教學輔導，使新進教師很快適應教學環境，並且統合教育理想與教育現實。

本◆章◆摘◆要

　　教師角色即教師在學校組織中被賦予的一系列之義務與責任。教師專業角色的內涵，可由教師專業社會化之特徵中獲得統整，教師專業角色的訓練，可藉角色扮演，進而引導教學的實際行為。而教師之角色行為表現，受其所屬國家文化背景的影響，我國自古以來便強調「一日為師，終身為父」之尊師重道的精神，教師被視為「無所不知」的先知先覺者，但隨著社會的變遷，知識的普及，科技的進步，教師的地位已大不如前。學校組織日趨複雜，行政人員的要求、教師本身之職業理念、傳統地位、現實環境之不一致，令教師們產生角色混淆與角色衝突。不僅是教師，今日社會中，角色衝突、角色混淆是多數人所面臨的問題。

　　在我們的日常生活中，為了使生活過得更好，常需面對挑戰，解決困難，生活中充滿著壓力。壓力可說是生活中不可避免的一部分，因為每個有機體都必須面對來自環境或其本身需求的挑戰。多數學者對壓力之定義缺乏一致性的看法，一般而言，可歸納為三類：一、視壓力為對情境的整體性反應。二、視壓力為生活情境的變動。三、視壓力為個人迎合環境要求的某種關係型式。

　　當面對壓力時，身體、心理均會對此壓力產生反應，身體反應可分為三：一、對外在威脅之反應：此時自主神經系統及腦下腺均會分泌激素以應付外在之壓力。二、一般適應症狀：可分為三階段，第一階段是警覺階段，第二階段為抗拒階段，第三階段

為衰竭階段。三、壓力與疾病：當壓力持續不斷，長期壓力下，個體將產生疾病。壓力之心理反應，可分為行為、情緒、認知三個層面。

壓力的主要來源有：一、生活中的重大事件。二、生活小困擾。三、災變事件。四、長期之社會問題。

紓解壓力之策略可歸納為七點：一、了解自己、接納自己、建立合理的期待。二、修正自己的認知觀念。三、面對壓力，主動解決。四、學習鬆弛技巧。五、改善環境。六、養成健康的生活。七、建立並妥善運用支持系統。

教師之工作壓力概念源自於工作壓力理論，亦即指教師之職業壓力，也是教師因職務上所賦予的要求、期許和職責所感受到的壓力，這些壓力並引起負向情感如生氣、沮喪的反應症狀。所以教師之工作壓力包含兩大方面：教師之壓力情境和壓力反應。壓力情境來自學生、學校組織、工作負荷、角色衝突和人際關係等方面。壓力反應不外行為、生理及心理的負向情感。

有關工作壓力與其產生結果的關聯，一般均支持高壓力之結果必然降低工作效率，影響身心健康，並影響個人的成長與認知，唯有處於適當的壓力之下才能有最佳的工作表現。現代教師應協調因應教學工作的壓力，以完成百年樹人的教育任務。

研◆討◆問◆題

一、請綜合學者專家之研究結果，說明現代教師角色應具備的內涵為何？

二、現代與傳統教師角色有無差異？其不同點各為何？請分別暢述之。

三、教師工作壓力的內涵為何？試以教師壓力研究模式加以說明。

四、教師應如何調適以化解工作的壓力？試述己見。

五、你認為自己適合擔任教師的工作嗎？你本身平日在教師角色扮演中經常遭遇哪些工作壓力？如何加以因應？請分別說明之。

本◆章◆參◆考◆文◆獻

一、中文部分

王以仁、駱芳美、林淑玲（民 86）：**心理衛生與適應**。台北：心理。

王秋絨（民 70）：國民中學組織環境對於教師角色壓力的影響。**國立台灣師範大學教育研究所碩士論文**。

王青祥（民 74）：組織溝通、決策參與、個人特質、角色壓力與工作態度之關係。**國立政治大學心理研究所碩士論文**。

王秀枝（民 75）：生活事件、生活壓力及身心疾病的動力性關係。**國立台灣大學心理研究所碩士論文**。

李明宗（民 89）：桃園縣國民小學校長領導行為與教師工作壓力之關係研究。**國立台北師範學院國民教育研究所碩士論文**。

吳靜吉（民 76）：教師的角色。**張老師月刊**，19 卷 4 期，69-71 頁。

吳靜吉（民 78）：**心理學**。台北：空中大學。

吳武典、洪有義（民 79）：**心理衛生**。台北：空中大學。

林玟玟（民 76）：教師 A 型行為特質、社會支持與工作壓力之研究。**國立政治大學教育研究所碩士論文**。

林幸台（民 75）：國民中學輔導人員工作壓力之調查研究。**輔導學報**，9 期，205-238 頁。

林清江（民 60）：教師角色理論與師範教育改革動向之比較研究。**國立台灣師範大學教育研究所集刊**，十三輯。

卓良珍、蘇東平（民 70）：生活改變之壓力量化研究。**中華雜誌**，8 期，405-414 頁。

周立勳（民 75）：國小教師工作壓力、控制信念與職業倦怠之關

係研究。**高雄師範大學教育研究所碩士論文**。

師大學生輔導中心（民73）：**台北市國民中學教師學校壓力狀況調查研究**。師大學生輔導中心。

陳聖芳（民88）：台東地區國小教師的工作壓力與工作滿意度之研究。**國立台東師範學院國民教育研究所碩士論文**。

張春興（民80）：**張氏心理學辭典**。台北：東華書局。

張郁芬（民90）：國小教師工作壓力、社會支持與身心健康之研究。**嘉義大學國民教育研究所碩士論文**。

郭志純（民92）：國民小學教師工作壓力、社會支持與職業倦怠之研究。**嘉義大學國民教育研究所碩士論文**。

郭為藩（民64）：**教師的角色**。台北：中國行為科學社。

游恆山（民79）：**心理學**。台北：五南。

程一民（民85）：國民小學教師工作壓力與因應方式之研究。**國立台北師範學院國民教育研究所碩士論文**。

駱重鳴（民72）：生活壓力、適應方式與身心健康。**國立台灣大學心理研究所碩士論文**。

蔡先口（民74）：國民中學教師工作壓力和專業態度的關係及其相關因素之研究。**國立台灣師範大學輔導研究所碩士論文**。

藍采風（民71）：**生活的壓力與適應**。台北：幼獅文化。

藍采風（民77）：壓力是什麼。**張老師月刊**，21卷，1期，55～59頁。

藍采風（民77）：面對壓力，**張老師月刊**，21卷，1期，60～64頁。

二、英文部分

Banton, M. (1965). *Roles: An introductiion to the study of social relations*. New York: Basic Books, Inc.

Beehr, T.A., & Newman, J.E. (1978): Job stress, employee health, and organization effectiveness: afacet analysis, model, and literature review. *Personnel Psychology, 31,* 665-680

Biddle, B.J. (1979). *Role theory: Expectations, Identities, and behaviors.* New York : Academic Press, lnc.

Brief, A.P., Schuler, R.S., & Van Sell, M. (1981). *Managing Job stress. Boston* : Little, Brown and Company.

Bruch, H. (1973). *Eating disorders : Obesity, anorexia nervosa and the person within.* New York : Basic Book.

Caplan, R.D. (1983). Person-environment fit : Past, present, and future. L. Cooper (Ed.), *Stress research : Issues for the eighties.* New York: John Wiley & Sons.

Caplan, R.D., Cobb, S., French, J.R.P., Jr., Harrison, R.U., & Pinneau, S. R., JR. (1975). *Job demands and worker health.* NIOSH Research Report.

Cobb, S. (1976). Social support as a moderator of life stress. *Psychosomatic Medicine, 38,* 300-314.

Copper, C.L. & Marshall, J. (1976). Occupational sources of stress: a review of the literature relating to coronary heart disease and mental ill health. *Journal of Occupational Psychology, 49,* 11-28.

Dunham, J. (1981). Disruptive pupiles and teacher stress. *Educational Research, 23* (3), 205-213.

Gross, N., Mason, W.S., & Mceachern, A.W. (1958). *Explorations in role analysis : studies of the school superintendency role.* New York: John Wiley and Sons.

Holmes, T.H., & Masuda, M. (1967). Life change and illness susceptibility. In B.S. Dohrenwend & B.P. Dohrenwend (Eds.), *Stressful life events : Their nature and effects.* New York : John Wiley & Sons.

Hoyle. E. (1969). *The Role of the Teacher*. London : Routledge.

Kahn, R.L. Wolfe, D.M., Quinn R.P., Snoek, J.D., & Rosenthal, R.A. (1964). *Organizational stress : Studies in role conflict & ambiguity*. New York : John Wiley & Sons.

Kyriacou, C. (2001). Teacher Stress : directions for future reseach. *Educational Review, 53(1)*, 27-35.

Kyriacou, C., & Sutcliffe, J. (1978). Teacher stress : Prevalence, sources and symptoms. *British Journal of Educational Psychology, 48,* June, 159-167.

Kyriacou, C. & Sutcliffe, J. (1978a). Teacher stress. Prevalence, sources, and symptoms, British. *Journal of Educational Psychology, 48,* 159-167.

Kyriacou, C. & Sutcliffe, J. (1978b). Model of teacher stress. *Educational Studies, 4,* 4-6.

Kyriacou, C. & Sutcliffe, J. (1979). Teacher stress a Review, 53 (1), 27-35. satisfatin. *Educational Research, 21* (2), 89-96.

Lazarus, R.S. (1981, Sep.). Little hassles can be hazardous to your health. *Psychology Today*, 58-62.

Lazarus, R.S., & Laumier, R. (1978). Stress related transactions between person and environment. In L. A. Perwin & M. Lewis (Eds), *Perspectives in inter actional psychology*. New York : Plenum.

Linton, R. (1936). *The study of man*. New York Appleton.

Mason, J.W. (1975a). A historical view of the stress field. *Journal of Human Stress, 1* (2), 22-36.

Mason, J.W. (1975b). A historical view of the stress field (Part Ⅱ). *Journal of Human Stress, 1* (3), 22-26.

Neiman, L.J., & Hughes, J.W. (1951). The problem of the concept of role : A resurvey of the literature. *Social Forces.*

Pelletier, K.R., & Peper, E. (1977). Developing a biofeed back model : Alpha EEG feedback as a means for main control. *The International Journal of Clinical and Experimental Hypnosis, 25,* 361-371.

Robert K., & Angelo K. (2001). *Organizational Behavior* (5th ed.). The New York : McGraw-Hill.

Selye, H. (1956). *The stress of life.* New York : McGraw-Hill.

Selye, H. (1974). *Stress without distress.* New York : Lippincott.

Selye, H. (1976). *The stress of life.* New York : McGraw-Hill.

Tellenback, S., Brenner, S.D. & Lofgren, H. (1983). Teacher stress : Exploratory model building. *Journal of Occupational Psychology, 56,* 19-33.

Wattenberg W. (1951). *Mental hygiene in teaching.* New York : Harcort, Brace & world.

Yvonne G., & Robert A. R. (1993). *Teachers Managing Stress and Preventing Burnout : the Professional Health Solution.* London : Falmer.

第四章

挫折與衝突

挫　折

　　個體自幼及長，有著數不盡的欲求需要去滿足，但受各種現實因素之限制，難有求必應或立即如願，因而使個體遭受到挫折；有時又因想同時滿足多種動機，但現實卻只容許一種達成，這種情形則又使個體處於心理衝突的狀態中。中國人常說一句話：「人生不如意之事十之八九」，也就是說，在日常生活中，能如意之事常只有一、二件而已，挫折與衝突在日常生活中，幾乎是每個人都會經歷的情緒。然而西洋有句諺語則說：「一生未遇苦難者，只能算是半個人。」因此，挫折與衝突固然會對我們生活適應產生很大的影響，但若處理得好，可能反會成為個人成長的踏腳石，激發個體潛能的發展。

一、挫折（frustration）與挫折容忍力（frustration tolerance）

㈠挫折

　　阿卡夫（Arkoff）將「有目標的行為遭遇阻礙的情況」稱為挫折；戴利（Daly）則認為「個體對刺激做了反應，但得不到所預期的獎賞時，所產生的內在動機反應」就是挫折。國內張春興與楊國樞兩位教授認為挫折有二種涵義：其一是指阻礙個體動機性活動的情境而言；另一是指個體的動機受阻礙後所引發的情緒狀態而言（張春興、楊國樞，民 59）。綜合這幾位學者的觀點，挫折應可定義為「個體的動機行為受到阻礙或干擾，而無法依當事者的願

望，達成預定目標時，所產生的沮喪、失意的心理現象」。例如，肚子餓了而想吃奶的嬰兒，因吃不到奶而哭泣；因孤獨一人而恐慌，希望有人陪伴安慰的小孩，因看不到親人來擁抱、安慰而沮喪；因拚命去追求一位喜歡的對象而得不到反應的失戀者，這些人都經歷了挫折的情況。

　　勒溫（Lewin）場地論（field theory）將挫折加以說明：某小孩（child）想吃（是一種動機向量，用←表示）糖果（candy，＋正價目標物），媽媽不准（mother 阻礙物）致產生挫折。

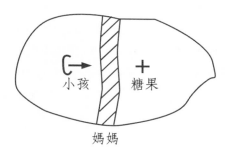

圖 **4-1**　勒溫場地論

(二)挫折容忍力

　　所謂挫折容忍力，是指個體遭受挫折時，免於行為失常的能力，亦即個人經得起打擊或者經得起挫折的能力。每個人所擁有挫折容忍力並不完全相同，有些人在面對挫折打擊時，堅忍不拔、百折不撓、經得起挫折；而有些人，一經挫折的打擊，便一蹶不振，頹廢而終其一生。一般而言，個體挫折容忍力之高低，受下列幾種因素的影響：

1.生理條件

　　一個身體健康，發育正常的人，對生理的挫折容忍力定比一個

百病纏身，生理上有缺陷者來得高。例如在高競爭的行業中，身體健康的人一定比身體較弱者，更能長時間的工作而不會感到疲倦。

2.過去的經驗與學習

挫折容忍力與個人的習慣或態度一樣，是可以經由學習而獲得的。如果一個人從小嬌生慣養，很少遇到挫折，或遇到挫折就逃避，他就沒有機會學習如何處理挫折，這種人的挫折容忍力必然很低。挫折既然是人生所無法避免的，故在家庭或學校中，父母與教師也不妨設計一些挫折情境來鍛鍊與增強孩子的挫折容忍力。

3.對挫折的主觀知覺判斷

由於每個人主觀的世界不盡相同，因此，即使是客觀的挫折情境與壓力相同，個體對此所感受到的威脅也不盡相同，有些人輕微的打擊即可使他人格失常，而有些人即使再大的挫折，他依然活得健康自在。例如同樣失婚的人，有的人以「除舊佈新」來面對，有的人則以「沒有他，如何活下去？」來恐嚇自己，使自己的生活陷入絕望中。

一個心理健康的人是能接受現實與面對挫折的，而不是以否定的態度來逃避現實。例如，失戀的人以「明知失戀真艱苦，偏偏走入失戀路」、「明知飲酒不解愁，偏偏飲酒來添愁」的心態來面對失戀的挫折，這就是不敢面對現實承擔挫折；能夠面對現實，承擔挫折的人，即使面對父母的死亡，也能夠以「奮起吧！孤兒！驚醒吧！迷途的羔羊！收拾起痛苦的呻吟，獻出你赤子的心情，老吾老以及人之老，幼吾幼以及人之幼」來面對。總之，能夠忍受挫折的打擊，保持個人人格完整才是心理健康的標誌。

二、引發挫折的原因

構成挫折的因素大致上可分為兩種，一為外在因素，一為內在

因素，茲分述如下：

(一)外在因素

通常是由環境因素所構成的挫折，就性質來區分，有下列三種因素：

1.自然環境的因素

指時間、空間的限制及天災人禍所引起的困難。比如他鄉遊子因距離遠隔無法與家人團聚（空間距離限制）；急於趕上班，卻碰到車子誤點或交通阻塞（時間上的限制）；氣候乾旱，致使農作物收成欠佳（天災方面的限制）；戰爭致使人民家破人亡（人禍方面的限制）。

2.物質環境的因素

指由物質的缺乏或故障，使人們無法滿足其需求而形成的挫折，如夏天電力供應不足，而分區停電、供電，致使人們的活動和工作因而受到影響，而不能如預期的計畫進行。

3.社會環境因素

每個社會或文化環境中，都有一些風俗習慣、法律、宗教、政治、道德觀念……等因素，對個人的行為加上一些約束或禁抑的作用，使個人不能遂其所願，因而構成挫折。如相愛的戀人，因宗教信仰不同，而無法結為夫妻。通常社會環境的限制，都屬於人為的限制，它的限制常常比自然環境還要多，挫折的影響也比較大，且不同的社會環境各有其不同的規範，對人形成不同的限制。

(二)內在因素

通常是指個體本身能力及其他條件的限制，阻礙或干擾個體行為之滿足而形成挫折。因個體本身因素所產生的挫折，有下列幾種情形：

1.能力的限制

因個體能力不足，無法順利達成目標而造成挫折，如想學醫濟世，但是考不上醫學院。至於個體所遭受的挫折大小，依個體所持之抱負水準和實際能力之差距有關，抱負水準愈高，而實際能力愈差，其間差距大，挫敗感便愈大。

2.生理的限制

因生理方面的缺陷，無法達成目標而產生挫折。如個子矮小者難成為籃球國手；患有色盲者無法成為畫家。

3.多個目標不能並存

當個人所追求的目標不祇一個，卻又因事實限制，不得不放棄一些自己所喜愛的人、事、物時所形成的挫折。如想減肥又喜好吃糖的女孩，只能擇其一。

4.個體價值觀念和態度的限制

個體對於事物的取捨，是由其價值觀念和態度來決定。當個體所持之價值觀念和態度與現實環境衝突時，便引發挫折。如夷叔齊等三人餓死於首陽山下，就是因為他們視周朝食物為不義之物，不願意去食用所造成。

▪三、挫折的分類

挫折的分類，有的心理學家以挫折發生的時間先後次序來作分類，有的心理學家則以引發挫折的因素作為分類依據，亦有些以個體之需求在生活中是否滿足作為分類標準，茲就幾種較具代表性之分類陳述如下：

㈠Sapperfield（1954）按引發挫折因素之發生時順，將挫折分為需求挫折、行動挫折及目標挫折，亦即將挫折的分類重點放在所發生的階段，國內心理學者柯永河（民 69）並不贊同此類方法。

柯氏認為，個體因需求而以行動去達成目標，目標達成，需求獲得滿足後消失，行動亦告停止。是故在理論上，唯有需求的挫折是純粹的需求單獨挫折，在行動與目標裡也有需求，所以目標的挫折與行動的挫折，一定也含有需求的挫折。

1.需求挫折（need frustration）

指個體的某一需求，受限於個體本身或環境因素，得不到表現或滿足的機會，個體很快設法抑制該需求而產生挫折，稱之。例如攻擊或性需求，常不為自己良知或社會規範所許可，個體無法很隨意的表現出來，因而招致挫折感。

2.行動挫折（act frustration）

指個體的行動遭受到阻礙或干擾，無法達成，所產生的挫敗感而言。在日常生活中，我們每天或多或少都會遭遇到一些行動挫折，一般而言，遭受行動挫折的人，通常也同時經驗到需求的挫折，例如一名怒火攻心的人，不自量力的向對手破口大罵，並在還沒有向對方出手前，就已被對方打得鼻青臉腫，而不敢還手；又如一心想取悅先生的妻子，在先生下班回家後，體貼的為先生泡了一壺茶，卻被先生斥責為又燙又苦，而覺得為先生泡茶已不是取悅先生的好辦法。此二例中之人所處的狀況，就是行動挫折。

3.目標挫折（goal frustration）

指個體無法達成所需要的目標所形成的挫折感而言。在日常生活中，目標挫折可能比需求挫折或行動挫折更常發生。因為社會上某些目標的數量有限，但追求者為數眾多，致使追求不一定能達成目標（例如，每年都有很多高三學生想擠進大學窄門，但其錄取名額又有限制，致使很多人不得其門而入，遭受到目標挫折）；又個體所欲達成目標有多個存在，而這些目標彼此之間，有時又有衝突存在，無法同時都得到，必須有所取捨，個體亦因此感受挫折。（例如，一個想同時擁有好成績，也想成為運動健將，並順從父母

意見的學生，發現三者之間，難以同時並存，必須有所取捨，而感受到挫折。）

（二）Rosenzweig（1938）根據引發挫折的因素，將挫折分為：缺乏挫折（lacks frustration）、損失挫折（losses frustration）和阻礙挫折（obstacles frustration）。

1.缺乏挫折（lacks frustration）

當個體無法擁有自認為重要的東西時，就會感到缺乏挫折。缺乏挫折的內容因個人需求、社經地位及其他因素而異。例如經濟能力差但有高物質慾望的人，遭受物質缺乏的挫折；個子矮小但卻夢想成為籃球健將的人，遭受生理條件的缺乏挫折。缺乏挫折的種類大略可分為生理條件缺乏、能力缺乏、物質缺乏、資格缺乏、經驗缺乏、感情缺乏等。

2.損失缺乏（losses frustration）

損失缺乏是指失去原來擁有的東西而引起的挫折，它和缺乏挫折在表面上有共同的地方—皆因「未能擁有」想要的東西而引起挫折；但對個體而言，損失挫折要比缺乏挫折更不易調適。因為損失缺乏是一種「得而復失」的挫折，而缺乏挫折是「未曾擁有過」的挫折。

損失挫折和前項的缺乏挫折一樣亦可被細分為經濟損失（包含金錢上和物質上的損失）、能力損失（因病傷等因素引起的）、健康損失（生理疾病所引起）、地位或權力損失、感情損失（因親朋之死亡或離別引起的）、名譽損失等。

另外，國內柯永河教授認為損失挫折可再被細分為具體損失與想像損失；具體損失乃指損失了已獲得的東西，而想像損失乃指想像者自認應得，但並沒有得到的情形而言。

3.阻礙挫折（obstacles frustration）

當個體從事動機性的活動時，如有阻礙物橫隔在個體的需求與

目標之間，個體就容易經驗到阻礙挫折。阻礙挫折有時屬物理上的：例如，對於監牢裡的犯人而言，高高的圍牆是逃出監獄的一大阻礙；另外，社會性的阻礙也是經常造成生活上的挫折；社會性的阻礙中，人、風俗習慣與法律往往是非常重要的因素；例如，想與丈夫一起出國進修的妻子，遭受公婆以孩子乏人照顧為由而不得不放棄與丈夫出國進修的心願；想享齊人之福的丈夫，受到法律約束，而不能如願。

　　阻礙有時來自我們自己的道德觀念、價值系統、人生觀、自我意像……等。它們常和我們自己的慾望成對立關係，使我們不得不放棄滿足該慾望的計畫。例如，學生考試前準備不周，考試時發現有許多不會的題目，想作弊，卻又覺得作弊是不好的行為，為免良心不安，最後不得不放棄以作弊得分的念頭。

　　以上所討論的 Sappenfield & Rosenzweig 的分類法，都屬於單向度或單因素的分類法。單向度分類固然有其優點，但不是每一種挫折都能以單一因素加以描述的。例如，經商失敗（損失挫折），想東山再起，卻又缺乏金錢（缺乏挫折），想向人借錢周轉，又覺有損顏面（個人因素的阻礙挫折）。

　　㈢另外，阿卡夫（Arkoff, 1968）曾歸納列舉了十種與個體生活適應有關的重要挫折：

　　1.成就挫折；2.親和挫折；3.獨立挫折；4.支配挫折；5.順從挫折：6.攻擊挫折；7.自責挫折：8.撫愛挫折；9.求助挫折；10.性的挫折。

四、挫折的反應

　　個體對於一種刺激或情境的反應，都是整體性的，對於挫折經驗也是如此。當個體遭受挫折之後，其反應有時是採取立即性的反

應（如攻擊、謾罵等），有時是採用緩慢長期性的因應方式，如自我防衛機轉（本書另有專章討論，本文不再贅述），至於立即反應，較為一般人所注意的是情緒和外顯行為的反應，茲分別簡作說明如下：

㈠情緒方面的反應

個體在遭受挫折時，常會表現情緒的反應。最常表現的是憤怒；小孩子在其要求不得逞時，往往會發脾氣，甚或大哭大鬧。有些成年人，在不如意時也常會咆哮跳叫，怒不可遏，弄成面紅脖子粗的樣子。

遭遇挫折時的另一種情緒反應是焦慮。這也是一種緊張的反應，而含有不安和憂慮的成份：顯示當事者在遇到挫折以後，有些慌張；對事況的發展，沒有把握，而不知該怎樣做，同時也希望立刻能找到新的策略，來解決當前的問題。適度的焦慮可以增進工作和思考的效率；但若焦慮過高，則反而會使工作的效率低降。

受挫時常有的第三種情緒反應是沮喪。此種沮喪含有失望、抑鬱、甚至悲傷的成份。通常個體遭受較強烈、較嚴重的挫敗時，會有此反應，也就是說此挫折對他的傷害性很高，可能他在急促間尚未找到應付的新途徑，因而情緒有陷入低潮的傾向。

㈡行為方面的反應

1.攻擊（aggression）

個體在遭遇挫折時，最常見的外顯行為反應是攻擊。心理學者曾用幼稚園階段兒童做實驗，在他們自由活動時觀察並記錄其行為。隨後將遊戲室中兒童最喜愛的玩具收起來，不許他們繼續使用。觀察者隨即發現：在此後的一段時間裡，兒童的攻擊行為顯著增加，或是摔丟玩具，或是攻擊同伴，爭吵的情形也增加了。顯示

他們是因不能暢快地玩而有挫折感，攻擊的行為乃有增加。美國杜納和密勒（J. Dollard & N. Miller）因此提出「挫折－攻擊」理論，意思是認為挫折的經驗和攻擊行為之間有固定不移的關係：挫折必將引起攻擊的行為，攻擊行為乃常是挫折的結果。後來此項理論雖經修正，但是攻擊行為卻仍被認為是挫折後多種反應中極重要的一項。一般報紙上刊登的傷害案例中，大多數當事人是在遭受到某種挫折之後，才表現攻擊他人行為的。美國黑人犯凶暴罪的比率較白人為高，部分學者的解釋就是黑種人在生活中所受挫折較白種人為多的緣故（黃堅厚，民77）。

攻擊的方式有兩種：(1)直接攻擊（direct aggression）：個體受到挫折後，最直接的反應是向構成挫折的人或物直接攻擊。例如向對方打鬥、罵及怒目以視等。人類在幼兒時，多用此種方式以應付挫折情境。但在成人社會，此法常不為社會團體所容許，事實上也常不能解決問題，甚至製造更嚴重的問題，因此當個體受到挫折時，便採用另一種轉向攻擊方式。(2)間接攻擊：個體受到挫折後，如果對方權勢及力量太大，無法向構成挫折的人或物直接發洩情緒，乃以間接的方式來發洩。例如學生被老師罵，敢怒不敢言，回家罵妹妹或踢狗；丈夫被老闆罵，為了飯碗，不敢反抗，回家罵太太；夫妻吵架，太太摔碗盤，丈夫罵孩子。

2.回退（regression）

是指個人在遇到挫折時表現比其年齡較為幼稚不成熟的行為。例如在夫家自覺受了委屈的妻子，不願面對問題，跑回娘家向母親哭訴，並求母親代討公道，就是一種回退行為。

3.固定行為（fixation behavior）

是指個體遭受挫折時不知隨機彈性反應，而以過去習慣性的刻板行為反應。例如兒童吸吮手指及口吃行為，通常在父母愈以懲罰的方式加以阻止，便愈會出現，而無法改正（吳武典、洪有義，民

79）。

4.幻想（fantasy）

幻想是一種應付挫折退縮式的反應，意指個體遭受挫折之後，陷入一種想像境界中，而以非現實的方式應付挫折或解決問題。幻想也稱為白日夢（daydreaming），即臨時脫離現實，而在由自己想像構成的情境中得到滿足。幻想可使人暫時脫離現實，使個人的情緒在挫折後獲得緩衝，有助於對挫折的容忍並提高個人對將來的希望，但是幻想本身並不能解決實際問題，幻想之後仍須面對現實去應付挫折，假如一昧沈於幻想、不顧實際，非但於事無補，一旦成為習慣之後，更會妨礙心理健康。

5.冷漠（apathy）

有時個體面對不以攻擊表現，而以冷淡的態度表現出來。冷漠大都是對構成挫折的人、物或事，也許曾經反抗，但招來更大的挫折，或造成挫折情境對個人壓力過份嚴重，使個人感到無助、絕望而失去一切信心與勇氣，故以冷漠的方式應付之。冷漠是一種情緒性的壓抑，對個人的內心容易產生嚴重性的傷害，久而久之容易變成不正常的心理適應。例如在世界大戰的納粹集中營中，俘虜無論遭受何種虐待、鞭打、飢寒、奴役，甚至面臨死亡的威脅，均以冷漠無情來應付。結果，有些人在戰爭結束後，離開集中營，馬上由受害者變成迫害者，以同樣殘酷的手法去對付無辜的人。

上述各種挫折反應是一般較常見到的；而個體在這些挫折反應中，並非遭遇一個挫折就出現一種反應，有時是會交替出現不同的反應。例如受了父母氣的孩子，面對父母懲罰時，他以冷漠回應，但回過頭他藉故打了弟弟，間接攻擊，晚上睡覺時又尿床（回退）。

五、挫折的調適

　　一個人格成熟的人，應能由生活經驗中體驗到挫折是現實生活中不可避免的，且面對現實接受挫折時，是以積極態度來因應，而非情緒化的攻擊或逃避。至於如何積極的因應挫折呢？下列幾點原則，可供參考。

(一)在認知上

　　*1.*在日常生活中，要用挫折是難以避免的觀念去面對它。事情順利沒有遇到挫折時，要心存感激；碰到挫折時，不要怨天尤人，因為經由它可以更激勵我們成長。

　　*2.*要建立正確的「失敗」觀念。在生命的過程中，只有成長，沒有失敗。因為我們整個生命就是一個學習的歷程。在生命中常需要多次的嘗試努力，而且不斷地改善，才能有機會到達盡善盡美的境界。過去有兩種治療梅毒的藥，分別叫做「606」和「914」，用數目來命名。但這兩個數目，都有其特殊的意義，是代表它們在成功之前所經過的實驗次數。從開始到完成的幾百次實驗中，你能說哪一次是失敗嗎？嚴格地說，都沒有失敗；每一次都有一點點成就，都對最終的成功有其貢獻，沒有一次是浪費的（黃堅厚，民77）。因此，我們應有每一次的「失敗」，都是激發再嘗試再努力的信念。

(二)在態度上

1.在遇到挫折以後，人們常會出現防衛性的反應減除內心的焦慮。

　　這固然是可以消除或減輕當事者的心理負擔，但是我們如果仔細研究，就會發現所有的防衛作用，都或多或少地歪曲了事實，使

我們不能洞悉當時的真實情況。因此，遇到挫折時，不要逃避責任；重要的是要發現阻礙或困難之所在，謀求補救之道。若是歪曲了事實，使自己無法察見問題的癥結，是有害而無益的。

2.客觀而冷靜的分析

遭遇到挫折以後，應當就挫折的情境進行分析。這個分析包括兩方面，一為挫折原因的分析；另一方面的分析是對於挫折後果的分析。對挫折原因的了解就可以設法謀求補救，至少可以避免下一回再重蹈覆轍。同時了解了挫折的原因，也將可降低情緒方面的反應，另外，如果我們能察見某項挫折並不會造成對自身任何傷害，或是傷害並沒有我們想像中那麼嚴重，那麼心理上的負擔將大為減輕，情緒上也能較放鬆了。

3.在行動上

挫折和失敗固然是人們生活中不可避免的現象，但是遭受了挫折之後，不能只是認輸就完了，而是要盡力謀求補救之道。下面即是在行動上應有的措施。

(1)修訂自己的目標

在很多遭受到挫折的事件裡，目標訂得不甚適當是頗為普遍的原因，而且常常是訂得太高的緣故。當事者應對自己的各項條件，仔細地檢討；對其所面臨的環境，冷靜地分析；重新訂定目標。必要時也許會需要將目標降低一點，來增加成功的機會。不必任何事都要求合乎自己喜歡的方式，太過於要求完美，容易造成挫折感。

(2)制訂有效的因應措施

所謂有效的因應措施，就是面對現實的挫折去研察克服的途徑；一般而言，克服的途徑可從下列幾方面著手。首先客觀的分析自己的能力及優缺點，並分析外在客觀環境可能的限制，然後尋找各種可供利用的支援（人力、物力等），按著訂定實際可行的計畫，並按計畫逐一進行；在實施過程中，要不斷的自我鼓勵以加強

自我信念，也要能隨環境的變化，彈性的修訂實施計畫，並以毅力堅持到底。

人生是「條條大路通羅馬」，但「羅馬絕非一天造成的」，只有「有心人」始能到達；因此，日常生活中的挫折既是難免，只有「用心」去經營自己的生命，面對自己生命中的難題，才能創造成功。

第二節

衝　突

一、衝突的本質

在日常生活中，個體在有目的的活動中，因所欲達成的目標（一個或數個），同時存有兩種或兩種以上的動機需求，而這些動機彼此之間是相互排斥矛盾的，個體受於內、外在因素之影響，難以取捨而產生矛盾的心理現象，稱為心理衝突，簡稱衝突（conflict）。

衝突存在時間之長短，與個體本身之人格特質、所處外在環境壓力之大小、衝突類型及是否有外在支援有關。

大體而言，人們並不會長時期的承受衝突所帶來的壓力，因為衝突會引起混亂、不安的感受，所以會驅使我們設法消除它，俾能儘早回復平衡。

二、衝突的分類

　　(一)人格心理學家勒溫（Kurt Lewin, 1935）使用「趨」（approach）及「避」（avoidance）二個相對的概念來描述衝突。當事情吸引我們時，我們會趨之；當事情威脅我們時，我們則會避之。依趨和避不同的組合形式，可將衝突分成雙趨衝突（approach-approach conflict）、雙避衝突（avoidance-avoidance conflict）、趨避衝突（approach-avoidance conflict）及多重趨避衝突（multiple approach-avoidance conflict）。

1.**雙趨衝突**（approach－approach conflict）

　　此類衝突係指個體面對兩個具有同等吸引力的選擇，而個體對此兩個選擇具有同等強度的動機，但因事實限制，無法兼得，只能選擇其一，不可能同時擁有兩者，心理上會產生魚與熊掌不可兼得，難以取捨的衝突心理（見下圖）。例如一個女孩子對於兩個條件相當的男孩子，祇能選擇一個時；同時考上兩所口碑都不錯的學校，不知要讀哪一所；一個女孩子同時喜歡兩件衣服，但祇能買一件時。

圖 4-2　雙趨衝突

人們面對這類選擇時通常不需要花很多時間，也不會感到很焦慮，因為不論做了任何決定，結果都是自己所希望的，所以這類衝突不算是嚴重的衝突。另外，個體對此兩個動機的強弱，並非固定不移，隨著時空環境的變化而發生變化。例如有很多人在選擇一個之後，對那個已得到的不覺得可貴，反而對另一個未得到的興起珍惜、懷念及有價值之感，因為那個也是他所喜歡的。所以人們總有「得不到的東西都是好的」之心態。

2.雙避衝突（avoidance−avoidance conflict）

此類衝突是指個體在面對兩個具有威脅性的目標，此兩個目標皆為個體所惡，但迫於情勢，必須接受其中一個才能避免另外一個，而造成選擇時左右為難的困境。這是一種前無退路、後有追兵的心理狀態（見下圖）。例如學生視讀書為畏途，但又不想考試被「當掉」，只能在其中作一選擇；又如一重傷病人須鋸掉一條腿才能保命，死亡與鋸腿之間，他必須選擇一種；小學生犯錯，須罰寫字或星期日到學校；罰寫字與無法放假，他必須選擇一種。上述這三個例子，無論個體選擇了什麼都會感到很不愉快。雙避衝突帶來的影響通常較大，也較難解決。因為每當一個人做了一個暫時的決定，並趨近其中一個不愉快的目標時，他就會變得愈來愈緊張。通常個體在面對此種衝突時，會以逃避的手段來因應，但倘若無法逃避，個體有時會以防衛機轉來減輕焦慮的程度。唯如使用防衛機轉

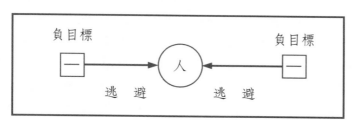

圖 4-3 　雙避衝突

方式又失敗，個體就會被緊張焦慮所纏繞，最後導致嚴重心理困擾。

　　面對此種衝突，個體應朝著「兩害相權取其輕」的原則，視哪個傷害對我們較輕，以作為選擇的依據。

3.趨避衝突（approach－avoidance conflict）

　　第三類的衝突情境係指個體面對單一目標，而同時產生兩種動機。此目標對個體而言，同時具有吸引力與拒斥力，造成個體進退維谷的矛盾心理，此種衝突在日常生活中最常遭遇到（見下圖）。例如癮君子喜好吸煙，又怕得肺癌；酒鬼喜歡喝酒，又怕得肝癌；女孩子喜歡吃零食，但又怕胖；想追女朋友，又怕被拒絕等。

圖 **4-4**　趨避衝突

　　米勒（Neal Miller）以目標梯度（goal gradient）的概念（即趨近或遠離某目標的傾向）來說明趨避衝突。趨近梯度（approach gradient）是指一個人逼近正向目標的傾向，亦即該目標所具有的吸引力；逃避梯度（avoidance gradient）則是一個人逃離負向目標的傾向，亦即該目標所具有的拒斥力。一個目標若同時具有正向和負向的特質，它就具有趨近和逃避兩條梯度線。下頁圖 4-5 是將趨避衝突情況以圖形表示出來。橫軸代表距離目標的遠近，縱軸代表目標吸引力或拒斥力的強度。個體在向一正目標趨近途中，愈接近目標時，其趨近之傾向愈強，愈遠愈弱。個體在從一負目標逃避

中，愈接近目標時，其逃避之傾向愈強，愈遠愈弱。

　　由圖 4-5 顯示，逃避的梯度線比趨近的梯度線要來得陡，這意謂著個人在距離目標較遠時，趨近的傾向強於逃離的傾向。一直到他過了趨近與逃離梯度的交叉點，朝目標接近時，逃離的傾向則迅速變強，於是個體馬上退回交叉點（林彥妤、郭利百加譯，民 80）

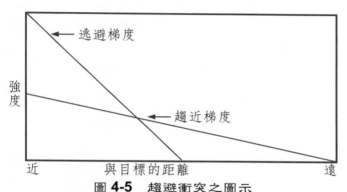

圖 4-5　趨避衝突之圖示

資料來源：Miller, 1959 的實驗。

　　個體在面對此類衝突時，應就利弊方面加以權衡決定，始可免去矛盾的痛苦。

4.雙重或多重趨避衝突（double or multiple approach avoidance conflict）

　　此類衝突是指個體的活動同時具有兩個（或多個）目標，每一個目標對他都形成趨避衝突，無法作決定，但個體仍必須就二者（或多者）中作一抉擇時，所產生的心理狀態。例如，某一大學生想出國留學，申請到兩所大學的獎學金，一所大學在歐洲，氣候寒冷很難適應，但獎學金比較多；另一所大學在美國加州，氣候溫暖較易適應，但獎學金比較少。這兩所大學對該學生來說，就造成雙重趨避的衝突；又如某一男士認識兩位小姐，某一小姐品德甚好，

但外貌較差，另一位則外貌很漂亮，但品德不佳。這兩位小姐對這位男士來說，亦就形成雙重衝突。

此類衝突的解決，往往視目標所具有之價值及個體的需求強弱而決定。

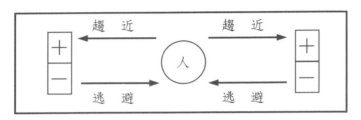

圖 **4-6**　雙重趨避衝突

綜合上面所述，可發現雙趨衝突包括二個正面事件；雙避衝突包括二個負面事件；趨避衝突是在一個事件下，涵蓋正、負兩極感受；多重趨避衝突則是包括多個事件，每個事件都涵蓋正、負兩種感受。衝突的各種形式，詳見圖4-7。

㈡Sapenfield根據衝突的反應內容，將衝突分為需求衝突、行動衝突及目標衝突。

1.需求衝突（needs cnoflict）

此類衝突是指個體兩種或兩種以上需求之間的衝突，或者對單一需求產生想要又想抑制的矛盾心理狀態。例如，青少年自覺既想獨立又想依賴父母的心態即是。

2.行動衝突（actions conflict）

是指個體要滿足需求或目標時，幾種可能的做法間產生互相排斥的矛盾狀態，例如一個男子迷戀一位女子，他是去告訴她自己是如何的喜歡她，把她嚇跑，或是應該控制自己，裝作沒這回事的樣子呢？

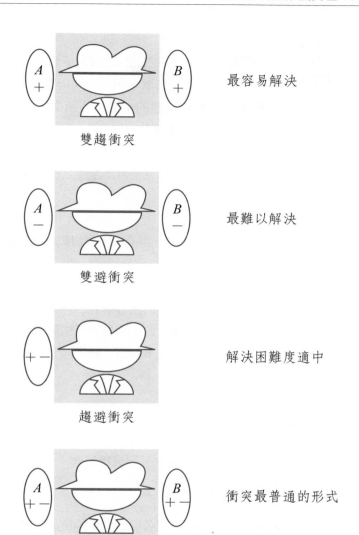

圖 **4-7**　衝突的形式

資料來源：引自賴保禎等（民88）。

3.目標衝突（goals conflict）

此類衝突是指幾種目標之間不知如何取捨的矛盾心理狀態。例如有些人想博學，也想精於某一領域，而不知如何取捨。

㈢荷雷蒙（Holrnes）根據個體的生活，將衝突分為現實衝突與閉鎖衝突兩種，並統稱為社會衝突。

1.現實的衝突

人與人之間相處在一起，因意見不合而產生之衝突，如兄弟姊妹為了分財產而產生的衝突。

2.閉鎖的衝突

乃內心沒有表現出來之衝突，其促成因素有三：恐懼、不信任、誤解。

㈣佛洛依德的人格衝突理論。

精神分析大師佛洛依德認為我們內心中有三個不同的我，分別稱為本我，自我及超我。這三個我彼此關連而互相影響，它們控制了我們所有的行為。如果這三個我不和諧，我們內心常會有衝突困擾的現象。

三、衝突的後果

當個體遭受衝突時，通常會有下列幾種反應：

㈠衝突導致行為不穩定

處在衝突狀態的人，若不是因各反應力量的抗衡而動彈不得，就是因這些相抗衡力量不易繼續保持相等，而容易受內外界刺激的少許改變就導致行為的前後不一致。尤其情緒較不穩定、作法常前後不一致的人，較情緒穩定、作法前後一致的人要容易經歷心理衝突（Worell, 1963）。

衝突發生時，個體常會有各種交替表現出來的現象：特別是處於雙趨衝突的人，更容易有此反應。例如，不知和哪一位異性深交較好的人，有時和其一方深交，但有時則反過來和另一位親近。普通我們把這樣的人稱為用情不專的人。

(二)衝突導致行為阻塞

衝突容易導致暫時性的行動或思考阻塞現象。尤其是處於雙避衝突的人，因為他不論作任何選擇，皆不是他所要的，且不管選不選擇也都會有壓力產生。因此，處於雙避衝突的人，常會表現較長時間的阻塞心理現象。

(三)不同類型的衝突導致不同情緒反應

一般言之，面對雙趨衝突的人，例如，被好幾位條件優秀的異性追求的人的心情是興奮的、有信心的、樂觀的；面對趨避衝突的人可能有憂喜參半的感受，而面對雙避衝突的人則可能感到極端焦慮，不知如何是好或一切希望都毀滅。

(四)長期衝突易導致心理疾病的產生

綜合相關之實驗研究報告，在衝突情境下，受試動物所表現出來的反應有下述幾種：

　　1.生理上，肌肉失去彈性，變為僵硬，排尿、排糞的次數增多，呼吸急促，心跳也增快。

　　2.心理上，變成過份敏感，或靜止不動。

　　3.在行為上，有刻板僵化的反應，性與社交的無能。

　　4.在認知上，區辨能力減低、思考阻塞等現象產生。

由此可知，人雖是較高等動物，但在面對衝突時，特別是長期衝突時，個體對生活適應能力因而減弱，也經歷較高的焦慮，這對

心理健康有較不利的影響，有時甚至產生心理疾病。

四、衝突的解決

一般而言，個體在面對衝突時，有下列幾種解決方式：

(一)逃避（escaping）

當個體在面對衝突時，如左思右想仍想不出可能的解決方法，會以逃避方式來處理。特別是陷入了雙避或多重趨避的衝突中更容易如此。

逃避有身體的逃避與心理的逃避兩種；身體的逃避是指離開衝突的場所，例如，失意的人常以離開原來所處的環境來忘記舊情；心理的逃避是指逃避與事件有關的想法、情緒。

因為逃避不是解決衝突心態的有效方法（雖然可能有短期的效果，但從長期的效果而言，逃避大部分都會帶來累積性，或惡性循環的不良後果），所以為了協助病人徹底消除衝突，心理治療者都會應用各種不同心理治療技術協助病人，一方面阻止思考、情緒方面的逃避，另一方面鼓勵病人正視他的真正問題，深入探討問題，最後在最有效的層次上找出可行的、具體的方法，徹底解決衝突。

(二)重建（restructuring）

衝突是由於兩個或以上同樣強度，但方向相反的動機所構成，因此，要想解決衝突，往往必須先重新建構，以供原來的幾種事件在趨避力量上有所改變。例如改變動機方向或使動機強度不完全相同。重新建構情境的情形，有時可能由於我們個人對情境的知覺改變造成，也有可能是外在壓力改變所致。總之，在面對衝突時，不妨冷靜下來，從不同角度對衝突加以分析，改變相對立的反應傾

向，就容易選擇較可行的途徑了。

(三)選擇（electing）

　　解決衝突最簡單（不見得是最容易的）的方法，莫過於選擇其一而抑制其他的，例如，我們可決定繼續擔任教職，而不再去想是否找其他工作等事情。簡言之，我們可以決定去做這個而不做那個。這種解決的方法較適合用於較不重要的選擇情境下，因此可以不必太在意所做的決定到底正不正確。但如果所選擇的是很重要的事，擇其一的方法就不大實用，因被放棄的一方可能在決定之後，反而增強趨力，衝突將再度形成。

(四)折衷（compromising）

　　折衷也是處理衝突的一個方法，例如，今天晚上我們是出去上館子，或是待在家裡吃飯比較省錢呢？好吧！我們不妨找個經濟實惠的小飯館吧。一般言之，此法頗受多數人喜歡，它的原則是「不完全放棄一方，也不完全採用另一方」，而是採取一個同時滿足雙方需求的行動。

(五)消除慾念

　　許多衝突的發生都是源於生理或心理的需求和反需求之間的抗衡，所以不讓它發生或讓它消失是根本解決辦法。佛家所說的「清心寡慾」、「看破紅塵」都是要我們節制慾念以避免衝突或煩惱的產生。因此，消除慾念亦是解決衝突的方法之一。

(六)重要與不重要之排列

　　確立一套自己處理事情的基本原則，有了處理原則，個體在面對許多待解決事情時，就有了依據去判斷何者為要，何者為輕，何

者為先及何者為後，較不容易有衝突產生。

五、衝突的正負後果

　　心理學家艾力克森（Erikson, 1968）曾將人的心理發展劃分成八個階段，並強調每一個階段都有心理主要衝突存在，所以，每一個階段都有危機存在，但危機是危險也是轉機，沒有危機就沒有成長。以此觀點來看衝突，它固然會讓人產生困擾及心理上的創傷，但人若沒有經過此種內心衝突矛盾及抉擇，人格難以獲得進步及成長。且在衝突中，人須不斷的反覆思考以解決問題，反而可刺激個體解決問題能力的增長。Worell（1967）即曾指出衝突的情況可用於道德觀念的養成。目前國內道德教育廣為推行的「兩難困難討論」，就是利用「衝突情境」以培養道德觀念。

　　當然衝突也有它負面的後果，很多人在面對衝突情境時，容易緊張過度而無法抉擇，深陷於困擾的難題中，表現出舉棋不定及優柔寡斷的性格，或者表現出相反的特質，如專橫暴戾、誇耀、自大自私及自我中心等。更嚴重者，因無法抉擇而使個體長期處於衝突矛盾中，導致身心疾病的產生。

本◆章◆摘◆要

　　挫折與衝突是生活壓力的重要來源，很多心理學家與精神醫學家都很重視「挫折與衝突」，常於「挫折與衝突」中，找尋心理疾病的最初原因；在日常生活中，挫折與衝突亦屬難免，因此我們必須對挫折與衝突有所了解，才能了解我們生活適應的過程，以維護我們心理健康。

　　本章在「挫折」部分，介紹了下列幾個主題：挫折與挫折容忍力、引發挫折的原因、挫折的分類、挫折的反應及挫折的調適；在「衝突」部分有：衝突的本質、衝突的分類、衝突的後果、衝突的解決。

研◆討◆問◆題

一、試定義挫折與挫折感。

二、在日常生活中，有哪些因素較容易引發你的挫折？你的因應策略（或方式）是什麼？

三、試舉三例你在日常生活中遭受挫折的事件，並依本章挫折的分類，說明它們的類型。

四、試討論因應挫折的有效策略。

五、試定義衝突。

六、在日常生活中，你最常遭遇到哪一類的衝突？你的反應與處理方式是什麼？

七、試討論因應衝突的有效策略。

本◆章◆參◆考◆文◆獻

一、中文部分

王鍾和、李勒川、陽琪編譯（民 68）：**適應與心理衛生**。台北：大洋。

吳武典、洪有義（民 79）：**心理衛生**。台北：空中大學。

吳錦鳳等（民 74）：**心理學及心理衛生**。高雄：復文書局。

林憲（民 76）：**精神醫學與社會**。當代醫學雜誌社。

林彥好、郭利百加等譯（民 80）：**心理衛生—現代生活的心理適應**。台北：桂冠。

柯永河著（民 68）：**臨床心理學—心理診斷（第一冊）**。台北：大洋。

柯永河著（民 67）：**臨床心理學—心理治療（第二冊）**。台北：大洋。

黃天中著（民 80）：**生涯與生活**。台北：桂冠。

黃堅厚著（民 77）：**青年的心理健康**。台北：心理。

曾文星著（民 79）：**最新精神醫學**。台北：水牛。

葉英堃著（民 64）：社會現代化與心理衛生。**心理衛生通訊，第十九卷**。

葉英堃、曾炆煋著（民 69）：**現代生活與心理衛生**。台北：水牛。

張春興、楊國樞（民 59）：**心理學**。台北：三民書局。

鄭泰安譯（民 61）：**精神分析入門**。台北：志文。

劉寧譯（民 70）：**強者的誕生**。台北：遠流。

錢頻著（民 73）：**心理衛生**。台北：中國行為科學社。

賴保禎、簡仁育（民 70）：**心理衛生**。台北：中國行為科學社。

賴保禎等（民 88）：健康心理學。台北：國立空中大學。

二、英文部分

Arkoff, A. (1968). *Adjustment and Mental Health*. New York: McGraw-Hill.

Erikson, E.H. (1968). *Identity and life cycle (2nd ed.)*. New York: Norton.

Hilgard, E.R. (1975). *Introduction to Psychology*. Harcourt Brace Jovanovich.

Lewin, K.A. (1935). *Dynamic theory of personality*. K.E. Zenner & D. K. Adams (Trans). New York: McGraw-Hill.

Miller, N.E. (1959). Liberalization of basic S.R. concepts: Extensions to conflict behavior, motivation, and social leaning. In S. Koch (Ed.) *Psychology: A study of a science (Vol. 2)*, New York: McGraw-Hill.

Sapenfield, B.R. (1954) . *Personality and Dynamics*. New York, Knopf.

Worell, L. (1967). Some ramification of exposure to conflict. Progr. *in Experi. Personal Resear, 4,* 91-125.

第五章

焦慮與恐懼

　　隨著工商業蓬勃發達、科技文明急速進步、社會制度與家庭結構的重大變革、生活與工作型態的轉換，使得人們必須面對更大的生存壓力，當然也造成更多的心理不適，給個人、家庭、社會、國家帶來不小的困擾與問題；加上近年來天災人禍經常發生，如：地震、水災、風災與SARS等災難，亦造成校園極大的破壞與威脅，而教育改革聲浪不絕，家長與社會對教師教學工作的要求與日劇增，使得教師工作壓力倍增，容易產生身心調適不良或出現精神疾病之症候；在眾多精神疾病中最普遍、常見的就是焦慮症。教師處於各種轉型的衝擊，不論自己本身的適應問題或所擔任工作對象與內涵的變化，皆會感受到有異於往常的壓力，而較易導致焦慮的反應。因此，本章擬介紹焦慮症的一般概況及教師焦慮反應的情形，並提出預防與治療的方法與管道，期能對教師的心理調適有所助益。

第一節

焦慮的意義與理論

一、焦慮的意義

　　我們常說：人是一種情緒的動物，而所謂七情六慾則說明情緒的多樣性與複雜性；焦慮就是人類的一種情緒表現，一般稱焦慮症（anxiety neurosis）、焦慮狀態（anxiety state）、或焦慮反應（anxiety reaction）（Gelder, 1983）。焦慮是一種平靜心情受到威脅而被激起的狀態（王鍾和等，民 74；Arkkoff, 1968）；焦慮乃由不確定、煩亂及憂懼等感受組成的不愉快情緒經驗（吳武典等，民

79）；簡單的說，焦慮是為了因應威脅的一種情緒反應，是一種擔憂、繃緊的感覺。

焦慮和恐懼經常被交互使用，以形容同樣的情緒，但兩者仍有些差別（Rowan & Eayes, 1987）。焦慮是描述一種較為飄浮不定的不安全、煩躁、擔憂，甚至慌張的感覺，它不一定有明顯、具體或特殊的外在因素。而恐懼通常指的是對某一相當真實的危險或威脅的正常反應，個體會適當地採取解決或逃避的行為。前者可說是來自「內在威脅」，後者則來自「外在威脅」；兩者在理論、評估及治療等方面都有重疊的部分（Marks, 1978）。

總之，焦慮是身體因應威脅或面對危險時，所產生的一種自我警告的情緒反應。焦慮本身並不是一種病態，每個人都會有焦慮的經驗，有時候焦慮是一種正常的情緒反應，適當的焦慮反應是正常且需要的，是發揮潛能、解決問題、度過難關或有效學習的行為動力之一，亦即它對解決問題有著警示作用；不過，當焦慮反應的程度及持續的時間過久，因而使得個體喪失建設性的社會功能，嚴重影響我們生活及工作品質時，則可能形成令人困擾的焦慮症，或繼續引發精神上或身體上的症狀，而形成病態的焦慮，使得個體產生困擾而需要接受治療。

二、焦慮的理論

精神分析學派大師佛洛依德（Freud）使用「焦慮性精神官能症」的病名，提出焦慮來自於生物驅力，他認為每個人都有原慾（libido），它包含性、攻擊等本能的衝動；而個人的自我（ego）會將這些不被允許的衝動壓抑至潛意識中，當這些衝動有機會被喚起，個人努力使用各種防衛機轉來圍堵、壓抑它的過程，在個人的意識層面即感受到情緒的緊張，即焦慮亦是對潛意識危險的訊號

（signal）。Freud 把焦慮分為真實的焦慮（reality anxiety）、神經性焦慮（neurotic anxiety）與道德感焦慮（moral anxiety）。真實的焦慮來自對客觀的外在環境實際危險的恐懼（fear）；神經性焦慮是個體害怕無法控制內在本我（id）的本能衝動，包含遭受懲罰的恐懼；道德感焦慮則是個體恐懼愧對自己的良知，具有健全良知的人，當他們做出一些違背道德規範的事情時，就會產生罪惡感（鍾思嘉，民 76；Patterson, 1986）。

個體隨著生命發展過程可能有下列幾種焦慮：

1.閹割焦慮（Castration anxiety）

與伊底帕斯情結（Oedipal complex）有關，如：小男孩擔心與媽媽的關係，爸爸會傷害其生殖器或身體。

2.被害或妄想焦慮（Persecutory or paranoid anxiety）

感受到外在力量侵犯或羞辱的危險所產生的焦慮。

3.瓦解焦慮（Disintegretation anxiety）

對失去自我認同或重要他人所產生的焦慮。

4.超我焦慮（Superego anxiety）

較成熟發展期，對無法達到內化的道德標準而產生的罪惡感。

精神分析學派的治療目標不在消除焦慮，而是提高對焦慮的覺察力，有能力去經驗焦慮，使用焦慮作為一種訊號去探討產生焦慮的內在衝突。因為焦慮在生命中很多不同的階段都會出現，只用藥物去消除這些焦慮，無法幫助處理這些生命中重要的課題。心理諮商在了解病人所經歷到的是何種程度的焦慮，去處理、了解，及面對所處的狀況。

新精神分析學派的 Horney 修正傳統精神分析的概念，加進去社會文化的因素，提出「基本焦慮」（basic anxiety）的看法。她認為個人生存於可怕、不可靠、無情、不公平、被湮滅、被剝奪、不安的環境中，個人會產生自己「渺小、無足輕重、無依無助、無

能為力，並生存於一個充滿荒謬、下賤、欺騙、嫉妒與暴力的世界」的感覺，這就是所謂的基本焦慮。基本焦慮包含三個要素：孤立、無助、被敵意包圍。個人生長於充滿基本焦慮的環境中，正常的發展受到阻礙，喪失自尊自信，因而形成孤獨、冷僻、憤世嫉俗的性格（李非，民 72b；葉頌壽，民 66）。人類為了逃避這種焦慮，保護自己，自然會傾向形成某些病態的需求。此外，Schachter 認為「焦慮」就像「憤怒」、「歡樂」一樣，是人類的一種特質；Sullivan 認為焦慮是人際關係中緊張的狀態。

認知行為學派認為焦慮為一種制約的情緒反應，或由模仿學習作用，在認知上造成影響；Wople 界定焦慮為個人對有害刺激自發性反應的特質模式，而恐懼則是學習得來的；Alexander 把焦慮認為是飄浮不定的內在化恐懼，恐懼則是由過去痛苦經驗的記憶所引起，與滿足本能的懲罰有關。Ellis 以為是不合理的思考；Back 則認為是認知的謬誤；其治療目標是經由不斷經歷暴露於引起焦慮的東西或環境下，加上認知上的教導與學習，來逐漸減少焦慮反應。因為在焦慮的情境下，病人常有誇大危險程度與低估自己的適應能力，經由逐漸的練習，病人可加強自己的控制力與信心。治療方法包括減敏感練習、鬆弛技巧訓練、社交技巧訓練等；在反覆模擬焦慮情境下，讓病人練習如何處理應對，以減低面臨實際情境的焦慮。

生物學理論認為心理衝突產生生理變化，有的認為是生理的變化而引起焦慮；但不論如何，焦慮症與生理反應有關，包括下列幾部分：(1)自主神經系統：包括心臟血管系統（如心跳加速）、肌肉系統（如頭痛）、腸胃系統（如腹瀉）、呼吸系統（如過度換氣）等，焦慮反應引起腎上腺素分泌而造成這些週邊反應，治療上可用交感神經抑制劑：如 inderal 等，可減緩心跳降低焦慮。(2)神經傳導物質：主要為三種中樞神經內的神經傳導物質：正腎上腺素、血

清胺素、GABA，治療上可用抗焦慮藥物、抗憂鬱藥物等來治療。
(3)腦部造影研究：有些焦慮反應與額葉、顳葉變化相關，或有生理
功能上的變化，尤其是右腦，如：強迫性官能症，可嘗試使用腦部
定位手術治療，但成功率及後遺症都需要更多追蹤及研究報告。(4)
基因遺傳研究：雖然沒有嚴謹的雙胞胎養育研究報告，但很多研究
結果與遺傳有相關，如：幾乎有一半的恐慌症病人親屬也有人得
病。總結來說，目前焦慮症的治療多以藥物合併認知行為治療，或
輔以心理治療會談，從生物學及心理學兩方面著手，以收到最佳效
果。

　　至於人文主義治療的說法，May 把焦慮解釋為個人的價值觀受
威脅所產生的恐懼；Rogers 認為焦慮是個人的自我概念與整體經驗
間不一致的狀態。

第二節

焦慮的形成因素與症狀

　　一般認為焦慮的形成因素有下列五項（韓幼賢，民 76）：第
一、錯誤的父母教養模式；第二、未能學會需要的能力；第三、無
法處理危險的衝動；第四、難以判斷做下決定的矛盾；第五、先前
創傷的再度復發。

　　另外，Cowen（1960）也提出四種引起焦慮反應的假設（王鍾
和等，民 74；Arkoff,1968）：第一、如果個體所遇到的威脅情境
愈阻礙其需要的滿足，則愈會激起個體內心達到焦慮的狀態；第
二、個體的某種需求愈強，如果遇到威脅的情境而受到挫折，則其
心中會激起愈高的焦慮；第三、當一個需求未能獲得滿足，如沒有
其他的方式來替代，則會引起高焦慮；第四、個體在面對壓力時，

先前已有其他的壓力，則很容易引起焦慮狀態。

　　焦慮是一種相當普遍的情緒反應與感覺，它常包括了三種不同層面的症狀表現：第一、情緒層面，包含緊張、不安、壓力感等主觀的不適感覺；第二、生理層面，包含顫抖、心悸、冒汗、頭昏、呼吸困難、泌尿道或胃腸道不適等身體的症狀；第三、認知層面，包含注意力不集中、記憶力減退、紓解壓力的功能降低、社會功能減退或喪失等。

　　焦慮亦經常是其他病症的續發症狀，如：憂鬱症、精神病、酒精成癮、器質性腦症候群、甲狀腺功能亢進症、親銘細胞瘤（Phe-ochromocytoma）、心肺功能不足症等；它亦可能是個體對外來的心理、社會等壓力的一種反應，統稱為續發性焦慮，以別於內在的原發性焦慮。

　　再者，罹患焦慮症者經常在焦慮時，伴隨著表現出生理上的抱怨，也常表現缺乏因應的機轉，亦同時會出現憂鬱的情形。

　　一般焦慮症可依輕重程度分為下列四種：

一、輕度焦慮

　　㈠知覺能力提高。
　　㈡對相關及有意義之事物注意力增強。
　　㈢警覺性提高，可使用問題解決法處理問題。
　　㈣失眠、易怒、不安、哭泣、抽煙。

二、中度焦慮

　　㈠知覺範圍變小，選擇性注意某些特定細節，無法面面俱到，十分機警。容易變得神經質、吹毛求疵、合併身體症狀。

㈡聲音抖動、音調改變、心跳增加、身體搖曳。

三、重度焦慮

㈠未能注意整個環境，把焦點放在瑣碎細節上，如世界末日一般，無法學習。

㈡血壓上升、心跳增加、頻尿、噁心、頭昏。

㈢自動性行為朝向立即想解決問題。

四、嚴重焦慮或恐慌

㈠明顯之散亂、無法注意到發生什麼事。

㈡感覺害怕、恐懼，產生解離，幻覺增加、失去現實感。

㈢不能解決問題，無自制力、並且無法接受外界溝通訊息，久之則形成人格畸型。

第三節

焦慮的分類及臨床診斷

依美國精神疾病診斷統計手冊第四版修訂版（DSM-IV-TR）將「焦慮症」（Anxiety Disorders）或「焦慮與恐懼性神經症」（Anxiety and Phobic Neuroses）分為以下六大類別：

一、恐慌症（**Panic Disorder**）

恐慌症是一種無法預測的周期性恐慌，其特點是沒有理由的、

突然發生無名的恐慌、心神慌亂，有強烈的死亡威脅感，其主要症狀為：呼吸困難或窒息感、頭暈、暈眩或不穩定的感覺、心悸或心跳加快、發抖或顫慄、盜汗、喉嚨梗塞感、噁心或腹部不適、手腳麻木刺痛、自我感或現實感消失、感覺異常、忽冷忽熱、胸部疼痛或不適、怕死、發狂或做出失去控制的事。發作時症狀通常持續二十至三十分鐘，甚少超過一小時。

恐慌症又可分為附帶懼曠症與未附帶懼曠症；懼曠症的主要特徵是明顯地害怕獨自處於空曠或置身於公共場所，擔心一旦有突發事件難以逃脫或找不到支援；當害怕或畏避行為操縱個體生活時，正常的活動便逐漸受到限制。一般畏懼的情境包括空曠場所或公共場合，如：熙攘的街道、擁擠的商店、戲院、隧道、橋上、電梯、飛機等公共交通工具上。個體離家時堅持家人或朋友陪伴，要不就足不出戶。

二、社會畏懼症（Social Phobia）

社會畏懼症的主要特徵是個體對會被他人觀察的情境，具有持久而不合理的害怕，擔心自己會做出令自己羞辱或困窘的事，經常試圖去避免或抗拒。普遍容易出現的情形有：害怕對群眾講話或表演、公共場合吃東西會哽到、使用公共廁所無法排尿、在他人面前寫字手會發抖、在社交場合說傻話或無法回答問題。

三、單純畏懼症（Simple Phobia）

單純畏懼症的主要特徵是個體對某一特定物體或情況產生持久、不合理的害怕，並有強迫性的渴望想避開它，此種害怕非懼曠症，也非社會畏懼症，因此，此類型是其他畏懼種類的統合。

　　單純畏懼症又稱特殊的（specific）畏懼症，一般人所可能害怕的事物亦包含在內，如怕動物，尤其是貓、狗、蛇、昆蟲與老鼠；其他還有怕黑、懼高、怕封閉的空間等。

四、強迫症（強迫性神經症）Obsessive Compulsive Disorder（Obsessive Compulsive Neuroses）

　　強迫症主要的特徵是縈繞不去的意念或無法抑制的衝動反覆地出現，可分為下面兩種：

(一)強迫性意念（Obsessions）

　　強迫性意念是一種周期性，不斷反覆而持續的意念、思想、衝動或形象；它們是自我失調而非自願產生的，無意義而令人討厭的；個體會企圖忽視或壓抑這些思想或衝動，由於焦慮的產生，個體亦會採用其他相反的思想或行為來加以抵制；個體了解此種意念非其所能預期、接受或控制；個體知道此種意念之荒唐且極力抗拒之。最常見的強迫性意念是反覆出現的暴力、污染和懷疑。

(二)強迫性行為（Compulsions）

　　強迫性行為是根據某些規則或以慣用性的方式表現出重複而有目的的行為。行為本身不是目的，而是為了遵照某種規則或刻板方式而做；然而，該項行為並不切合實際，甚至做得過分，它無法避免或抵消可怕的事件或情境；個體確知自己的行為過度或不合理，雖可減輕緊張，卻有抗拒的意願。最常見的強迫性行為是一再地洗手、數數目、檢查和觸摸。

　　強迫性意念與強迫性行為常造成個體顯著的苦惱，並常附帶憂鬱、沮喪及焦慮的現象，每日在儀式化的思考或行為下浪費至少一

小時以上的時間，明顯干擾個體正常日常生活、職業功能或一般社
會活動、人際關係。

五、創傷後壓力症（Post-traumatic Stress Disorder）

創傷後壓力症主要症狀為當個體遭遇非常人所能忍受之重大災
難，如自然災害：九二一地震、颱風、海嘯等；人為意外災害：火
災、車禍、空難、SARS、工業意外等；意外災害：戰爭、集中營
生活、強暴、搶劫等；這些重大事件發生後，個體可能出現的特殊
症狀謂之。常見的症狀有反覆回想、夢見、錯覺或幻覺該災難的再
發生；當接觸到象徵或類似該災難事件時，引起強烈的心理震撼；
企圖逃避、忘記與創傷有關的事件或感覺、情境；感情麻木、對其
他人產生心理上的隔閡；對一般活動缺乏興趣；對未來不抱希望；
失眠、夢魘、急躁不安、注意力不集中、記憶力衰退或過度驚嚇之
反應等。此外，全身無力、哭泣、胃口欠佳、性慾喪失等憂鬱症狀
亦屢見不鮮，症狀可持續或超過一個月。

六、一般性焦慮症（Generalized Anxiety Disorder）

一般性焦慮症是一種慢性（至少為期超過六個月）、過度擔憂
或焦慮兩種或兩種以上生活事件的症狀；一般的現象是肌肉緊張、
自主神經系統過度反應、警戒與審視；個體經常表現出過多、不合
理的焦慮或擔心，並常出現下列生理症狀：顫抖、肌肉緊張、疼
痛、坐立不安、疲倦、呼吸急促、窒息感、心悸、心跳過速、出
汗、口乾、頭暈、噁心、腹瀉或腹部不適、發熱發冷、頻尿、吞嚥
困難或喉嚨緊塞感、失眠、注意力不集中、記憶力減退、急躁不
安、過度易於驚嚇、戰戰兢兢、過度敏感等。

第四節

教師的焦慮反應

　　傳統的教師只要做好傳道、授業、解惑的任務即可，而現代的教師則必須因應社會大眾、家長、教育行政單位、學校同事及學生等各方面的需求，不僅要做好教學工作，更要擔負學校內外繁雜的種種事務；尤其是國民教育階段的教師，在繁重的班級教學與輔導工作之餘，尚須負責學校的瑣碎行政工作及各級行政機關所交辦或轉辦的業務。教育是一種專業的工作，教師處於社會多元化的過渡階段，勢必遭逢不可避免的生活與工作壓力，教師的焦慮反應也就在所難免，並會隨時影響著教師的生活品質與工作效率。以下略舉若干教師常有的焦慮情境與來源：

一、專業知能不足

　　每位教師皆須接受專業的訓練才能勝任工作，但由於面臨知識爆發的時代，加以資訊來源邊增、傳播速度無遠弗屆，家長與學生的受教意願與態度，絕非往昔的教導方式所可滿足；因此，教師如不能在專業知能方面有所成長，恐將面對無情的挑戰或淘汰的命運，這也是現代的教師最常出現的焦慮反應。

二、生活型態的改變

　　隨著傳統社會與家庭結構的解體，工商掛帥的生活型態充斥著速成的文化風潮，教師是文化的傳遞者，但因鎮日圍於校園，甚少

有接觸其他不同型態的生活與文化，所以對於社會重大事件的反應
容易持保守的態度，認知思考的模式也較難突破，當必須做價值判
斷或抉擇時，焦慮也就因而產生。

三、工作情境的挑戰

　　校園是教師生活的重心，學生是教師的主要工作對象；然而，
校園的環境與學生的本質在近些年則有了相當幅度的改變，教師工
作的情境與對象逐漸的惡質化，使得教師必須付出數倍於以往的心
力才能有所作為，而時起的無力感亦普遍瀰漫在校園裡，常用來形
容學生的「學校恐懼症」（school phobia）亦已可適用於教師身
上。

四、家庭與婚姻問題

　　雙生涯家庭是教師家庭的寫照，夫婦雙方皆必須出外工作，在
繁忙的工作之餘，很難兼顧家庭生活品質的提昇；有些教師終日在
學校奉獻於教育工作，在主客觀的條件下，不易獲取結交異性朋友
的機會，造成感情與婚姻生活的不順利；教師亦是有血有肉的人，
面對無法滿足婚姻與家庭生活的困境，亦容易產生較高的焦慮感。

五、個人性格的影響

　　大部分的教師在長期的權威式專業陶冶與嚴謹的教育工作環境
裡，加上本身人格特質的影響，在基本信念上較具有偏執與封閉的
特質；在人際互動快速頻繁的現代社會中，教師長年教人而曲高和
寡的行為模式，較易造成既自大又自卑的情結，這種心理的矛盾所

衍生的焦慮反應是在所難免。

六、生理疾病或傷害

　　生、老、病、死為人生必經歷的過程，每個人必然都會有生理的病痛；由於各種科技與交通工具的發達，發生與遭遇意外事件的比率也日漸提高。在無法避免的身心疾病與傷害的威脅下，教師亦和其他人一樣，在生命的未來不可預知與掌握的情況下，多少深受存在焦慮的困擾，而難以自拔。

七、經濟壓力

　　往昔對教育工作者總有著清高不求報酬的印象，然而，在現今物質至上、物慾橫流的情況之下，教師為了生存亦只好卸下身段，汲汲於謀生之道。由於教師的薪俸無法享有富裕的生活，在價值觀與現實環境的衝突下，有形與無形的經濟壓力自然也成為教師必須不斷正視的課題，由此而生的焦慮也自然無法揮去。

第五節

焦慮的預防與治療

　　二十一世紀將是一個充滿焦慮的年代，由於層出不窮的經濟衰退、恐怖攻擊、戰爭陰影以及自然災難與意外事件，焦慮症的患者恐怕會愈多、愈嚴重，正確的認識、及早求醫與治療是非常重要的。焦慮症患者往往在發現有焦慮症狀出現時，會尋求一般生理疾病的治療，卻因無法確實發現任何身體或器官上的病變，而加重病

人的不安。焦慮症是非常普遍的疾病，盛行率約佔一般人口的百分之三至百分之八，好發年齡從二十歲到三十歲之間，但各個年齡層都有可能出現，男女比例為 1：2，以女性居多。本節擬分預防與治療兩部分加以介紹。

一、焦慮的預防

焦慮的存在與出現是必然的，如何將其維持在合理的程度與範圍內，不致妨礙個人的整體功能，是每位教師所必須了解與實踐的課題。下面是一些可行的方式：

㈠定期身體檢查

透過檢查，可提早發現導致不舒服或疼痛的生理與心理原因，自我的充分了解可協助我們及早面對與處理。

㈡情緒傾訴

心情焦慮時，不妨與上司、同事、朋友、親友或當事人坦誠交談，把問題具體澄清後，必可減緩內在的壓力。

㈢休息暫停

改變一下生活步調，緩衝急迫的壓力，可以展現新的契機與潛能的啟發。

㈣學習放鬆

訓練放鬆的技巧，養成放鬆的習慣，在需要時，短暫的祥和平靜往往會產生意想不到的效果。

(五)均衡營養

身體的能量是維持日常生活的基礎,如能補充必要的養分,才有精神投注於工作,順利解決遭遇的難題。

(六)定期運動

培養固定的運動習慣,任何運動項目只要有興趣從事,皆有助於身心發洩與消除焦慮。

(七)充足睡眠

睡得好與吃得好同樣重要,適宜的睡眠可鬆弛緊張的情緒,緩和承受的壓力,儲備面對挑戰的精力。

(八)擬訂工作計劃

有效規劃自己的工作計畫與作息時間,可使精力得到充分的發揮,減少緊張與焦慮的累積。

(九)面對現實

考慮自己的能力與條件,因應實際環境的需要,訂定合理的自我期許、可行的目標與途徑,建立自尊與自信心。

(十)分散壓力

個人應衡量自己的限制與資源,儘量避免同一時間進行多項大的改變,輕重緩急要有所區分。

二、焦慮的治療

焦慮症形成的原因,包括個性因素(常為做事求完美、自我要

求多、較敏感）、體質因素（醫學研究上部分情形有此發現）及環境社會的壓力因素等綜合作用而成，所以在治療上，單純給予藥物或食補，其效果仍有限。焦慮症像憂鬱症一樣，雖有相當不錯的預後（Prognosis），但基本上仍需要結合不同的方法與技術才能奏效（台大醫院精神科，民 76）。一般來說，克服焦慮的方法可分為以改變個人生理狀況為主的「藥物治療」、以改變個人的觀念和心理為主的「心理治療」，及以改變個人認知行為為主的「認知行為治療」。近年來，團體治療、家族治療、短期式治療、催眠治療等方法亦經常被使用。心理輔導的效果在治療剛開始時，可能會有暫時性的、暗示性的症狀改善，通常要經歷數週至數月以後，症狀才能獲得穩定性的消除；至於適應能力的改善或性格的改變，常需經歷較長久的時間，有時甚至要等到治療結束很久以後才可確認。

㈠藥物治療

藥物治療使用的目的在於消除焦慮感，以及因焦慮而引起的生理症狀。治療焦慮症的藥物種類及功能不一，一般常用的有抗鬱劑、輕鎮靜劑、抗焦慮劑、抑制劑等，需要由精神科醫生指導選用，切勿擅自服用，亦避免服藥時又同時飲酒。原則上有症狀出現時才服藥，有的可在症狀消失後就可停藥，有的則需要較長期服藥；如果藥量有逐漸增加的傾向，就要防止上癮，並考慮更換藥物。雖然，藥物可改善焦慮的症狀，但仍需同時注意環境的因素及個體本身因應的能力，才能真正解決當事人的問題。根據研究，藥物治療可對強迫症與恐慌症有很好的療效，但大多數的焦慮症不需要用藥（Seligman, 1991）。目前焦慮症的主要治療方式是藥物治療，以選擇性血清素再吸收抑制劑（SSRI）為第一線藥物，國內共有五種這類藥物，但是病人的用藥率偏低，只有分之十八的病人使用抗憂鬱劑。如果一年內有二到三次的復發紀錄、或一生中焦慮症

曾發生過二、三次，這兩類病患不要停藥，應長期服藥讓病情得到控制。

(二)生理回饋治療

　　生理回饋治療是指應用特殊的儀器設備，把人體內部不自主的生理功能，如：心跳、血壓、皮膚溫度、皮膚電位及肌肉的鬆緊度等量化，經由數字或聲音等視聽訊號立即回饋給人們知曉，然後，藉由嘗試錯誤的學習過程，學會操縱這些看得到的訊號，進而教導自己控制與焦慮有關的生理功能，學會放鬆自己，減緩焦慮的症狀。生理回饋治療可視為藥物治療的輔助性治療，完全靠自己的意志力與學習動機，絲毫沒有成癮的顧慮，對於焦慮所衍生的生理症狀有不錯的療效。

(三)心理治療

　　當焦慮症急性發作時，往往由於心理自衛機轉無法順利運作，因此產生一種捉摸不定的、茫然的、連自己本身也無法了解的、莫名的恐懼感覺，而在採用抗焦慮藥物的緊急處置後，俟生理的症狀穩定下來，仍需以心理治療為治療的重點。首先，經由支持性傾聽的方式，讓病人傾訴造成焦慮及身體症狀的可能壓力來源，並給予適當的支持及解釋：透過治療者與當事人雙方建立良好的治療關係，藉著諮商與心理治療的技術，協助當事人探討生活經驗中種種的不愉快情緒（失去家人的關愛、愛憎的衝突、怨恨、嫉妒、競爭、罪惡感、自懲等心理狀態），逐漸領悟自己情緒反應的真相與由來，而能以更成熟、合理的方式面對事實與環境。

㈣認知行為治療

認知行為治療就是透過認知與行為的分析與適當的學習，使當事人對引起焦慮的情境進行再認識與再適應，在面對焦慮的問題時能採取不逃避、面對且解決的處理方式。透過對疾病及可能病因認知上的重建，讓病人認識心理焦慮狀態與身體症狀的相關，一般常用的行為技術有減敏感法、鬆弛法、肯定訓練、思考停止法、洪水法，讓病人學習如何利用自我暗示，或藉機器的協助，降低肌肉緊張度等，達到減輕症狀的效果。而溝通技巧的訓練在消除焦慮及增進因應機轉方面特別重要。認知的技術也同樣可協助人們管理焦慮。傳統許多修身養性的方法，如：氣功、超覺靜坐、瑜伽、冥想等亦能透過自我暗示來放鬆自己、消除緊張不安。

三、協助人員與機構

如果焦慮和其對生活的影響已經無法自我控制時，也就是個人必須尋求外在助力的時刻。請求專業人員的協助，並非懦弱或是沒面子的事，唯有獲得適當的幫忙，個人才有恢復健全身心的機會。

首先，可請學校的輔導老師提供一些初層次的評估與意見，如有必要，再轉介至有關的助人專業機構或個人診所；另外，也可請教家庭醫生做適當的處理。目前，社區心理衛生中心、各大醫院精神科及公私立療養院所皆提供廣泛的專業服務，採門診、住院治療及急診協助等方式；而其他助人工作機構有張老師、生命線、各協談中心、各心理輔導中心、宗教單位等；專業輔導人員有學校諮商員、心理技師、社工員、精神科醫生、護士及牧師等。國內目前輔導專業網路尚待整合，專業人員的證照制度也已建立推廣中，再過數年，相信有更多的資源可提供更週全的服務。

　　人類最大的隱形敵人就是自己內在的焦慮與恐懼，既然在我們的日常生活中，一定會遭遇各種形形色色的焦慮或恐懼的經驗，如果能具備焦慮與恐懼的知能，不但可使我們敢面對問題，而且有進一步設法解決的可能。焦慮症治療效果良好與否與個人性格、罹病時間長短、人際關係穩定度及環境壓力程度等有關，家人在面對焦慮症病人時，應盡量體諒病人症狀的不舒服，並予以適當的支持，且盡快協助病人就醫。

本◆章◆摘◆要

　　隨著社會制度與家庭結構的重大變革、生活與工作型態的轉換，使得人們必須面對更大的生存壓力，當然也造成更多的心理不適；而在眾多精神疾病中最普遍、常見的就是焦慮症。教師處於社會的轉型期，不論自己本身的適應問題或所擔任工作對象與內涵的變化，皆會感受到有異於往常的壓力，而較易導致焦慮的反應。

　　焦慮就是人類的一種情緒表現，一般稱焦慮症、焦慮狀態、或焦慮反應。焦慮是一種平靜心情受到威脅而被激起的狀態；焦慮乃由不確定、煩亂，以及憂懼等感受組成的不愉快情緒經驗。簡單的說，焦慮是為了因應威脅的一種情緒反應，是一種擔憂、繃緊的感覺。焦慮和恐懼經常被交互使用，以形容同樣的情緒，但兩者仍有些差別。焦慮是描述一種較為飄浮不定的不安全、煩躁、擔憂，甚至慌張的感覺，它不一定有明顯、具體或特殊的外在因素。而恐懼通常指的是對某一相當真實的危險或威脅的正常反應，個體會適當地採取解決或逃避的行為。前者可說是來自「內在威脅」，後者則來自「外在威脅」。適當的焦慮是發揮潛能、解決問題、度過難關或有效學習的動力之一；但其反應若在強度上過高或持續的時間過久，會使得個體喪失建設性的社會功能，或形成病態的焦慮。

　　精神分析學派大師 Freud 是第一個使用「焦慮性精神官能症」病名者，他把焦慮分為真實的焦慮、神經性焦慮與道德感焦慮。新精神分析學派的 Horney 修正傳統精神分析的概念，加進

去社會文化的因素，提出「基本焦慮」。基本焦慮包含三個要素：孤立、無助、被敵意包圍。人類為了逃避這種焦慮，保護自己，自然會傾向形成某些病態的需求。Schachter 認為「焦慮」就像「憤怒」、「歡樂」一樣；Sullivan 認為焦慮是人際關係中緊張的狀態；行為學派視其為一種制約的情緒反應；Ellis 以為是不合理的思考；Back 則認為是認知的謬誤；May 把焦慮解釋為個人的價值觀受威脅所產生的恐懼；Wople 界定焦慮為個人對有害刺激自發性反應的特質模式；Alexander 把焦慮認為是飄浮不定的內在化恐懼；Rogers 認為焦慮是個人的自我概念與整體經驗間不一致的狀態。

美國精神疾病診斷統計手冊第四版修訂版（DSM-IV-TR）將「焦慮症」分為恐慌症、社會畏懼症、單純畏懼症、強迫症、創傷後壓力症、一般性焦慮症等六類。

教育是一種專業的工作，教師處於社會多元化的過渡階段，勢必遭逢不可避免的生活與工作壓力，教師的焦慮反應也就在所難免，教師常有的焦慮情境與來源有：專業知能不足、生活型態的改變、工作情境的挑戰、家庭與婚姻問題、個人性格的影響、生理疾病或傷害、經濟壓力。

焦慮的存在與出現是必然的，教師可做的預防工作是：定期身體檢查、情緒傾訴、休息暫停、學習放鬆、均衡營養、定期運動、充足睡眠、擬訂工作計劃、面對現實、分散壓力。

治療與克服焦慮的方法可分為以改變個人生理狀況為主的

「藥物治療」、以改變個人的觀念、心理為主的「心理治療」、及以改變個人行為為主的「行為治療」。近年來，團體治療、家族治療、短期式治療、催眠治療等方法亦經常被使用。

　　如果焦慮和其對生活的影響已無法自我控制時，就是個人必須尋求外在助力的時刻。請求專業人員的協助，並非懦弱或是沒面子的事，唯有獲得適當的幫忙，個人才有恢復健全身心的機會。

研◆討◆問◆題

一、何謂「焦慮」？心理學對焦慮有何看法？

二、焦慮有哪些類別？其主要症狀為何？

三、試述你個人容易產生焦慮的情境及其症狀？

四、如何有效防止嚴重焦慮的產生？

五、焦慮的治療方法有哪些？

六、學校的教師通常容易發生哪些焦慮的現象？

本◆章◆參◆考◆文◆獻

一、中文部分

王鍾和等編譯（民 74）：**適應與心理衛生**（第九版）。台北：大洋。

孔繁鐘編譯（民 90）：DSM-IV **精神疾病診斷準則手冊**（第四版）。台北：合記。

台大醫院精神科主編（民 76）：焦慮症。行政院衛生署：**心理衛生專輯**(5)。行政院衛生署印行。

李非（民 72a）：焦慮與焦慮性精神官能症。**心靈雜誌**，25 期，頁28-33。

李非（民 72b）：焦慮性精神官能症的「對策」。**心靈雜誌**，26 期，頁 6-8。

何瑞麟、葉翠蘋編譯（民 80）：DSM-III **精神疾病統計診斷手冊**（第三版）。台北：合記。

余德慧（民 69）：**焦慮的自我控制訓練法**。台北：大洋。

吳武典、洪友義編著（民 79）：**心理衛生**（第三版）。台北：國立空中大學。

徐獨立（民 78）：**兒童心理問題與對策**。台北：心理。

曾文星、徐靜（民 75）：**最新精神醫學**。台北：水牛。

葉頌壽譯（民 66）：**焦慮的現代人**。台北：志文。

廖克玲等譯（民 71）：**焦慮與精神官能症**。台北：桂冠。

鍾思嘉編譯（民 76）：**諮商與心理治療理論與應用**。台北：大洋。

韓幼賢編譯（民 76）：**變態心理學與現代生活**（第四版）。台北：中央圖書。

二、英文部分

Arkoff, A. (1968). *Adjustment and mental health*. New York: McCraw-Hill.

American Psychiatric Association. (2000). DSM-IV text revision. Washington, DC: Author.

Gelder, M. G. (1983). Anxiety and phobic disorders, deeper-sonalization, and derealization. In G.F.M. Russell & L.A. Hersov (Eds), The neuroses and personality disorders. New York. *Cambridge University Press*. 212-228.

Kaplan, B. (1984). Anxiety state. In F. J. Turner (Eds), Adult psycholopathology: A social work perspective.New York: *The Free Press*. 260-279.

Kutash, I. L, Schlesinger, L. B., and Associates. (1981). Handbook on stress and anxiety: Contemporary knowledge. *theory, and treatment*. San Francisco, California: Jossey-Bass.

Last, C. G., & Hersen, M. (1988). (Eds.), *Handbook of anxiety disorders*. New York: Pergamon Press.

Marks, I. M. (1978). *Living with fear*. New York: McGraw-Hill.

Martin, B. (1971). *Anxiety and neurotic disorders*. New York: John Wiley & Sons.

Patterson, C. H. (1986). Theories of counseling and psychotherapy. New York:Happer & Row.

Rowan,C. D., & Eayrs, C. (1987). *Feears and anxieties*. New York: Longman.

Seligman, L. (1991).The DSM-III-R: A cornerstone of the mental health professions. *Counseling and Human Development*, 23 (9),1-10.

第六章

防衛機轉

第一節

防衛機轉的意義

　　人活在世上，或多或少都會遇到不如意的事，都會經歷挫折與失敗，如果這些經歷使個體的生理或心理需求得不到適當的滿足，個體就會有煩惱與痛苦。一般來說，當人遇到不如意的事，或挫折和打擊時，會有多種不同的行為反應，有時會努力積極去面對，嘗試克服困難，但事實上這不是件容易的事，要有極大的勇氣和決心，才可以做得到；因此，不少人會不知不覺地選擇了較容易的途徑，用消極的方法來躲避問題，以免引起個人情緒上太大的困擾和保護自尊免受傷害，以使情緒有一定程度的穩定。這方法在精神分析學者名之為「防衛機轉」（Defense Mechanism）。最早提出此機轉的是佛洛依德（Sigmund Freud）（最早出現於 1894 年佛洛依德的「防衛─精神官能症（The Defense Neuro-Psychoses）」研究論文中），用以解釋人類保護自己免於焦慮和維護自尊的方法，並以個體使用防衛機轉情形來衡量心理健康程度。佛洛依德的理論基本上是一種緊張─減低模式（tension-reduction model），他認為如果個體的心理不是處在一種良好的平衡狀態裡，便會傾向使用防衛機轉，而所有的防衛機轉具有兩種特徵：一、不是否定，便是扭曲事實，二、都在潛意識中進行。

　　精神分析學者認為防衛機轉是在潛意識中進行的，很少能為個體所察知。但亦有一些心理學者對於防衛機轉持有不同觀點，例如訊息處理論（information-process theories）即強調防衛機轉是意識刻意的壓抑作用，遠大於自動改變而進入潛意識的作用（Conte & Plutchik,1995; Cramer,1998; Paulhus, et al., 1997; Vaillant,1992）。

Horowitz 和其同事（Horowitz,1991; Horowitz, et al.,1994;Paulhus, et al.,1997）主張「控制歷程」（control process），係以潛意識的運作系統存在自我功能中，接著則靠意識的覺察來驅動，並決定以何種方式完成所覺察的任務。例如心理分析中「儀式」作用，即利用轉化概念（switching concept）所衍生的系列意念的過程，去除或抵消焦慮或威脅。換言之，人們在做或想一些事情來減低焦慮時，有時是很清楚知道自己的所作所為。綜合精神分析學者與其他心理學者之觀點，防衛機轉來源可能是潛意識，也可能出現在意識、感覺、行為中。

在日常生活中，我們每個人或多或少都會不自覺的應用了防衛機轉這方法。但每個人所採取的方法並不一定相同，每個人都有他自己的一套因應策略。事實上，這是無可厚非的事，也是人面對複雜的人生所需要的一種調整。不過，有不少人由於習慣性地不敢面對遭遇，而濫用了防衛機轉，以致個人最終與現實脫節，這不單是一個毛病，甚或可能會發展成為精神疾病。

第二節

防衛機轉的類型

防衛機轉的類型可分為五大類，十六種。

一、逃避性的防衛機轉

這是一種消極性的防衛，以逃避性和消極性的方法去減輕自己在挫折或衝突時感受的痛苦。這就像駱駝把頭埋在沙堆裡，當作看不見一樣。這類防衛機轉有以下四種型式：

㈠壓抑（repression）

　　壓抑是各種防衛機轉中最基本的方法。此機轉是指個體將一些自我所不能接受或具有威脅性、痛苦的經驗及衝動，在不知不覺中從個體的意識中排除抑制到潛意識裡去作用。是一種「動機性的遺忘」（motivated forgetting）。個體在面對不愉快的情境時，不知不覺有目的地遺忘（purposeful forgetting）與因時間久而自然忘記（natural forgetting）的情形不一樣。例如，我們常說：「我真希望沒這回事」、「我不要再想它了」，或者在日常生活中，有時我們作夢，不小心說溜了嘴或偶然有失態的行為表現，都是這種壓抑的結果。

　　壓抑作用，表面上看起來我們已把事情忘記了，而事實上它仍然存在我們的潛意識中，在某些時候影響我們的行為，以致在日常生活中，我們可能做出一些自己也不明所以的事情。例如，李老師的岳母相當勢利，又愛挑剔，由於她一直覺得李老師配不上自己的女兒，故此多年來每次見到李老師就總是冷嘲熱諷的，令李老師十分難受和尷尬。上星期日李太太生下第一個兒子，於是請李老師通知至親好友，李老師忙碌地打了一連串電話後，在與太太覆核有無遺漏時，才驟然發覺自己居然忘了致電岳母大人。李老師用「壓抑」的防衛方式來逃避面對岳母的痛苦。

　　壓抑有時也會導致失去記憶，例如，有一些曾遭受極悲傷、或目睹驚恐事件的人，會把那次經歷忘得一乾二淨，無法再回想起來。譬如戰場上的士兵、從火裡逃生的人、失戀的人……。在事件過後，以失去記憶來免去面對的痛苦與悲傷。例如，春嬌與男友志明交往了三年，論婚嫁的前夕，忽然志明變心了，母親知道春嬌十分愛志明，擔心她想不開，就好言安慰她，焉知春嬌說：「志明是誰？你能不能夠告訴我到底發生什麼事情？我和他是什麼關係？為

什麼我一點也想不起來？」春嬌所用的防衛方式是「壓抑」。當然不是每一次的壓抑都會導致失去記憶的，只有個人主觀認定極端可怕的經驗，才會導致失去記憶。

精神分析學派主張將潛意識意識化，以了解影響我們行為的因素。不過有些事情也許是「忘記了最好」。如若一定要找回那「失去的記憶」，也許也會找回那「失去的哀傷」。

㈡否定（denial）

否認是一種比較原始而簡單的防衛機轉，其方法是藉著扭曲個體在創傷情境下的想法、情感，及感覺來逃避心理上的痛苦，或將不愉快的事件加以「否定」，當它根本沒發生來獲取心理上暫時的安穩。「否定」與「壓抑」極為相似；唯「否定」不是有「目的地」忘卻，而是把不愉快的事情加以「否定」。

這種現象在日常生活中處處可見，譬如，小孩子闖了禍，用雙手把眼睛矇起來，就像沙漠中的駝鳥，敵人追趕逼迫在眼前，無法面對，把頭埋於沙堆中，當作沒這回事一樣，都是一種否定的表現。又如，春嬌與男友志明交往了三年，在論婚嫁的前夕，忽然志明變心了，母親知道春嬌十分愛志明，擔心她想不開，就好言安慰她，焉知春嬌說：「其實不結婚也好，我一向也在擔心結婚後怎樣能家庭與事業兼顧……」。春嬌用「否定」的防衛方式來逃避面對現實的痛苦。

許多人面對絕症，或親人的死亡，就常會本能地說「這不是真的」，用「否定」來逃避那鉅大的傷痛。其它如「眼不見為淨」、「掩耳盜鈴」，都是否定作用的表現。

心理學家 Lazarus 在對即將動手術的病人所作的研究中發現，使用否認並堅持一些錯覺的人，會比那些堅持知道手術一切實情和精確估算癒後情形的人復元的好。因此 Lazarus 認為「否認」（拒

絕面對現實）和錯覺（對現象有錯誤的信念）對某些人在某些情況下是有益心理健康的。但 Lazarus 也指出，否認與錯覺並不適用於每一種情況（例如：有些婦女拒絕承認她們的乳房有硬塊可能是癌症的預兆而延遲就醫）。不過在無能力的情況時，否認與錯覺仍不失為有效的適應方式。

(三)回退（regression）

回退是指個體在遭遇挫折時，表現出其年齡所不應有之幼稚行為反應，是一種反成熟的倒退現象。例如，已養成良好生活習慣的兒童，因母親生了弟妹或家中突遭變故，而表現出尿床、吸吮拇指、好哭、極端依賴等嬰幼兒時期的行為。

根據勒溫（Lewin, Barker, Dembo, 1951）等人的研究，認為二至五歲的兒童遭遇挫折而表現回退行為（regressive behavior），平均要比實際年齡倒退一年或一年半。回退行為不僅見於小孩，有時也發生於成人。例如，平常如有重大事情發生時，有時我們會大叫一聲「媽呀！」；或夫妻吵架，妻子跑回娘家向母親哭訴，都是回退的行為。下面有幾個案例，主角都出現了「回退」的行為。有一中年婦女自從知道丈夫有了外遇之後，每當其夫要外出時，她就在地上大哭大叫，一直到其夫答應不外出為止；有一國二女學生，自從被班上同學嘲笑後，每當要上學時，就會肚子痛而無法上學；有一教師在成長過程中被母親管教得十分嚴格，加上母親的蠻橫無理，令她對權威人士產生極大的恐懼，甚至到她成年後，雖然學有所長，但在權威人士面前，她就會變得毫無主張，就如在任教的學校，她是一位極受歡迎的教師，但校長每次約見她，總發現她毫無自信；因為每次見她，她不但張惶失措，而且校長每要求她做任何事，她都說不會做，要求校長教她，並請求校長詳細告訴她如何做，所有表現，就像一個無知愚昧的小女孩。上述此三例中的「在

地上大哭大叫」、「肚子痛」、「極端依賴」都是一種回退行為。

　　當人長大成人後，本來應該運用成人的方法和態度來處理事情，但在某些情況中，由於某些原因，採用較幼稚的行為反應，並非不可，例如，做父親的在地上扮馬扮牛給孩子騎，做妻子的偶然向丈夫撒嬌等，偶爾「倒退」，反而會給生活增添不少情趣與色彩。但如常常「退化」，使用較原始而幼稚的方法來應付困難，而且利用自己的退化行為來爭取別人的同情與照顧，用以避免面對現實的問題與痛苦，其退化就不僅是一種現象，而是一種心理症狀了。例如，有的學生為避免考試失敗的焦慮，每遇到考試就說頭痛、肚子痛甚或手部麻痺，以此來逃避考試，此種行為在精神醫學上稱為「歇斯底里症」。幾乎所有的精神病患，在行為上多少都有回退的行為表現。

㈣潛抑（**suppression**）

　　在日常生活中，某些事情的發生，往往會觸發我們一些感受，通常我們會作出自然與直接的表達，但在特別的情況中，我們的反應會很不尋常；基於各種原因，很可能我們無意識地已將真正的感受作了壓抑。例如：丁校長是個汽車愛好者，惜車如命，太太常常取笑他簡直將自己的汽車當作了兒子。一天早上，當他在趕往教育局參加會議時，不幸卻發生了交通意外，他的車子被尾隨的客貨車碰撞了一下。當時丁校長只是下車隨便望望被撞毀的車尾部分，然後便冷靜地匆忙與對方交換通訊電話，在抄下對方的車牌後，就馬上開車駛往教育局，同時，再集中精神構思在會中個人要作的重要陳詞。在這事情中，由於撞車時是八點三十二分，二十八分鐘後會議就要開始，而重要的事情亦急待決定，丁校長一反常態（惜車如命）的表現，只是因為他採用了潛抑防衛機制。

二、自騙性的防衛機轉

此類防衛機轉含有自欺欺人的成份，也是一種消極性的行為反應。它含有反向作用，走向另一極端，邪派的會扮成極正派的，去瞞過自己和別人；合理化作用，為自己找出一些理由來自辯；抵消作用同合理化作用相似，但不獨用理由來自衛，而且加上具體的行動；隔離、理想化及分裂等作用也是運用技巧來欺騙自己或別人。以上六種，也是人們常去運用的防衛方法，以下詳細闡明，以協助我們了解自己或他人行為的背後動機。

(一)反向（reaction formation）

當個體的慾望和動機，不為自己的意識或社會所接受時，唯恐自己會做出，乃將其壓抑至潛意識，並再以相反的行為表現在外顯行為上，稱為反向（reaction formation）。換言之，使用反向者，其所表現外在的行為，與其內在的動機是成反比的。在性質上，反向行為也是一種壓抑歷程。例如：一位繼母根本不喜歡其夫前妻所生之子，但恐遭人非議，乃以過份溺愛、放縱方式來表示自己很愛他；又如一位喜吃糖，但被告誡吃糖會蛀牙，且不為媽媽所喜歡的女孩，每與母親逛超市，總指著糖果對母親說：「不可以吃糖，吃糖會蛀牙，且媽媽不喜歡。」有一首國語老歌，曲名叫做「我的心裡沒有他」，這首歌從頭到尾，都一直在強調：〈我的心裡只有你，沒有他〉，如果「你」也懂得一點「反向」防衛機轉的話，你就該了解他（她）的心裡到底有沒有「他」了。其他如我國「此地無銀三百兩」的故事與俗語「趕狗入窮巷」、「以退為進」都是反向的表現。

通常使用「反向」者，本身對於自己在使用此機轉一無所知，

而非「口蜜腹劍」、「笑裡藏刀」，或「假仙」刻意而為。

反向行為，如使用適當，可幫助人在生活上之適應；但如過度使用，不斷壓抑自己心中的慾望或動機，且以相反的行為表現出來，輕者易有因不敢面對自己，而活得很辛苦、很孤獨，過度使用則將形成嚴重心理困擾。在很多精神病患者身上，常可見到此種防衛機轉的被過度使用。

㈡合理化（**rationalization**）

當個體的動機未能實現或行為不能符合社會規範時，盡量蒐集一些合乎自己內心需要的理由，給自己的作為一個合理的解釋，以掩飾自己的過失，以減免焦慮的痛苦和維護自尊免受傷害，此種方法稱為「合理化」。換句話說，「合理化」就是製造「合理」的理由來解釋並遮掩自我的傷害。事實上，在人生的不同遭遇中，除了面對錯誤外，當我們遇到無法接受的挫折時，短暫的採用這方法以減除內心的痛苦，避免心靈的崩潰，並無可厚非。有句話說「得意時是儒家，失意時是道家」，就是一種適應生活的哲學。更何況在找尋「合理」的理由時，也可能找到解決問題的方法。不過，個人如常使用此機轉，藉各種託詞以維護自尊，則不免有文過飾非，欺騙別人也欺騙自己之嫌，終非解決問題之道。很多強迫型精神官能症（obsessive neurosis）和幻想型精神病（paranoid psychosis）患者就常使用此種方法來處理其心理問題。

一般「合理化」可分為三種方式：

1.酸葡萄（sour grapes）

當自己所追求的東西因自己能力不夠而無法取得時，就加以貶抑和打擊，稱為酸葡萄。此機轉是引申自《伊索寓言》（Aesops Fables）裡的一段故事，說從前有一隻狐狸走進葡萄園中，看到架上長滿了成熟葡萄，牠想吃，但因架子太高跳了數次都摘不到，而

無法吃到葡萄，牠就說那些葡萄是酸的，牠不想吃了。其實葡萄是甜的，牠因吃不到，而說葡萄是酸的。在日常生活中像這樣的例子很多，例如，一個體育能力差的學生，說只有四肢發達的人，才會喜歡體育；容貌平凡的女子特別愛說「自古紅顏多薄命」、「紅顏是禍水」；追不到女朋友的男孩說「這種女人品德不端、水性楊花，嫁給我，我都不要！」。

2.甜檸檬（sweet lemon）

與酸葡萄相反的另一種自衛機轉是甜檸檬，此方法是指企圖說服自己和別人，自己所做或所擁有的已是最佳的抉擇。上述《伊索寓言》裡所說的那隻狐狸，後來走到檸檬樹旁，因肚子餓了，就摘檸檬充饑，而且邊吃邊說檸檬是甜的，其實檸檬味道是酸澀的。引申到我們面對生活中所發生的一些不如意的事，有時我們也會像這隻狐狸一樣，努力去強調事情美好的一面，以減少內心的失望和痛苦。例如，娶了姿色平平的妻子，說她有內在美；嫁給木訥寡言的丈夫，說他忠厚老實；孩子資質平庸，說他「傻人有傻福」。這種「塞翁失馬焉知非福」、「知足常樂」的心態，有時適當地運用能協助我們接受現實，但這種方法，如過分使用，會妨礙我們去追求生活的進步。

3.推諉

此種自衛機轉是指將個人的缺點或失敗，推諉於其他理由，或找人擔代其過錯，以保持個人心靈之平靜。例如，學生考試失敗，不願承認是自己準備不周，而說老師教得不好、老師改考卷不公或說考題超出範圍；戰敗的將軍不願承認戰敗是因自己策略運用錯誤，而說是「天亡我也，非戰之過」。打人說是自衛；喜歡應酬、飲酒作樂，說是為了生意或工作在聯絡感情；球賽輸了，說場地不好，裁判不公；老師體罰學生，說「愛之深，責之切」。這些都是一種推諉作用。有一句台灣俚語—「不會划船說溪窄」很傳神的表

現推諉作用。

(三)儀式與抵消（ritual and undoing）

　　無論人有意或無意犯錯，都會感到不安，尤其是當事情牽連他人，令他人無辜受傷害和損失時，的確會很內咎和自責，倘若我們用象徵式的事情和行動來嘗試抵消已經發生的不愉快事件，以減經自己心理上的罪惡感，這種方式稱為儀式與抵消。例如：一位有了外遇的丈夫，買轎車送鑽戒給妻子來消除心中的罪惡，並且以這個行動來證明他是個盡責的丈夫；又如：一位工作繁忙無暇陪孩子的父親，提供孩子最好的物質來消除心中罪惡，並且以這個行動來證明他是照顧孩子的；其它如外出時見到有出殯行列中的棺材，立刻說「一見發財」，以除去心理的不安；另外新年時節，打破東西說「歲歲平安」也是一樣，都是採用「儀式與抵消」的防衛機轉。

　　有些心理疾病，是因此機轉的過度使用而造成。例如有一位因自衛不慎殺死人的中年婦人，患有強迫洗手症（每天洗手二十多次，且每次洗手時間長達二十多分鐘，其手部皮膚近乎潰爛）。後經心理治療，發現其強迫洗手症是來自於她的不慎殺人所引發的罪惡感。她認為她的雙手沾滿血腥，是污穢骯髒的，因此，她無法控制自己不斷的想洗手的念頭與行為（事實上她想洗去的是內心的內咎），她以洗手的儀式來減輕內心的罪惡。

(四)隔離（isolation）

　　所謂「隔離」乃是把部分的事實從意識境界中加以隔離，不讓自己意識到，以免引起精神上的不愉快。最常被隔離的是與事實相關的個人感覺部分，因為此種感覺易引起焦慮與不安。例如：人死了，不說死掉而用「仙逝」、「長眠」、「歸天」，或「去蘇州賣鴨蛋」，個體在感覺上就不會因「死」的感覺而悲傷或有不祥的感

覺；又如：談戀愛的男女，為減少肉麻的感覺，不說「我愛你」，而改用「I love you」代替；另外有人把「廁所」說成「上 1 號」或「去唱歌」，也是一種隔離。

　　「隔離」是把「觀念」與「感覺」分開，很多精神病患者常有此現象；因此，在心理治療過程當中，心理治療者常注意觀察病人使用「隔離」的情形，以發現、發掘問題癥結之所在，而進行治療工作。

㈤理想化（idealization）

　　在理想化過程中，當事人往往對某些人或某些事與物作了過高的評估。這種高估的態度，很容易將事實的真象扭曲和美化，以致脫離了現實。例如：方老師常常在朋友面前稱讚自己的女朋友盈盈如何貌若天仙，以致大家都渴望早日可以見見他口中的美人。在一次大夥兒一同去旅行時，方老師手牽著一位又矮又瘦，相貌極其平凡的女士出現了。當他熱烈地向眾人介紹那女士就是盈盈時，每個人都失望至極。在這事件中，方老師是將自己的女朋友理想化了。

㈥分裂（dissociation）

　　有些人在生活中的行為表現，時常出現矛盾與不協調的情況，且有時在同一時期，在不同的環境或生活範疇，會有十分相反的行為出現。在心理分析中，我們可以說他們是將意識割裂為二，在採用分裂機制。例如：富甲一方的田先生不但是一位社會知名的慈善家，同時，他的妻子和三位早已成材的兒女都常常在朋友面前稱讚他是一位難得的慈父，品德情操，都令他們景仰。不過，在他的工作中，他對自己的下屬卻十分苛刻，冷酷無情，故此人人都批評他是刻薄成家的。至於在商場上，他更加是投機取巧，唯利是圖，也絕無道義可言。田先生並非虛偽，祇是他在生活上採取了分裂這保

衛機制。

三、攻擊性的防衛機轉

攻擊性的防衛機轉是指當人心裡產生不愉快但又不能向對象直接發洩時，便會利用轉移作用，向其他的對象以直接或間接的攻擊方式發洩，或把自己的不是轉嫁到別人身上，並評斷他人的對錯。這類防衛機轉有兩種型式—轉移和投射。

㈠轉移（displacement）

轉移是指原先對某些對象之情感、慾望或態度，因某種原因（如不合社會規範或具有危險性，或不為自我意識所允許等）無法向其對象直接表現，而把它轉移到一個較安全、較為大家所接受的對象身上，以減輕自己心理上的焦慮，稱之。例如：有位被上司責備的先生回家後因情緒不佳，就藉題發揮罵了太太一頓，而做太太的莫名其妙挨了丈夫罵，心裡不愉快，剛好小孩在旁邊吵，就順手給了他一巴掌，兒子平白無故挨了巴掌，滿腔怒火的走開，正好遇上家中小黑狗向他走來，就順勢踢了小黑一腳；這些都是轉移的例子。其他如：「打狗看主人」、「愛屋及烏」、「不看僧面看佛面」、「記得綠羅裙、處處憐芳草」、「一朝被蛇咬，十年怕草繩」等，都是轉移的例子。

轉移不一定只出現在負面的感受上（如：憎惡、憤怒等…），有時正面的感受（如：喜愛等…）我們也會作出同樣的處理。例如：一位結婚多年，膝下尤虛的老師，將其全部心力用於關懷他的學生，就是正面轉移的例子。轉移的目標有時也會有類化的情形發生。例如：一個無故被責怪的學生說：「所有的老師都是不明事理的」；一個無故挨警察責打的人說：「凡是警察都是壞人」。

　　轉移有多種性質，包括替代性對象（或目標）的轉移、替代性方法的轉移、情緒的轉移。例如：有一對夫婦因感情不睦而協議離婚，離婚後一女一子歸父親扶養，但父親因工作關係，將其子女寄養在南部祖父母家中；祖父母對待男孩的態度非常嚴格苛刻，常常無緣無故地打他，而對女孩則完全不一樣，疼愛有加，致使男孩心中不平而離家出走，後經其父尋回但仍寄居在祖父母家中，但回到祖父母家中後，男孩即開始出現破壞家中物品，且割破自己衣物、自殘等行為；後經家族治療，始發現其祖父母對男孩的母親堅持離婚而致使家庭破裂，心生不滿，而在不知不覺間將不滿之情緒發洩到長得像母親的男孩身上。此例中，祖父母使用了替代對象的轉移（如祖父母將對男孩的母親之不滿移至男孩身上），情緒性的轉移（如祖父母嚴格苛刻地對待男孩），而男孩則使用了替代性方法的轉移（如：以自殘之內向攻擊來達到直接攻擊的目的）。

　　在精神分析治療學派中，治療者和當事人間的關係是一種移情關係（transference），此移情關係是精神分析治療學派的核心。意指當事人將過去潛意識中對重要他人的正向情感、負向情感和幻想轉移到治療者身上，此種移情關係也是轉移作用的一種。而在日常生活中，有不少人也有轉移的情形產生。事實上，轉移使用得當，對社會及對個人都有益，例如：中年喪子的婦人，將其心力轉移於照顧孤兒院的孤兒。但有些如戰場上的士兵，因受不了戰爭的殘酷，眼見自己同僚一個一個倒下，而轉移成生理症狀—失明；或有些人在生活中受到不公的待遇，被激起報復、仇恨的心，將其偏激心態移轉至一些無辜的人。例如，有一則發生在美國社會的真實新聞，說有一個失戀的青年人，因其女友棄他而去，心生怨恨，便以殺人洩恨，在其被逮前連殺了十多位與其女友相似的人。總之，「移轉」應用得當，對己、對人、對社會都會有幫助，否則易造成傷害。

㈡投射（projection）

　　精神分析學者認為投射是個體自我對抗超我時，為減除內心罪惡感所使用的一種防衛方式。所謂「投射」是指把自己的性格、態度、動機或慾望，「投射」到別人身上，而斷言這個人就是這樣的現象，稱之。有一首詩：「我見青山多嫵媚，諒青山見我亦如是」，及莊子與惠施「臨淵濱魚」的故事，都是投射的例子。

　　在一次的亞洲杯冠亞軍決賽中，比賽到了最後一局，比數是四比三，中華隊落後一分，輪到中華最後半局打擊，剛好是滿壘二出局，中華隊排出代打，結果打成二好球三壞球滿球數，這時，緊張的氣氛達到了頂點，這個代打的球員在眾望所歸之下，用力揮出，結果揮棒落空，留下殘局，結束了比賽，中華隊得到亞軍，這時，這位打者滿臉頹喪地用力把球棒摔到地上，非常委屈地叫著：一定是這枝球棒有問題：這是「投射」活生生的例子，這位眾望所歸的代打者壓力實在太大了，因而下意識裡把心中的焦慮投射到球棒上面，不是自己球技的問題而是球棒的問題（投射）。佛洛依德於1894 年提出此概念，用以分析及了解「說者的內心世界」。著名的羅沙克（Hermann Rosscherch）人格測驗就是以墨汁投射圖來分析人的內心所思所想；其他投射法如主題統覺測驗、文章完成測驗、繪畫挫折測驗等，皆屬之。

　　在日常生活中，使用「投射」的情形也很普遍，亦是人際交往的一種方法。不過在防衛機轉上，「投射」有一種特殊的涵義，即是個體將自己的某種罪惡念頭，或有某種惡習，反向指斥別人有這種念頭或惡習；或者把自己所不能接受的性格、特徵、態度、意念和慾望轉移到別人身上，指責別人這種性格的惡劣及批評別人這種態度和意念的不當；投射能讓我們利用別人作為自己的「代罪羔羊」，使我們逃避本該面對的責任。例如：一個在潛意識裡對自己

女祕書有非份之想的上司，卻推說她在勾引他（如同《伊甸園》裡的夏娃與亞當故事一樣）。又如，一個工作餘暇以看色情影片和尋花問柳以排遣時間的人，每逢與人交談時，他總是在批評同事閒談時離不了色情與女人，令他十分厭惡。其他如「五十步笑百步」的故事及台灣俗語「龜笑鱉無尾」，都是一種投射的表現。此種機轉可以保護個人內心得以安寧，但會影響個體對事情的正確觀察和判斷能力，並易造成人際關係上的問題，對個人缺乏建設性的功能，例如：有些不良少年，別人無意中看他一眼，他就動手打人，認為別人瞧不起他，這都是投射因素使然；患有妄想迫害症（Paranoid-Rsychosis）的病人，亦多採用此機轉，他內心憎恨別人，卻疑神疑鬼，無中生有的說別人要殺害他。

四、代替性的防衛機轉

　　代替性防衛機轉是用另一樣事物去代替自己的缺陷，以減輕缺陷的痛苦。這種代替物有時是一種幻想，因為現實上得不到實體的滿足，他便以幻想，在想像世界中得到滿足，有時用另一種物件去補償他因缺陷而受的挫折。這類型防衛機轉分幻想型式和補償型式兩種。

(一)幻想（fantasy）

　　當人無法處理現實生活中的困難，或是無法忍受一些情緒的困擾時，將自己暫時抽離現實，在幻想的世界中得享內心的平靜和達到在現實生活中無法經歷的滿足，稱為「幻想」。與我們常說的「白日夢」相似。例如，工人柯金上班時，被領班無理的罵了一頓，十分憤怒，但位居人下，無計可施，回家途中，他買了一聯愛國獎券，吃飯時與太太閒談時說：「如果中了獎，他要自己開間工

廠，重金將領班請來，然後給他顏色看，令他受辱……」，談著談著，柯金輕鬆多了，他用的方法就是「幻想」。意義治療法創立者法蘭克（V. Frankl）曾在第二次世界大戰期間，在集中營待了四年之久，他發現能從集中營活著出來的人，與其是否年輕力壯無多大關係，最主要的是對未來有「憧憬」（亦即以幻想未來遠景，來支持自己忍受目前的苦難）。

幻想是一種想像作用，是幼兒必經的生活過程。很多心理學家認為個體所幻想的內容與學習經驗有關（隨著學習經驗的增加而有不同的內容），例如，兒童時期的幻想偏向於玩具的獲得與遊戲的滿足，而青春期少年則偏向英雄式的崇拜。一般而言，凡性情孤僻而有退卻傾向者，平常又少有自我表達機會，易以幻想解除其焦慮與痛苦。

幻想可以是一種使生活愉快的活動（很多文學、藝術創作都源自幻想中），也可能有破壞性的力量（當幻想取代了實際的行動時）。

幻想可以說是一種思考上的退化。因為在幻想世界中，可以不必按照現實原則（reality principle）與邏輯性思考來處理問題，可依個體的需求，天馬行空，自行編撰。

幻想使人暫時脫離現實，使個人情緒獲得緩和，但幻想並不能解決現實問題，人必須鼓起勇氣面對現實並克服困難，才能解決問題，否則經常沈緬於幻想中，而使「現實」與「幻想」混淆不清時，會顯現出歇斯底里（hysterical neurosis）與誇大妄想（grandeur delusion）般的症狀。例如，有一位學校臨時約聘的技工，最近因參加技術檢驗考試沒有通過，而較之同時一起被學校約聘的其他兩位技工，不但通過考試並被學校改聘為正式技職，使他的心理上受到了很大的挫折，再加上其女友也因他沒有通過考試，認為他沒有前途而與他分手，在這雙重打擊下，最近他開始語無倫次，到處說

他已被校長聘為總務主任，並以總務主任自居，要求學校總務處的工作人員聽從他的指示行事。這位技工所顯現出來的行為，即是因為他在無法改變現實環境下，憑藉著某個人的想像力改變了他腦中的現實（把幻想當成是真的）以維持其心理之平靜，而形成了誇大妄想症。

(二)補償（compensation）

「補償」一詞，首先出現於阿德勒（Adler）心理學中，阿德勒認為每個人天生都有一些自卑感（inferiority）（來自小時候，自覺別人永遠比我們高大強壯所產生的自卑），而此種自卑感覺使個體產生「追求卓越」（striving for superiority）的需要，而為滿足個人「追求卓越」的需求，個體乃藉「補償」方式來力求克服個人的缺陷。我們使用何種補償方式來克服我們獨有「自卑感」，便構成我們獨特的人格類型，因此阿德勒主張，欲了解人類的行為，根本上必須掌握兩個基本的觀念—自卑感和補償。

當個體因本身生理或心理上的缺陷致使目的不能達成時，改以其他方式來彌補這些缺陷，以減輕其焦慮，建立其自尊心，稱為補償（compensation）。就作用而言，補償可分為消極性的補償與積極性的補償。所謂消極性的補償，是指個體所使用來彌補缺陷的方法，對個體本身沒有帶來幫助，有時甚或帶來更大的傷害。例如，一個事業失敗的人，整日沈溺於酒精中而無法自拔；一個想減肥的人，一遇到不如意的事，就以暴飲暴食來減輕其挫折；一個被同學排斥的學生，參加不良幫派組織以取得幫派份子的接納；一個得不到正向注意與關懷的孩子，發展負面的行為以獲得他人的注意。另一種積極性的補償，運用得當，會帶給我們人生一些好的轉變。所謂積極性的補償是指以合宜的方法來彌補其缺陷。例如，一個相貌平庸的女學生，致力於學問上的追求，而贏得別人的重視；西德於

第二次世界大戰後，成立許多慈善救濟組織，也特別成立對猶太人救濟的組織，以彌補二次大戰時，希特勒政府殺害猶太人的內咎；古希臘的演說家笛莫斯安思（Demosthenes），為了克服他的口吃，而將石子含在口中作練習，以使他的發音更正確，結果他不但克服口吃的缺陷，而且成為名演說家與辯論家。以上這些例子，和我們常說的「失之東隅，收之桑榆」這句話的涵義是一樣的，都是成功的補償。

除了上述兩種補償外，另有一種補償方式，稱為「過度補償」（over compensation），指個人否認其失敗或某一方面的缺點不可克服性而加倍努力，企圖予以克服，結果反而超過了一般正常的程度。例如，有一個在學校被人嘲笑「男人婆」的女老師，為了向別人證明她是個有「女人味」的女人，就大量地購買各種名牌化粧品、名牌服飾，把自己打扮的花枝招展，每天一套新衣服，一反往昔襯衫、牛仔褲的打扮，她的改變為她贏得了他人的讚美，但也因而造成她入不敷出的經濟窘狀，而她在缺錢又想維持被讚美的形象下，在百貨公司行竊時當場被逮住，移送法辦，斷送了她美好前途。補償具有一種向後拉（補救）以防向前倒（失敗、障礙）的功效，對個體之心理及行為而言，頗有裨益；然使用錯誤補償方式則有害而無益了。上述女老師的例子，就是一個很好證明。

綜合上述的例子，我們可以發現在不完美的人生裡，人的一生中或多或少都會使用補償方式來克服缺陷，唯一差別在有人因生理上缺陷（如姿色平庸的女學生）、有人因心理上缺陷（如怕別人懷疑她沒有女人味的女老師）、有人因社會性缺陷（如事業失敗的人）、有人因過錯上的缺陷（如造成二次大戰浩劫的西德人其心理之內咎），而使用各種不同的補償方式。

五、建設性的防衛機轉

在防衛機轉中，這是較好的一類。它向好的方面去作缺陷上的補償，可分為認同和昇華兩種型式。

㈠認同（identification）

在人生中，每個人都有一些要務需要去完成，而其中主要的一項就是完成「認同」的歷程；「認同」始於兒童期及至青少年期成為主要發展任務。兒童用來學習社會團體態度與習慣，青少年用來找尋自我、肯定自我。因此心理學家們一致認為「認同」是協助人格發展的重要方法。但以精神分析學派的說法，「認同」雖是兒童學習性別角色所必須，如使用不當也可能成為一種防衛反應。

「認同」意指個體向比自己地位或成就高的人認同，以消除個體在現實生活中因無法獲得成功或滿足時，而產生的挫折所帶來的焦慮。就定義來說，認同可藉由心理上分享他人的成功，以為個人帶來不易得到的滿足或增強個人的自信。例如：一位物理系學生留了鬍子，是因為他十分仰慕系中一位名教授，而該教授的「註冊商標」就是他很有性格的鬍子，此學生以留鬍子的方式向教授認同。其他如「狐假虎威」、「東施效顰」都是認同的例子。

認同有時也可能認同一個組織。例如：一個自幼失學的人，加入某學術研究團體成為該團體的榮譽會員，並且不斷向人誇耀他在該團體的重要性。

㈡昇華（sublimation）

昇華一詞是佛洛依德最早使用的，他認為將一些本能的行動如饑餓、性慾或攻擊的內在驅力轉移到一些自己或社會所接納的範圍

時，就是「昇華」。例如：有打人衝動的人，藉鍛鍊拳擊或摔角等社會會接納的方式來滿足；喜歡罵人，以成為評論家來滿足自己；想殺人，以「外科醫師」或「屠夫」（殺豬、殺牛）工作為職業來滿足自我本能的衝動。上述例子都是一種昇華作用。

一生命運多舛的西漢文史學家司馬遷，因仗義執言，得罪當時皇帝，被判處宮刑，在獄裡他撰寫了《史記》。《少年維特的煩惱》作者歌德，失戀時創作了此書，他們都是悲慟中之堅強者，將自己的「憂情」昇華，為後世開創一個壯觀瑰麗的文史境界。

佛洛依德之女，安娜佛洛依德（Freud, A.）於 1936 年發表《自我與心理防衛機轉》一書，並於書中將防衛機轉分成十種類型，她認為其中九種防衛機轉常見於神經質的成人與正常的兒童，唯「昇華」不管在成人或兒童，都是正常健康的。

昇華是一種很有建設性的心理作用，也是維護心理健康的必需品，如果沒有它將一些本能衝動或生活挫折中的不滿怨憤轉化為有益世人的行動，這世界將增加了許多不幸的人。

綜合前述，學者將防衛機轉精細分為上述幾種，但在運用時，少有單一出現情形。從個體的發展過程來分析可發現，個體因成長階段成熟度的不同，在使用防衛機轉的類型與程度也會有所不同。例如，否定和投射常見於兒童期早期；合理化與昇華有待兒童發展能思考、推理並善於言詞時才會使用；儀式與抵消、反向也需要兒童發展出具有辨別是非觀念和自我控制能力時才會表現；而認同雖在嬰幼兒期即漸漸出現，但要到青春期才會更見顯著。

生活適應與防衛機轉

一、生活適應

　　從發展的觀點來看，人如果要生存愉快，有一些慾望或需求，要隨著成長階段的不同而得到適度滿足。例如，人類最基本的生存需求，餓了要吃，渴了要喝，睏了要睡，累了要休息。而隨著生存需求的得到滿足，人類也發展出更進一步的需求，如要愛和被愛，要受人尊敬和尋找到個人存在的價值等。如果這些慾望或需求在各階段得不到適當的滿足，則個體無論在生理或心理方面都不得安寧，易產生生活上的適應問題，嚴重時甚至會有生理與心理的疾病產生。然而人活在世上，或多或少都會有一些需求、慾望無法如願，而產生煩惱和不安，在面對煩惱和不安時，人會採取一些可以減輕焦慮的方法去適應。通常個體適應的方法可分為積極和消極兩種；所謂積極適應就是採用合理有效的方法，針對問題設法解決，而達到成功的適應，例如，企業家王永慶在一次訪問中談到他面對問題的態度時，他說「貧寒的家庭以及在惡劣條件下創業的經驗，使我在年輕時候就體會到先天環境的好壞並不重要，成功與否完全在於一己的努力。這個信念，在日後漫長的歲月中，支配我的處世態度，因此能夠一次又一次地突破瓶頸，持續踏出穩健的腳步，追求成就，不斷超越自我。」這就是一種積極的適應。又如，眾所皆知的大明星林青霞在被訪談其成名的歷程時，也曾說過一段話：「當明星是容易做，想要做一個成功的演員卻是一門非常大的學

問，而今我奮力的朝這個方面努力前進，因為我知道沒有努力、沒有奮鬥，夢是不會實現的，夢是如泡沫最易碎的。」他們都屬於積極面對問題、解決問題者，所以他們在生活上有不凡的成就。而消極的適應，亦即不良的適應，其所採用的行動多半是不適當的，而且也是無濟於事的。例如，魯迅小說中的阿Q就是一例。且消極行動如屢經採用，形成牢固習慣，將妨礙個人潛能之發展與生活之適應，甚至形成精神方面之疾病。

二、生活適應與防衛機轉

Kohut, Modell, Laplanche 和 Pontalis（1984）主張在心理動力的基礎下，自我會同時考量外在環境因素，複雜的防衛機轉不但會維持或保護客體關係，也會緩和內在衝突而形成廣泛的適應功能（Cooper,1989; Cramer, 1991, 1998; Vaillant, 1992）。

由上述幾種主要防衛機轉，我們也已知道，它們並非必然是病態，假如它們不會成為逃避現實生活方式的話，仍有相當價值。如從個體遭遇挫折時解決問題的效率與維護個體心理健康的觀點來探討，防衛機轉具有積極的適應與消極的適應兩種作用，茲將兩種作用分述如下：

(一)積極適應作用

1. 防衛機轉對個體之激動情緒與攻擊行動具有緩和的作用。因為個體在面對重大挫折時，情緒的激動，常使行為顯現雜亂缺乏理智且無效率，並易出現破壞性的行為，對己、對人、對社會都不利，而此時如使用前述的合理化或投射等方式適應，可使個體在短暫時間內，免於情緒崩潰和破壞性行為所造成的傷害，使人有「退一步想」的機會，以找到解決問題的較好方法，就如同退燒藥或止

痛劑一樣，不能治病，但可減輕痛苦，並有時間等到更好的治療。

2.防衛機轉有時也可協助個體對所遭遇的問題進行分析，而增加解決問題的可行性。例如，使用「合理化」的過程中，個體在找尋代替事實真象的「理由」時，可能也同時找到了解決問題的途徑。像以「酸葡萄」心理來安慰自己被女友拒絕的痛苦的同時，個人也許會發現下次再追求女友時，適選對象……等等。

3.有些防衛機轉可激發個人潛能之發展。例如正向的使用補償作用，可發揮以己之長，補己之短之優點；又如「昇華」能使個體不為社會所接受的動機轉變方向而獲得滿足，並帶來正面建設性的結果。

㈡消極適應作用

1.有些防衛機轉帶有自欺欺人的成份，例如：合理化、反向、儀式與抵消、隔離、否定等機轉。對個人的生活適應而言，可能可減輕或除去焦慮，但對個人的問題或動機，多數並未能因此而得到解決或滿足，問題依然存在，是一種消極性的適應行為。

2.經常性使用防衛機轉形成習慣後，可能使個人喪失解決問題的能力，妨礙個人潛能之發展。

3.使用過度有時反而因此製造更大、更多問題。例如，遭遇挫折時，以酒精或毒品來麻醉自己，求得心理痛苦的解脫的適應方式，非但不能排除挫折，反而因此造成無法革除的惡習（如「酗酒」、「藥癮」等），更加傷身與傷心。

因此，為增進個人的生活適應力，覺察與辨識是否使用了防衛機轉面對困境是重要的。Conte 和 Plutchik（1995），Paulhus（1997）針對防衛機轉的特性提出一些辨識方法，包括：⑴它是無處不在廣泛而普遍的。⑵面對焦慮而捨棄某些權益去換取較利己的一種交易心理活動。⑶防衛機轉的方法如扭曲知覺，封閉覺察或阻

絕意識、情緒和行為的連結。(4)如果使用防衛行為，自己常有一些控制感。相反的，如果阻斷了採取防衛行為，則會使個體焦慮增加。(5)行為反應是僵化的。(6)溝通的語言和表情或姿勢是不一致的。

三、結語

　　雖然，防衛機轉並非全是病態。但 Ihilevich 和 Gleser（1995）曾強調，切勿過度使用防衛行為，面對挫折較適當的方式仍是確認與面對隱藏的焦慮來源。很多精神病患的行為是由於經常性或過度性的使用防衛機轉而造成。是故，學習「防衛機轉」可以幫助我們了解行為背後的潛意識動機如何來影響（或左右）我們的行為，使我們在生活中遭遇衝突與挫折時，有更合宜的行為來因應問題，以增進我們生活適應能力及提昇我們心理之健康。

本◆章◆摘◆要

　　本章主要重點在探討「防衛機轉」的涵義、類型及其與生活適應之關聯。首先，闡述精神分析學者與其他心理學者對「防衛機轉」的主要觀點作一說明。

　　其次，我們綜合精神分析學者與其他心理學者之看法，將防衛機轉分成下圖幾種類型，並舉了一些具體的實例來作說明，使各位能更清楚了解防衛機轉被使用的情形。

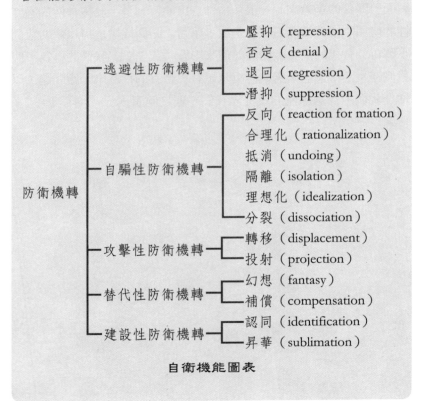

自衛機能圖表

　　最後，分析防衛機轉與生活適應之關係，並將其對生活適應所造成之影響，分成積極性作用與消極性作用來作說明，讓你充分了解其對生活適應所造成之影響，並能進而以有效的方法來處理你目前生活中所面臨的各種挫折與衝突，使你有個愉快的生活。

研◆討◆問◆題

一、試就下列例子討論其使用何種機轉，及其使用此機轉潛意識動
　　機是什麼？

　　㈠江老師最喜歡美食，但在中年之後，她的暴飲暴食習慣令她
的體重直線上升。在醫生作診斷後，她要徹底減肥以免影響健康。
在此情形下，她惟有遵照醫生的餐單進食。不過，同時她開始對各
類的食譜發生了濃厚的興趣，除了自己到處購買外，還向同事蒐集
有特色的菜單和食譜。

　　㈡小明在學校被人冤枉，被訓導主任看到，他極力爭辯都無
效，結果不但被記小過一次，還要被主任當眾責備一頓，他懷著一
肚子的氣離開學校，走進家門，卻不知誰把垃圾桶擺放在他家門
前，臭氣沖天，小明狠狠地飛步走上前，一腳踢翻了垃圾桶。

　　㈢一位有婦之夫與他的女祕書有不正常的關係，而他不斷告訴
他的好友，他不是喜歡女祕書的美貌，只是她十分了解他，是他生
意上的好助手，至於妻子則是個蠻不講理的女子。

　　㈣王老師在巴士上被扒手光顧，偷去錢包，損失了一千餘元，
王太太知道後，十分氣惱，王老師反面安慰她說：「小財不出，大
財不入，看來我可要發達了！」。

　　㈤多年前因為家貧的緣故，張太太將大女兒芳芳送給一對年老
夫婦撫養。十多年後張先生經濟好轉，老夫婦亦去世，於是張太太
將芳芳接回家，但芳芳十分任性，不但無心向學，而且行為隨便，
但張太太從不責難半句，總還是將最好吃的食物留給她，買最華美
的衣服送給她。

二、試分別舉例說明「回退」、「認同」、「儀式與抵消」、「隔
　　離」等機轉。

三、試區辨「合理化」與「投射」之異同。

四、試區辨「壓抑」與「否定」之異同。

五、試討論防衛機轉對你的生涯有何積極作用與消極作用。

六、請舉出三個你在生活中曾經發生過防衛機轉的例子。

本◆章◆參◆考◆文◆獻

一、中文部分

王鍾和、李勒川、陽琪編譯（民 68）：**適應與心理衛生**。台北：大洋。

呂政達（民 78）：**走出生命的幽谷**。台北：張老師。

余德慧（民 67）：**焦慮的自我控制訓練**。台北：大洋。

余德慧等譯（民 80）：**心理衛生──現代生活的心理適應**。台北：桂冠。

吳鼎隆（民 74）：**心理衛生──青年期的困擾與健康**。高雄：復文。

吳武典、洪有義（民 79）：**心理衛生**。台北：國立空中大學。

吳錦鳳等著（民 75）：**心理學與心理衛生**。高雄：復文。

林孟平（民 77）：**輔導與心理治療**。台北：五南。

柯永河（民 70）：**心理衛生學（上冊）**。台北：大洋。

陳英三（民 80）：**心理衛生**。台北：五南。

徐靜（民 80）：**精神醫學**。台北：水牛。

游乾桂（民 76）：**現代人心理問題解疑──心理診所**。台北：心理。

黃堅厚譯（民 73）：**精神醫生是什麼？**台北：心理。

鄭泰安譯（民 68）：**精神分析入門**。台北：志文。

葉英堃、曾炆煌（民 69）：**現代生活與心理衛生**。台北：水牛。

葉重新（民 69）：**心理測驗**。台北：大洋。

楊國樞、張春興（民 72）：**心理學**。台北：三民書局。

劉焜輝編（民 71）：**現代人的心理衛生**。台北：天馬。

賴保禎、簡仁育（民 70）：**心理衛生**。台北：中國行為科學社。

鄧繼強（民 78）：**兒童心理的輔導**。台北：五南。

錢蘋（民 58）：**教育心理學**。台北：文風。

韓幼賢（民 74）：**心理學**。台北：中央圖書。

二、英文部分

American Psychiatric Association (1987). *Diagnostic and statistical manual of mental disorders (4th ed.)* Washington, D.C.: Author.

Arkoff, A. (1968). *Adjustment and mental health. New York: McGraw-Hill.*

Calhoun, J. (1978). *Personality: An Introduction.* University of Georgia.

Conte, H.R. & Plutchik,R.(1995). *Ego defense:Theory and measurement.* Canada: John Wiley & Sons.

Cooper, S.H. (1989). Recent contributions to the theory of defense mechanisms: *A comparative view Journal of American Psychoanalytic Association,* 37, 865-891.

Corey G. (2005). *Theory and Practice of Counseling and Psychotherapy (7th ed.)* Wadsworth Publishing.

Cramer, P (1991). The development of defense mechanisms: Theory, research and assessment. New York: Springer-Verlag.

Cramer, P (1998). Threat to gender representation: Identity and identification, *Journal of Personality*, 66, 3, 335-357.

Hilgard E.R. (1975). *Introduction to Psychology.* Harcourt Brace Jovanovich.

Horowitz, M. J. (1991). *Person schemes and maladaptive interpersonal patterns* Chicago: University of Chicago Press.

Horowitz, M. J., Milbrath, C., Jordan, D., Stinson, C., Redington, D., Ewart, M., Frdhandler, B., Reidbord, S., Hartley, D. (1994). Expressive and defensive behavior during discoutopics. *Journal of Personality*, 62, 527-563.

Ihilevich, D. & Gleser, G.C. (1997). *The defense mechanisms inventory: Its application and clinical applications.* In Conte, H.R., & Plutchik, R. (1995).

Johoda, M. (1958). *Current concepts of positive mental health.* New York: Basic Book.

Kobasa, S.C., Maddi, S.R., & Kahn, S. (1982). Hardiness and health: *A prospective study journal of personality and social psychology*, 42, 168-177.

Kohut, H. (1984). *How does analysis cure?* Chicago: University of Chicago Press.

Mahalik, J.R., Cournoyer, W.D., Cherry, M, & Naplitan, J.M. (1998). Men's gender role conflict and use of psychological defenses, *Journal of Counceling Psychology*, 45, 3, 247-255.

Maslow, A.H. (1970). *Motivation and personality (2nd ed.)* New York: Harper.

Patterson C. H. (1976). *Theories of Counseling and psychotherapy.* University of Illinois.

Paulhus, D.L., Fridhandler, B., & Hayes, S. (1997). Psychological defense: *Contemporary theory and research.* In Hogan, R., Johnson, J., & Bring S. (ed). *Handbook of personality psychology.* California: Academic press.

Strupp, H.H. & Hadley, S.W. (1977). A model of Mental health and therapeutic outcomes with special reference to negative effects in psychotherapy. *American Psychologist, 33*, 187-196.

Vaillant,G.E. (1992). The historical origins of Sigmund Freud's concept of the mechanisms of defense. In G. E. Vaillant (ed.), Ego mechanisms of defense: *A Guide for Clinicians and Researchers*, 3-28. Washington: American Psychiatric Press.

Varias, R. R. (1965). *Introduction to Mental Hygience*. Q.C. Phoenix Press.

第七章

人格異常

　　在 1984 年時，美國公立學校學童之父母有百分之四十五認為有些教師應予解聘，而且有百分之五至百分之十五之教師的教學表現令家長感到不滿意。根據日本文部省的統計，去年因生病而辭去教職的教師共有三千七百零一人；其中罹患精神方面疾病者，居然多達一千零一十七人，約占三分之一（李玉遲、朱鈴珠，民81）。根據教育部統計，近年經教育主管機關核定的停聘、解聘與不續聘案，屬不適任教師問題者，雖然沒有可觀的數據，但隨著社會型態的急遽變遷，可得知身心方面有困擾的人們正顯著的增加，當然，教師亦不例外，發生問題的頻率不斷的上昇，造成社會大眾的疑慮與關心。本章擬介紹人格異常的一般概況及教師人格異常的情形，並提出預防與治療的方法與管道，期能增進教師有關人格異常與精神疾病的知能，以採取適當的因應之道。

第一節

人格異常的意義

　　人格乃是個體在成長的過程中，對己、對人、對事物等各方面的適應時，其行為上所顯示的獨特個性與行為特徵；使個體持續地以其特有的方式來觀察、思考和處理周遭的人、事、物，此持續、獨特的表現方式即人格特質（personality trait）。由於人格特質是個體適應環境的一種持久性的行為與思考模式，因此，人格與適應是一體的兩面，互為表裡，密不可分。若個體發展出正向的自我概念，即個體能接納自己和他人，並能與他人和睦相處；反之，若個體處事僵化，缺乏彈性，且表現出操縱、敵意、疏離、判斷力欠佳、說謊、情緒善變等不適應行為（maladaptive behavior），並影

響其社會及職業功能，則個體可說具備人格異常之特徵。換言之，當個體之人格特質缺乏彈性，且引起社會職業功能顯著的障礙或主觀的困擾時，才構成人格異常（personality disorder）。一般而言，人格異常病人在青春期前或是更早就可看出具有某些不適應行為，而且幾乎持續到整個成年期，但他們在中年或老年期時，此不適應行為較不明顯。

　　一般人對於表現在外的異常行為較容易注意與提防，至於內在的心理不適則較會忽略與不重視。有一些人雖然沒有精神病或心理症狀，但當其人格特質變得僵硬且不適應時，行為缺乏彈性反應，經常呈現固定型態的異常反應，這些人格特質會明顯地破壞個人發揮生活功能的能力，引起主觀的痛苦，影響個人的身心適應；因為這種行為反應障礙是一種長期性的性格問題，或是人格的發展與結構發生缺陷，所以稱為人格異常（personality disorders）（何瑞麟、葉翠蘋，民 80；吳武典，民 79；曾文星、徐靜，民 75）。

　　人格異常包括在因應壓力或解決問題的方式不成熟與不適當。這些症狀通常在青少年早期即顯現出來，並且可能一直持續至成年。

第二節

人格異常的類型與症狀診斷

　　一般對人類各種身心失常行為的形容包括：心理異常、行為異常、偏差行為、變態行為、適應不良行為、人格異常等；自有人類歷史以來，人格異常即已存在，但卻未正式被命名分類，過去，以人格精神官能症（character neurosis）、人格疾患（character disorder）、精神病態性疾患（psychopathic）或社會病態性疾患（soc-iopathic）等名稱來稱呼這類疾病，直到 1980 年，人格異常這個診斷名稱才首次在美國精神醫學會所出版之精神疾病診斷統計手冊第三版（Diagnostic and Statistical Manual of Mental Disorders, Third Edition; DSM-Ⅲ）中出現。這些專有名詞的涵義略有不同，為避免混淆，本章採用美國精神疾病診斷統計手冊第四版修訂版（DSM-IV-TR）所做的分類情形，只針對「人格異常」來做有關的介紹。

　　人格異常的人與普通人，實際上並無明顯的界限，而人格異常者往往很難歸類至某一特殊的人格異常類型；因此，人格異常的分類，只是觀念上的區分較方便而已，要了解個人的人格特徵，仍應就個人的臨床狀況各別描述為宜。

　　人格異常依照其表現的不同，大略可分為三大類：第一類包含妄想型人格異常（Paranoid Personality Disorder）、分裂型人格異常（Schizoid Personality Disorder）、分裂病型人格異常（Schizotypal Personality Disorder），這些人格異常類型的人經常會讓他人覺得古怪或奇特；第二類包含反社會型人格異常（Antisocial Personality Disorder）、邊緣型人格異常（Borderline Personality Disorder）、戲劇型人格異常（Histrionic Personality Disorder）、自戀型人格異常（Narcissistic Personality Disorder），這些人格異常類型的人經常顯得戲劇化、情緒化、不穩定；第三類包含迴避型人格異常（Avoidant Personality Disorder）、依賴型人格異常（Dependent Personality Disorder）、強迫型人格異常（Obsessive-Compulsive Personality Disorder）、被動攻擊型人格異常（Passive-Aggressive Personality Disorder），這些人格異常類型的人經常顯得焦慮或害怕；最後還有一種殘餘類型，就是其他未註明的人格異常（Personality Disorder Not Otherwise Specified），可用來形容其他特殊人格異常或不符合前面三類任何一種人格異常類型的情形。

　　對於各類型人格異常已知的內涵及診斷標準的特性，其間的變化很大，較嚴密、深入、廣泛研究的類型，所得到的訊息亦較詳盡，如：反社會型人格異常（孔繁鐘，民 90；何瑞麟、葉翠蘋，民 80；曾文星、徐靜，民 75；DSM-IV-TR, 2000）。

一、妄想型人格異常

　　這一類型的人格異常開始於成人早期，對他人有一種廣泛而不當的懷疑與不信任，把別人的行為解釋為故意或帶有威脅的；其症狀不是由於其他精神疾病（如：精神分裂症或妄想型精神症）所引起的。至少表現出下列各項行為中的四項：

　　㈠沒有足夠的證據，卻預期被他人利用或傷害。

　　㈡未經證實而質疑朋友或夥伴的忠誠或可信度。

　　㈢從他人無害的評論或事件中，發現隱藏的惡念及威脅意義，如：懷疑鄰居一大早清除垃圾是為了要吵他。

　　㈣對他人的侮辱或輕蔑，心懷怨恨或記仇。

　　㈤不願對他人坦誠吐露心事，不當的擔心與害怕會被拿來對付自己。

　　㈥容易自覺被人輕視，而產生快速的憤怒反應或反擊。

　　㈦未經查證而質疑配偶或性伴侶的忠誠。

　　因此，可知妄想型人格異常的主要特徵是懷疑別人，無法相信別人，總是認為別人存心不良，懷疑別人不忠實，善於嫉妒，且慣於責備他人，歸罪他人，不易承認自己的錯誤，處處提防他人。另外，對事情極度敏感，容易把小事視為大事，採取攻擊的方式來防備他人，心情無法輕鬆。情感方面，冷漠沒人情味，缺少溫和、柔軟的感情，缺乏幽默感。容易與人摩擦，工作上難與主管、同事相處，別人常敬而遠之，無法建立良好的人際關係。這種性格發生在

男性較多。

二、分裂型人格異常

　　這一類型的人格異常開始於成人早期，在各種環境背景下所表現的廣泛模式：對社會關係冷淡、情緒經驗與情緒表達的範圍侷限；至少表現出下列各項行為中的五項：

　　㈠不要求也無法享受與他人的親密關係，即使是家庭中的成員。

　　㈡幾乎總是選擇孤獨的生活。

　　㈢鮮少有強烈的情緒經驗，如：憤怒、喜樂。

　　㈣極少表現出對他人的性慾望。

　　㈤漠不關心他人的讚美或指責。

　　㈥除近親外，甚少有親密的朋友或知己。

　　㈦只能表達相當有限的感情，如：疏遠、冷漠，很少有笑容或點頭等相互間的姿態或面部表情。

　　因此，可知分裂型人格異常的主要特徵是缺少和藹可親的情感，不關心他人對其批評或鼓勵，不在乎別人對他的看法與感覺；只和家人有互動，只有極少數的親密朋友，幾乎沒有社交，顯現社會化的障礙；在他人眼中，顯得冷漠、孤單，且自大超然的樣子；對於必須產生情感互動的事情興趣缺缺，保持漠不關心的態度；故又稱為孤獨型人格異常。這類型的人在孤單的工作環境尚可適應，如需要人際來往的工作則難以勝任。

三、分裂病型人格異常

　　這一類型的人格異常開始於成人早期，在各種環境背景下所表

現的廣泛模式：缺乏人際關係，有奇特的意念、外觀與行為；至少表現出下列各項行為中的五項：

㈠關係意念（ideas of reference）（已排除關係妄想）。

㈡過度的社交焦慮，在陌生的社交場合感到極度不舒服。

㈢奇思怪念，與現實不符；如：迷信自己可以看見異時異地的事物（clairvoyance）、心電感應、第六感、「他人可以感受我的感覺」，（在兒童與青少年時期則為古怪的幻想或成見）。

㈣不尋常的知覺經驗，如：錯覺；能感受到某種力量或某人的出現，而事實上並未發生，如：我感覺死去的母親好像在此屋中陪伴我；自我感消失，或未伴有恐慌侵襲的現實感消失。

㈤古怪或離群的行為或外觀，如：不整潔、不尋常的怪癖、自言自語。

㈥除近親外，甚少有親密的朋友或知己。

㈦奇怪的言辭（沒有聯想鬆弛或不一致的現象），如：內容貧乏、離題、含糊、過度繁雜、詳盡的、隱喻的。

㈧只能表達相當有限的感情，如：愚蠢、疏遠，很少有笑容或點頭等相互間的姿態或面部表情。

㈨懷疑或妄想性意念。

因此，可知分裂病型人格異常的主要特徵是表現各種奇異的思考、知覺、言談或行為，雖然嚴重性未達精神分裂症的標準，但其親屬常有慢性精神分裂症者，可能有遺傳的因素，故稱為分裂病型人格異常。其症狀通常會表現：表示有神奇的思考、迷信、奇異幻想、或觀念；自覺有第六感超能力，言談奇異、抽象、玄妙；甚少與人來往，孤單；很難與他人發生親密的人際關係，常被一般人視為奇人、怪人。

四、反社會型人格異常

這一類型的人格異常目前年齡至少十八歲，而在十五歲以前至少表現出下列各項行為中的三項：

㈠經常逃學。

㈡至少兩次逃家在外過夜（或是一次但未返家）。

㈢常引發打架。

㈣在一次以上打鬥中至少使用一種武器。

㈤強迫他人與自己發生性行為。

㈥虐待動物。

㈦對他人身體施暴。

㈧故意毀損他人財產（縱火除外）。

㈨故意縱火。

㈩經常說謊（為避免身體或性虐待除外）。

(十一)不止一次偷竊，但未直接面對受害者（包含偽造）。

(十二)曾偷竊，且直接面對受害者（如：從背後勒頸搶劫、扒竊、強奪、持械搶劫）。

再者，在十五歲開始至少表現出下列各項行為中的四項：

㈠不能維持一貫的工作表現：

1.經常變換工作。

2.明顯不就業。

3.嚴重曠職。

4.放棄工作機會。

㈡無法遵守社會規範，一再違法被逮捕，如：破壞他人財產、偷竊、從事非法行業。

㈢容易生氣且喜好攻擊他人，包含毆打配偶或子女。

㈣不負應負的財務責任，一再拖欠債務，無法供養子女或其他依靠者。

㈤不能事先計畫行事，衝動成性，至少表現下列一項行為：

　1.到處旅行，沒有計畫、目標、安排，不知何時結束。

　2.一個月或一個月以上沒有固定住處。

㈥不誠實，一再說謊，使用化名，為了自己的利益或娛樂而欺詐別人。

㈦行事鹵莽，無視自己或他人的安全，酗酒開車或一再超速。

㈧缺乏為人父母的能力，無法盡到責任，至少表現一項或一項以上的下列行為：

　1.子女營養不良。

　2.子女因衛生條件不足而患病。

　3.子女重病無法獲得適當醫療照顧。

　4.子女須靠鄰居或其他親戚提供食物或住所。

　5.父母外出沒有安排照料幼兒的人。

　6.自己揮霍家用殆盡。

㈨夫妻關係未能維持一年以上。

㈩缺乏良心的自責（視傷害、虐待、偷竊行為為理所當然）。

因此，可知反社會型人格異常的人，性格很不合群，時常做出不符合社會要求的行為，妨礙公共安全。無法效忠個人或團體，自私、不負責任、衝動、缺乏羞恥心與罪惡感，常指責或歸罪他人，對自己的過失總有許多辯解。年少時時常說謊、逃學、反抗師長、長輩；成年後，喜好酗酒鬧事，而且無法長期固定工作或求學，甚至經常違法。男性、出生於低社經地位家庭者容易有此傾向；而其父親亦常見同樣情形。而成長於破碎家庭，缺乏親情教養者更常有這一類型的人格異常。

五、邊緣型人格異常

這一類型的人格異常開始於成人早期，在各種環境背景下所表現的廣泛模式：對心情、人際關係及自我形象不穩定，至少表現出下列各項行為中的五項：

㈠不穩定且緊張的人際關係模式，在過分理想化與輕貶的兩極端之間搖擺不定，如：態度明顯轉變、價值感消失、操縱他人（為了自己的目的持續利用別人）。

㈡至少有兩方面自我傷害的衝動行為，如：花錢、性、藥物濫用、竊取商店貨品、大吃大喝、傷害自己身體的行為（不含自殺、自傷行為）。

㈢情緒不穩定，由正常心情明顯轉移到憂鬱、易怒、或焦慮，通常只持續數小時，然後恢復正常，很少超過數天的。

㈣不當的強烈憤怒或無法控制憤怒，如：常發脾氣、經常發怒、一再打架。

㈤一再出現自殺的威脅、姿態或行為，自我毀傷。

㈥明顯持續的認同障礙，至少表現出兩項下列行為的不明確：自我形象、性別認同、長程目標或事業的選擇、交友模式、價值觀、與忠誠。如：「我是誰？」、「當我表現良好時，我覺得我是我哥哥」。

㈦長期感到空虛與厭倦。

㈧無法忍受獨處，常瘋狂努力避免獨處，當獨處時非常沮喪。

因此，可知此一類型的主要特徵是人際關係、情感都趨於不穩定，且對自我認識不清楚，常做一些傷害自己的事。因其病理程度嚴重，介於精神症與神經症之間，故稱為「邊緣型人格異常」。這種人常有衝動之舉，無法預料自我破壞性行為，如：亂花錢、賭

博、偷竊、複雜的男女關係、甚至毀損自己的身體。其基本人際關係不穩定，來去快速；感情激烈但不穩定，會突然生氣，大發脾氣；自己常覺得焦慮、憂鬱，又很快復原；常覺得孤單，又因害怕孤單而常與人相處。心裡總感到無聊且空虛，徘徊不定。

六、戲劇型人格異常

這一類型的人格異常開始於成人早期，在各種環境背景下所表現的廣泛模式：過度情緒化及尋求被注意。至少表現出下列各項行為中的四項：

㈠習以為常的尋求或要求保證、同意或讚美。

㈡在外表或行為上表現不當的性挑逗。

㈢過分關切身體的吸引力。

㈣不當誇大地表現情緒，如：過分熱情擁抱普通朋友、在輕微感傷的場合無法自制地啜泣、容易發怒。

㈤當自己不處於受注意的焦點時，會產生不愉快。

㈥情緒的表現膚淺而轉變快速。

㈦自我中心取向，行為是為了獲得立即滿足，不能忍受延遲滿足的挫折。

㈧說話方式過分憑印象而缺少細節。

因此，可知此一類型的主要特徵是行為表現戲劇化、反應善變、做作，且有濃厚強烈的情緒反應。常為了一點小事，表現得很高興或生氣，甚至大發脾氣。喜歡引起他人關心注意，並喜歡有興奮的事情發生。在他人看來，覺得做事有點裝腔作勢，很表面化，缺少真實的感情，要求別人很多；自我中心，依賴性很大，常需別人的保證與支持，會有挑逗、誘惑異性的傾向，亦善於玩弄、威脅他人。女性較常發生此一傾向。

七、自戀型人格異常

　　這一類型的人格異常開始於成人早期，在各種環境背景下所表現的廣泛模式：幻想或行為上表現自大，缺乏同理心，對他人的評價很敏感，至少表現出下列各項行為中的四項：

　　㈠對批評的反應感覺憤怒、羞恥或侮辱（即便未表現出來）。

　　㈡人際榨取，占別人便宜以達到自己的目的；不顧別人的尊嚴與權利。

　　㈢對自己的重要性有誇大的意識，比如：誇大自己的成就與才能。

　　㈣相信自己的問題很獨特，需要特別對象的了解。

　　㈤專注於充滿成功、權力、成就、美麗與理想化的幻想中。

　　㈥注重權力的爭取，不合理期待特殊優惠待遇、享受特權。

　　㈦需要經常受到注意或讚美。

　　㈧缺乏同理心，不能體會、諒解他人的感受。

　　㈨專注於嫉羨他人的感覺。

　　因此，可知此一類型的主要特徵是自我中心、自我誇大，常幻想自己了不起、有特別才能、美貌等；善於表現，引起他人注意與欣賞；不習慣接受他人的建議、批評；常期待受到特殊待遇，善於利用別人，不尊敬他人；常把別人說的很好或很不好，變換於兩極端；不懂得體會他人的苦處或困難。

八、迴避型人格異常

　　這一類型的人格異常開始於成人早期，在各種環境背景下所表現的廣泛模式：對社交感覺不適，害怕負面的評價以及害羞膽小，

至少表現出下列各項行為中的四項：

　　㈠容易因為批評或不同意而受傷害。

　　㈡除近親外，甚少有親密的朋友或知己。

　　㈢除非保證受到友善接納，否則不願與人建立關係。

　　㈣避開牽涉重大人際接觸的社交或職業活動。

　　㈤在社交場合保持沈默，因為害怕說話不適當或顯示愚蠢，或無法回答別人的問題。

　　㈥害怕面對他人時，因臉紅、哭泣或出現焦慮徵候而受窘。

　　㈦誇大工作的潛在困難、身體危險或風險性。

　　因此，可知此一類型的主要特徵是很想與人來往，又很怕被人拒絕、拋棄、羞辱，結果造成不敢與人來往，總是迴避，心理上很自卑。雖然很想得到別人的關心與體貼，但又害羞，又怕被人排斥；除非被人拖著加以保護，否則不敢到公眾地方與大多數人來往交際。

九、依賴型人格異常

　　這一類型的人格異常開始於成人早期，在各種環境背景下所表現的廣泛模式：行為表現依賴及順從，至少表現出下列各項行為中的四項：

　　㈠無法自己做日常生活的決定，必須靠別人給予過多的指導或保證。

　　㈡讓別人為自己做重要的決定。

　　㈢只因害怕被拒絕，在知曉別人錯誤下，仍同意對方。

　　㈣無法自己進行工作計畫或執行。

　　㈤為博取他人好感，志願做不愉快或降低身份的事。

　　㈥獨處時，感覺不舒服或無助，盡量長途跋涉以避免獨處。

㈦中止親密關係時，覺得悲慘或無助。

㈧經常專注於恐懼被拋棄的想法。

㈨容易因為批評或不同意而受傷害。

因此，可知此一類型的主要特徵是極度缺乏自信心，無法獨立，總是讓他人替他做重要的決定，一點都沒有自己的主張與看法。

十、強迫型人格異常

這一類型的人格異常開始於成人早期，在各種環境背景下所表現的廣泛模式：處世要求完美缺少彈性，至少表現出下列各項行為中的四項：

㈠做事要求完美，甚至妨礙工作的完成。

㈡做事專注於細節、規則、表格、次序、組織或時間表，反而失去重點工作。

㈢不合理的堅持他人應完全遵照自己的方式做事，或不信任別人而拒絕讓別人做。

㈣過度獻身於工作與生產力，因而放棄休閒活動及友誼（無明顯財務的需求）。

㈤猶豫不決，避免或拖延做決定。

㈥對有關道德、倫理或價值觀的事物，表現過於誠實，一絲不苟而毫無彈性。

㈦只能表達相當有限的感情，如：墨守成規、嚴肅、遵守形式和吝嗇。

㈧若無個人利益可得，則吝於付出時間、金錢或禮物。

㈨即使已無感情上的價值，仍不願意拋棄舊東西或無價值的物品。

　　因此，可知此一類型的主要特徵是過分墨守成規、律己甚嚴，做事謹慎，責任心甚強，缺少隨機應變及自我鬆弛的能力；因過分謹慎小心，常常顧慮小事而忽略大事；缺乏體貼柔軟的感情，並缺乏幽默感，常要求別人根據自己的方式及規律來做事，妨害他人的自由；常過分重視工作，不善享受人生；因顧慮太多，又怕錯誤，常難以做決定，遲遲無法完成任務。

十一、被動攻擊型人格異常

　　這一類型的人格異常開始於成人早期，在各種環境背景下所表現的廣泛模式：被動抗拒社會及職業上的工作要求，至少表現出下列各項行為中的四項：

　　㈠拖延，意即將需要完成之事放在一邊以致超過期限。

　　㈡當被要求做違背心意的事時，顯得悶悶不樂、易怒，或多爭辯。

　　㈢執行違背心意的工作時，故意進行緩慢或做得很差。

　　㈣不聽辯解地抗議他人對自己的要求不合理。

　　㈤宣稱忘記，以逃避義務。

　　㈥相信自己工作的成就比他人認定的要好。

　　㈦對他人的忠告感到憤恨。

　　㈧藉不能完成自己份內的工作來抵銷他人的努力。

　　㈨不合理地挑剔或藐視位處權威之人。

　　因此，可知此一類型的主要特徵是以被動的方式，表現其強烈之攻擊傾向，即表面唯唯諾諾，好像很服從，暗地裡卻敷衍拖延，不願合作；其性格固執，內心充滿憤怒與不滿，只是不敢直接且主動地把自己的負面情緒表現出來；雖然常私下發牢騷，卻又相當依賴權威。

十二、其他未註明的人格異常

　　無法歸類於上述任何一種人格異常類型者，皆可放於此類別。如：衝動型人格異常（Impulsive Personality Disorder）；不成熟型人格異常（Immature Personality Disorder）；自我挫折型人格異常（Self-defeating Personality Disorder）；虐待型人格異常（Sadistic Personality Disorder）。

第三節

人格異常的形成與治療

一、人格異常的形成

　　兒童時期因為人格尚未定型，故須過了青春期才可進行人格異常的診斷。人格異常通常表現在人際關係、工作態度與社會行為等方面。

　　人格異常和其他會產生不適應行為的情緒症或焦慮症不一樣的是，人格異常通常不會感到氣憤和焦慮，也無改變自身行為的動機，而且不會與現實脫節或是呈現明顯的解組行為，這點是和精神分裂症不同的地方。

　　大多數的人格異常症狀尚未成為研究的課題；此外，不同種類的人格異常特徵有許多重疊的現象，所以分類的一致性甚不理想。人格異常最常被研究及診斷最可信的就是「反社會型人格異常」，亦即「心理病態人格」（Psychopathic Personality）。

　　自主神經系統的反應不足，以及父母管教獎懲的不一致，可能是「反社會型人格異常」缺乏良知道德的原因。另外，尋求刺激、早年社會文化的剝奪、社會環境的混亂與疏離亦是造成人格異常的重要因素（韓幼賢，民 76）。

二、人格異常的治療

　　人格異常者，其行為表現相當固定，因為是一種長期性的性格問題，所以改善的方法亦需要重視心理學的基本原則，並充分利用環境的力量，長期慢慢訓練影響。一般在危機事件處理後，俟身心較平穩時，仍應以長期的心理治療為最佳治療方式。在進行心理治療時，雖然效果甚為緩慢，但希望當事人藉著心理治療所獲得的經驗與原則，將其應用於日常生活上，而逐漸矯正其異常的性格，適應社會的生活（曾文星、徐靜，民 75）。

　　人格異常的心理治療與其他精神疾病的方式大同小異。由於人格異常的情形很難單獨只處理某一類型的症狀即可奏效，因此，謹提供下列四種人格異常類型的處理原則，以配合一般心理治療的實施。

　　妄想型人格異常的治療重心應在如何建立良好的治療關係，培養當事人對人的信任感，學習察覺他人的想法與感受，敢於肯定地表達自己的意見，接近與面對現實的問題，以減少妄想的行為。

　　邊緣型人格異常的治療重心在於訓練當事人學習安排規律充實的生活，使其過得有道理、不空虛。盡量強調生活層面的事務與一般的話題，勿直接去分析內在的情感，引發心理的波動與不安。

　　戲劇型人格異常的治療重心在於提供「理智的示範者」，協助當事人養成理智思考的習慣，能根據客觀的資料來作決定，減少敏感與情緒化，獨立而不須處處依賴他人的許可。

　　強迫型人格異常的治療重心在於幫助當事人放鬆心情，勿拘泥小事，練習以幽默的態度來享受生活與工作的樂趣。治療的進展勿操之過急，一步一步慢慢來，否則容易使當事人因無法快速調適，反而更緊張、拘謹，影響治療效果。

第四節

教師的人格異常與輔導

一、教師的人格異常

　　傳統的社會裡，教師的崇高地位與權威，很少有人會去質疑教師的人品與身心狀況；然而隨著社會急遽變遷、自然災害與校園意外事件頻傳，身為其中一份子的教師，亦無可避免地受到前所未有的衝擊，相對的，也開始產生許多心理適應的問題；更因不斷爆發的杏壇醜聞，使得社會大眾與教師不得不嚴肅地來面對這個影響深遠的棘手問題。

　　教育部九十二年五月頒佈「處理高級中等以下學校不適任教師應行注意事項」，其中針對教師「行為不檢有損師道」、「教學不力不能勝任工作」，以及「疑似精神病教師」等三大項原因設定處理流程。處理流程主要分為三部分：「察覺期」、「輔導期」及「評議期」。調查權屬主管教育行政機關與學校，對於不適任教師之判定最後程序均需經主管教育行政機關核准。

　　根據美、日等國的調查，教師確實在身心適應方面存在著許多的問題，除了生理方面常見的職業病外，罹患精神症與神經症的人數亦不低於生理病患；從心理衛生的觀點來看，在一般人口中約有

千分之三至五的比率有較嚴重的精神疾病，而適應不良的人口比率更高達百分之十以上。因此，雖然教師團體的性質與其他行業有所不同，罹患精神疾病而需要住院治療的比例並不高，但無法在校園內勝任工作的教師人數也愈來愈多（賴保禎、簡仁育，民76）。加上正逢社會轉型期與教育政策變革時刻，行為與人格的異常就更容易在校園裡出現了。

由於國內尚未對此一問題做深入的探討，因此，除了行政單位擁有一些不完整的資料外，甚難掌握確切的數據來說明教師的人格異常情形。如果由師資培育院校所做的個案研究性質來看，各類精神疾病與適應問題應已普遍散佈於各級校園內，影響著學生的學習與學校的發展。

任何偏差行為皆可視為適應困難的症狀。教師遭遇困難，無法以自己的能力、經驗去克服，或無法改變自己的行為模式去因應環境的需求時，便可能訴諸病態的行為，以滿足需要或解除危機。因此，任何症狀從心理衛生的觀點來看，皆可視為求救的呼聲，個體藉以表示他不能以社會所允許的建設性方法去解決其困難（吳武典，民75）。教師的人格異常亦可視為教師在成長過程中，所累積的心理困境，無法循正常管道得以紓解，長期塑造的人格反應型態；當然，也是個人特質、家庭養育、學校教育與社會文化之下的產物。

二、教師異常人格的輔導

國內的國教師資大多來自師資教育院校，而在整個培育過程中，甚少有淘汰的情事發生，即使已有嚴重精神症狀，只要精神尚未完全崩潰，幾乎皆可拖過學習年限；而這些潛在的「問題教師」到了服務學校，不出若干時日，便成為學校與教育行政單位難以解

決的負擔。另外，一般教師在面臨更有壓力的工作，以及個人或家庭等諸因素的影響，亦會在個人生涯發展的某一階段產生身心失控的事件，形成行為或人格的異常。

目前，學校在處理不適任教師的措施，因相關法令與辦法並無有效的解決辦法，加上權責、人情等因素，仍停留在消極的處置方式上；一般都先調整課程、班級，再不然就請其請假治療或暫時調校，最後不得已才資遣離職；整個過程視教師為燙手山芋，人人畏懼，而缺乏積極的態度與作為。

因此，要有效輔導人格異常的教師，必須先改善教師的工作環境與條件，創造溫馨和諧的校園氣氛，減輕教師的工作與生活壓力，使身心皆有良好的調適；其次，要有適當的法規與福利制度來保障與照顧心理失常的教師，結合政府、社會與家庭的力量協助其治療與復健，使其有能力再回到教育的崗位或終生得到適當的照料。

一般人總難以接納人格異常的教師，殊不知人格異常的教師更需要主管、同事、學生與家人的尊重與關注，能夠讓其維持適當的人際互動才能產生改善的契機；期望專業的心理諮商與治療的服務，能從協助學生成長的焦點上，延伸擴及至身肩重任的教師身上；直接積極對教師提供服務，亦是間接造福莘莘學子。

本◆章◆摘◆要

　　隨著社會型態的急遽變遷，教師在身心方面產生困擾的事件正顯著的增加，造成社會大眾的疑慮與關心。

　　有一些人雖然沒有精神病或心理症狀，但當其人格特質變得僵硬且不適應時，行為缺乏彈性反應，經常呈現固定型態的異常反應，這些人格特質會明顯地破壞個人發揮生活功能的能力，引起主觀的痛苦，影響個人的身心適應；因為這種行為反應障礙是一種長期性的性格問題，或是人格的發展與結構發生缺陷，所以稱為人格異常。

　　人格異常包括在因應壓力或解決問題的方式不成熟與不適當。這些症狀通常在青少年早期即顯現出來，並且可能一直持續至成年。人格異常的人與普通人實際上並無明顯的界限，因此，人格異常的分類，只是觀念上的區分較方便而已。

　　人格異常依照其表現的不同，大略可分為三大類：第一類包含妄想型人格異常、分裂型人格異常、分裂病型人格異常；第二類包含反社會型人格異常、邊緣型人格異常、戲劇型人格異常、自戀型人格異常；第三類包含迴避型人格異常、依賴型人格異常、強迫型人格異常、被動攻擊型人格異常；最後還有一種殘餘類型，就是其他未註明的人格異常，可用來形容其他特殊人格異常或不符本前面三類任何一種人格異常類型的情形。

　　兒童時期因為人格尚未定型，故須過了青春期才可進行人格

異常的診斷。大多數的人格異常症狀尚未成為研究的課題；此外，不同種類的人格異常特徵有許多重疊的現象，所以分類的一致性甚不理想。自主神經系統的反應不足、父母管教獎懲的不一致、尋求刺激、早年社會文化的剝奪、社會環境的混亂與疏離亦是造成人格異常的重要因素。

人格異常者，其行為表現相當固定，因為是一種長期性的性格問題，所以改善的方法亦需要重視心理學的基本原則，並充分利用環境的力量，長期，慢慢訓練影響。一般在危機事件處理後，俟身心較平穩時，仍應以長期的心理治療為最佳治療方式。人格異常的心理治療與其他精神疾病的方式大同小異。

傳統的社會裡，教師的身心狀況無人會質疑；然而隨著社會急遽變遷，教師亦無可避免地受到前所未有的衝擊，也開始產生心理適應的問題，成為社會棘手的問題。

教師罹患精神症與神經症的人數亦不低於生理病患。雖然教師團體的性質與其他行業有所不同，罹患精神疾病而需要住院治療的比例並不高，但無法在校園內勝任工作的教師人數也愈來愈多，影響著學生的學習與學校的發展。教師的人格異常亦可視為教師在成長過程中，所累積的心理困境，無法循正常管道得以紓解，長期塑造的人格反應型態；當然，也是個人特質、家庭養育、學校教育與社會文化之下的產物。

目前，學校在處理不適任教師的措施，因相關法令與辦法並無有效的解決辦法，加上權責、人情等因素，仍停留在消極的處

置方式上，而缺乏關懷的態度與積極的作為。要有效輔導人格異常的教師，必須先改善教師的工作環境與條件，減輕教師的工作與生活壓力，使身心皆有良好的調適；其次，要有適當的法規與福利制度來保障與照顧心理失常的教師，使其有能力再回到教育的崗位或終生得到適當的照料。因此，專業人員對老師的忠告是：應設法減少壓力源，有不適症狀應及早就醫診治。以免情況愈來愈糟。

　　人格異常的教師更需要主管、同事、學生與家人的尊重與關注，專業的心理諮商與治療的服務，能在協助學生成長的同時，亦能積極對教師提供服務，造福莘莘學子。

研◆討◆問◆題

一、請描述一件教師人格異常的事件，及其對學生的影響？

二、何謂「人格異常」？與其他心理疾病有何不同？

三、人格異常有哪些類型？其特徵為何？

四、哪些因素會造成教師人格異常？

五、如何輔導人格異常的不適任教師？

本◆章◆參◆考◆文◆獻

一、中文部分

孔繁鐘編譯（民 90）：DSM-IV 精神疾病診斷準則手冊（第四
版）。台北：合記。

李玉遐、朱鈴珠（民81）：老師有精神病怎麼辦？聯合報，23 版。

何瑞麟、葉翠蘋編譯（民 80）：DSM-III-R 診斷準則手冊（第三
版）。台北：合記。

吳武典（民 75）：青少年問題與對策。台北：張老師。

吳武典、洪友義編著（民 79）：心理衛生（第三版）。台北：國
立空中大學。

曾文星、徐靜（民 75）：最新精神醫學。台北：水牛。

賴保禎、簡仁育（民 76）：心理衛生。台北：中國行為科學社。

韓幼賢編譯（民 76）：變態心理學與現代生活（第四版）。台北：
中央圖書。

二、英文部分

American Psychiatric Association. (2000). *DSM-IV text revision*. Wash-
ington, D.C.: Author.

第八章

人際關係與溝通

猶記得當我第一次到一所公立大學教書並兼任行政主管時，曾去請教一位老前輩，他再三叮嚀說到：「做事可以失敗，但做人絕不可失敗。」經其進一步解釋我才明瞭，年經人初到一個新單位，難免會求好心切、急於表現，卻往往會忽略了我們周圍的人情事故；再加上年輕氣盛，一不小心就會得罪他人。一旦做人失敗（人際關係欠佳），行政工作上必定會遭到許多的障礙，結果必然是沒有好的下場。同時，人與人之間的相處，除了要懂得如何做人（建立良好的人際關係）之外，更須要懂得與人溝通的技巧。

在本章中，首先要針對人際關係及其增進之道加以論述，其次則探討到有效的溝通，以及如何能強化教師之人際關係與發揮其溝通的效果。

第一節

人際關係及其增進之道

一、人際關係之定義與重要性

人是群體的動物，也是社會的動物，人不能離群獨居；而生活在社會裡就必須與人接觸，並與人發生各種關係，這種人與人關係的存在與建立，就是所謂的「人際關係」（interpersonal relationships）。人是社會的動物，人一生下來便需依賴他人的扶養及照顧來成長，每個人也都在與他人的交互作用下逐漸社會化。在前面第二章中曾提到「親和動機」（affiliation motive），認為人在某些社會活動中，存在著與人親近的內在驅力，包括：需要別人關心、需要友誼、需要別人的接受、需要別人的支持與合作等；人類與他人

的關係因而生存並發展，由此可見人際關係的重要性。

　　人際關係不單指人與人之間靜態的必然關係，它更強調人和人之間行為的相互影響，每個人與別人之間有著不同的關係，而在社會中扮演各種角色。動態的人際關係是指彼此的交互作用，而不只是一種名份或形式關係而已，它應是一種實質關係。大部分的人際關係兼有靜態的關係及實質的關係，但是難免有些人際關係只有形式關係而沒有實質關係；另外有些人際的實質關係運作不良，亦即組織中有關係的成員未能扮演應有的適當角色，而造成不良的人際關係。

　　由農業社會進入工商社會，整個社會組織結構發生變化，人際關係亦隨之產生極大的改變。在工商社會裡，我們發現人與人之間表現得冷漠而互不關心；疏離感、焦慮、緊張及過度的自我保護是常有的現象。工商社會由於都市人口急邊膨脹、流動性大、工作競爭性大、分工精細等，造成個人生活方式與價值觀念的改變，也形成了人際往來間的困難。

　　事實上，社會環境的因素固然影響人際關係，但個人的社會適應能力更是決定與他人之間關係是否良好的主因。就如同個人遭遇不幸的重大事件或痛苦的經驗累積，有可能會造成個人心理的失常，但是對於不同挫折容忍力（frustration tolerance）的人，卻有不同程度的影響。社會適應能力來自各人生長過程中不同的生活經驗與背景，會影響到與他人間溝通的能力，以及對自己社會角色的認知與扮演。

　　心理學家曾提出健康的人際關係，至少應該包括以下四個特質（吳武典、洪有義，民 76）：

　　㈠兩人彼此坦誠地溝通，且能接納彼此的看法。

　　㈡彼此的要求與請求，能合情合理。

　　㈢主動地關心彼此的成長和幸福。

㈣每個人尊重他人之自由而不企圖控制他人。

無論在家中或家庭以外之場合，沒有任何一種人際關係不是以此種方式建立的。正常的人際關係，要建立在彼此的了解上；要逐漸去了解對方常用的途徑，是經由相互的自我坦露（self-disclosure），也就是看看兩人之間的談話究竟如何地開誠佈公。人們讓他人了解自己的程度，影響到他們擁有朋友的多寡，以及所獲友誼的深淺程度。在關係進展的不同階段中，坦露個人訊息的程度有如一系列的三角錐（Altman & Taylor, 1973）；人們透露的訊息表面的多於親密的，且交談間的親密感會左右自我坦露的深度，當關係由淺入深時，交換的話題不論在廣度或深度上均會擴大。自我坦露的程度會影響個人的心理健康，當人們躲在面具之後，他們對自己不夠真誠，到最後甚至分不清是真是幻。心理學家認為能夠自由地對他人傾訴自己的願望和恐懼、喜悅和悲傷、未來的計畫和過去的回憶等，乃是解除寂寞的實際方法，亦為增進人際關係的途徑之一。

另外，黃堅厚博士（民74）也提出健全人際關係的四項重要原則：

㈠我們要能了解彼此的權利和責任。

㈡我們對自己宜有適當的了解。

㈢我們要能客觀地了解他人。

㈣對和他人的關係有明確的認識。

二、與人交往相處的生活態度

個人對自己及對他人的態度，往往會影響到人與人相處是否和諧，與人交往是否愉快，甚至影響到別人是否喜歡你。這種對自己和他人間的看法與態度，稱之為「生活態度」（life position），可

區分為以下四種（吳武典、洪有義，民76；洪志美，民73）：

(一)「我不好一你好」（否定自己，肯定別人）

這是全人類在嬰兒早期共同的感覺，也是個人最初學習到對人與對己的態度。停留在此一生活態度者，總是認為自己不好，自己不行，自己比不上別人，別人樣樣都比自己好比自己行。這種人相當自卑與退縮，他把自己孤立起來，不願意和別人打交道。他時常自怨自艾，時常覺得自己抬不起頭來。抱著這種生活態度的人沒有自信心，看輕自己且易自責，別人也就會看輕他，不喜歡和他來往。

(二)「我不好一你也不好」（否定自己，否定別人）

這種生活態度的人，認為自己不好且別人也不好。在他個人的眼中，沒有一個好人，包括他自己在內。這種人是悲觀主義者，凡事都不抱存希望，他對自己失望，對別人也不抱希望；對周遭的事物都失去信心，他厭世、偏激而消極。持有這種生活態度的人不喜歡自己，也不喜歡和他人交往，當然別人也就不喜歡與他來往了。

(三)「我好一你不好」（肯定自己，否定別人）

這種人認為自己好、自己行，而別人卻不好、不行。他自視甚高，總認為自己比別人都好，別人在各方面都比不上他，反正他是高人一等的。這種人常表現自傲、自大的態度，他不能接納別人，經常會指責別人，卻不曾自我反省。擁有這種生活態度的人非常自我中心，不接受別人的意見，常常自以為是；大家對他敬鬼神而遠之，他對別人亦常懷有敵意。大家不喜歡和他做朋友，因此他的人際關係也不好。

㈣「我好—你也好」（肯定自己，肯定別人）

這種人認為自己是有用的人，看別人也有他們的長處。他了解自己的優點，發揮自己的優點，同時也能欣賞別人的優點，他接納自己也接納別人。他包容許多現實事物的不完美，而盡力創造人的優點。這種人勇於面對現實去解決問題，他不逃避問題，積極、樂觀而進取。保有這種生活態度的人容易與別人相處，別人也喜歡與他來往。

針對上述四種生活態度，你是屬於哪一種，或是偏向哪一種？也許沒有那一個人是完全固定屬於某一種態度者，只是以哪一種型態出現的機會較多罷了。如果你以第四種生活態度出現最多，你就是比較受歡迎的人；如果你以第一、二、三種態度出現機會較多，希望你能調整自己的方向，自我期許嘉勉，朝第四種生活態度的目標去努力，做一個比較受人喜歡的人。

三、人與人之間互相吸引的因素

所謂「人際吸引」（interpersonal attraction），就是一般人常說的喜歡與不喜歡。人際吸引是態度的一種，即個體對他人或代表他人之符號給予正面評價的傾向。對於個人適應或社會共同福祉而言，人與人之間的友誼與愛情兩種行為，都是相當重要的。因此，對於這兩種行為探究的初步工作—「人際吸引」的研究，就愈顯得重要了。社會上芸芸眾生，何以愛情僅滋長於某兩人之間，友誼只產生在某些人之中？究竟是什麼因素影響著友誼和愛情的發生？以下諸點是心理學家從研究人與人之間互相吸引因素的實驗中，所獲得的結果分別加以探討（李美枝，民 68；黃國彥等，民 71）。

(一)時空的接近（proximity）

　　人與人彼此接近，是形成友誼的主要原因。所謂「接近」是指人們相處的時間久，交往的機會多，因接近而相識，終而建立友誼。而「近水樓台」也就是這個意思。

　　一個有關「接近」的實驗：將十二張陌生人的照片，按機率分為六組，每組二張，並按下面方式出示給受試者：第一組兩張只看一次，第二組兩張看兩次，第三組兩張看五次，第四組兩張看十次，第五組兩張看二十五次，然後實驗將連同第六組未看過的兩張共計十二張出示，要受試按自己喜歡的程度將照片排成順序。結果發現一個極明顯的現象：照片被看的次數愈多，被選排在前面的機會也愈多（Zajonc, 1968）。

　　另一個研究（Festinger, et al., 1963）曾以麻省理工學院住眷屬（已婚）宿舍的學生為研究對象，探討他們之間的友誼與彼此住處遠近的關係。該宿舍共十七棟樓房，每棟上下兩層住有十戶，共計一百七十戶，在開學時搬進宿舍，彼此互不相識。過一段時間後，研究者調查每家列舉出在宿舍中新結交最好的三位朋友。結果發現，被列為好朋友者多住在附近，即便也有相距較遠而為好友者，但相距愈遠選為好友的機會愈少。由此可見，彼此接近常常見面，確是建立人際感情的必要條件。

(二)態度的相似

　　「志同道合」為友誼基礎（為一般人所熟知），而引發人際吸引的志同道合，則指的是態度的相似。在這方面有一個實驗（Newcomb, 1961），採用田野實驗法，探討態度相似程度與喜歡之間的關係。主試者提供願意參與研究的大學新生免費住宿四個月，但有一交換條件，這些學生必須定期接受晤談及測驗調查。住宿舍之

前，先給這些受試者實施態度、價值觀及人格特質等方面的測驗，將態度、價值觀與人格特質相似或不相似的學生安排同住一間房間。開始時，這些學生彼此並不認識。研究主試者在四個月期間，分期測驗他們對一些事情的態度、看法，以及他們對同房室友喜歡的評定。在初期，空間的距離是決定誰與誰較有往來的重要因素，但是到了後期，彼此之間態度、價值觀與人格特質的相似，超越了空間距離的重要性而成為建立友誼的基礎，愈相似者彼此之間的吸引力也愈大。

(三)需求的互補

　　雖然發生互動的兩個人，彼此間的態度、觀念不相同，但一方所表現出來的行為，正好可以滿足另外一方的心理需求，則彼此之間亦將產生強烈的吸引力。需求互補與吸引力之間的關係，多半發現於配偶的選擇情況。

　　曾有心理學家（Kerckhoff & Davis, 1962）訪問大學生，在兩性間從朋友到夫妻關係演變的過程中，探求相似與相輔兩因素的重要性。結果發現，這兩個因素在由友誼而愛情到婚姻的過程中，成為以下的三部曲形式：

　　1.初交時，社會性的相似面顯得相當重要；諸如宗教信仰、經濟地位、種族差異、社會背景等相似與否，都是構成人際吸引的重要因素，這可以算是友誼的理性階段。

　　2.深交後，個人性格的相似面就顯得重要；諸如興趣、態度、價值觀念等相似與否，都是構成深厚友誼的基礎，這可以說是友誼的感情階段。

　　3.長期友誼或愛情的維持，雙方在人格特質上的互補顯得重要；如雙方均有相補的需要，而又各自從對方獲得需要的滿足，如此等於形成了剪刀的兩股彼此依附，相輔相成。這樣一對之間的人

際吸引程度，是可以預防的。

(四)外在吸引力

看看今日美容事業的發達，化粧費用的大筆開支，就可以知道人對外在美的重視程度，我們喜歡美的東西，也希望自己更美。亞里斯多德就曾說過：「美麗比一封介紹信更具有推薦力。」

在一項實驗中（Dion, 1972），驗證了人們對外在美的偏好及由美產生的月暈效果（halo-effect）。實驗者將外表看來吸引人與不吸引人的小孩相片，呈現給一群女學生看，告訴她們相片中的小孩做了一些不應該，甚至於殘忍的行為（如把一隻貓的尾巴砍斷），而後要她們描述對相片中小孩子的印象。結果，對長得漂亮的小孩，受試者表示小孩子只不過是惡作劇而已，並試圖為小孩的不當行為作合理化的解釋；對於長得不漂亮的小孩，受試者傾向於認為他是適應不良、心理異常的小孩。此實驗顯示了「美就是好」的月暈現象。

在選擇異性交往對象中，對方的外在吸引力對男性的影響大於對女性的影響。有幾項調查（Coombs & Kenbel, 1966; Hewitt, 1958）都一致顯示：男士們把外在的吸引力當作選擇約會伴侶的重要條件，而女士們則比較重視智慧與能力。

外在吸引有何具體的標準？在男子方面主要是身高，女性方面如大一點的眼睛，挺直的鼻樑，白皙的皮膚，勻稱的三圍。較抽象只可意會難以言傳的美是氣質，有的人並不符合具體美的標準，但也頗令人心怡，蓋其氣質有獨特之處（李美枝，民 68）。也有人這樣說到，一個人面貌（長相）漂亮不如身材健美；一個人身材健美不如風度翩翩；一個人風度翩翩不如氣質良好。

(五)能力

一個人的能力（competence）也會構成人際吸引的重要因素。能幹聰明的人總比平凡庸碌的人令人激賞喜歡；但是一個人的能幹程度與他被人喜歡的關係有一定的限度。一個極為聰明優秀的人，易使其他人產生卑下的不舒服感，結果反而使人不願意接近他，甚至排斥他。

一個德高望重的人，若顯露出一些人性的瑕疵或遭遇挫敗，會比一個完善無缺的人更討人喜歡。美國前總統甘迺迪在政治上最大的失策就是古巴豬邏灣事件，他與他的幕僚人員協商同意流亡美國的古巴人民反擊卡斯楚政權，結果慘遭大敗。但這事件發生之後，甘迺迪的聲望反而提高了；根據調查研究推論，甘迺迪在一般美國人的心目中太完美了，他犯了錯誤反而使人產生「他也是人」的親切感（李美枝，民 68）。在人際互動中，我們喜歡親近能力比我們高的人，但如果聰明才幹超過我們太多，反而產生相反的作用；因此，能力稍微高一點的人，常是具有吸引力的。

除了上述五項因素外，愉悅的性格與幽默、風趣等，也是增加吸引力的因素。

四、人際間友誼的進展

外表、身高等顯而易見的因素，在人們的第一次接觸中，占有相當重要的份量；而在稍後的友誼階段中，顧慮他人的需求，以及能夠付出或接受愛等因素便益發重要。在友誼的不同階段中，存在著過濾程序；很多促使人們最初相聚的因素，並不足以維持較深的關係。

根據心理學家研究提倡的三階段友誼進展模式，頗能解釋人們

在不同階段是如何相吸引的（Levinger & Snoek, 1972）：

㈠知曉（awareness）

在這個階段中，人們可能尚未相互交談過。此時至少有一方（因為外表相近、背景相似等因素而注意到對方），已開始評估彼此是否處得來。

㈡表面接觸（surface contact）

雙方以表面的方式應答，很少表露自己。但雙方開始蒐集對方針對自己的反應等資料。

㈢相互傾訴（mutuality）

人們開始坦露自己個人的情感，並能因對方的存在而舉止自在。如果彼此的關係要維持在這個層次，他們必須學會滿足彼此的興趣與需求。

根據游恒山（民 77）摘自「今日心理學」雜誌，對其讀者所做的一項意見調查，從超過四萬份回收問卷讀者所做反應的統計資料來看，關於友誼的最重要決定因素（十個友誼的要素）依序如下：

㈠維持信用。

㈡忠實性。

㈢親切、情義。

㈣扶助、鼓舞。

㈤坦率。

㈥幽默感。

㈦願意為我撥出時間。

㈧獨立、自主。

(九)健談、願意傾聽。

(十)聰明、才智。

有效的溝通

一、溝通的意義與內涵

溝通（communication）簡單的定義就是：兩人之間意思的傳達和接收（吳就君，民73）。其間的活動包括：你的意思是什麼？你如何傳達你的意思？你的意思如何被接收到？當你的意思傳送出去或被收到後會有什麼結果，對你們之間的關係會有什麼影響？在人際溝通過程中，最基本的形式就是「二人間的雙向互動溝通往來」，他們因著互動過程與功能的不同，分別扮演著「訊息傳送者」與「訊息接受者」的角色。當然，角色因著需要及功能的改變，也會隨之互換及變更，這是極其自然和常有的事。

事實上，溝通對每一個人而言，都應該是個熟悉的名詞。就如夫妻之間，要懂得溝通的技巧，即使吵架也須懂得吵架的藝術。父子之間亦得溝通，一旦不通了，就會形成代溝。師生之間，除了在課堂上講授、討論之外，學期末老師經由學生的考卷得知學生的表現及進展，學生也同時進行著對老師的評鑑，這也是一種間接的相互溝通。再將範圍擴大一點，黨內、黨外的協調溝通，府會溝通，主政者徵求民意、尋求民眾的共識，也都是溝通的行為。

溝通的英文原名起源於拉丁文「communi」，其意思為共同；換句話說，溝通的行為就是在尋求彼此之間的互通，以設法建立彼

此之間的「共同性」，也就是設法共同享有一則消息、一個觀念或者是一種態度。

　　為了與別人進行溝通，我們必須把個人的思想和感覺，轉換為他人能夠辨識的各種符號、姿勢或語文，然後他人再將之轉換回他自己的思想和感覺。在二人溝通的過程中，傳送者腦海中有他希望與別人分享的感覺或想法，這些都會受到訊息傳送者的身體特質、心理狀態、社會經驗、知識與技能所影響。要把意思轉變成可溝通的訊息，表達者必先予以編碼，再藉由相關管道傳遞出去，有四種溝通方式可以傳達我們的訊息：自然語言、人工語言、視覺的溝通及非語文的溝通。

　　自然語言（natural languages）是以說、寫、唱等方式，藉著言詞和文字把意思表達出來；自然語言是一種極為複雜的認知技巧，但也是人們用來傳達特殊意義的最普遍形式。人工語言（artificial languages）是透過音樂符號、數學公式和一些電腦程式等來傳達一些特定的訊息，所使用的符號和公式都早已有明確的定義（人們所約定成俗的），所以傳達的訊息簡潔而不具有曖昧性。視覺溝通（visual communication）是經由圖畫及圖表的方式來傳達個人的思想和感受。

　　非語文的溝通（nonverbal communication）包括身體動作（手勢、姿勢、微笑、視線接觸及物理空間的運用）和說話的非語言特性，譬如：音調的抑揚頓挫和音量等。非語文行為並非偶然出現的，它們發生在與友伴或團體互動的社會歷程當中。心理學家想要了解如何透過「發報者」自然產生非語文行為的多重訊息管道，「接收者」如何整合這些管道的訊息將其解讀出來。

　　儘管自然語言使我們能夠做精確的認知溝通，但是在人們的彼此互動當中，非語文的因素在整體的訊息傳達中，仍然是相當重要的一個環節。例如，凝視與視線接觸在表達溝通中常被忽略，因人

們在互動的時候並未意識到他們的凝視行為;然而,此一非語文行為的管道,卻提供許多關於喜歡、吸引力、注意力、能力、可信度、支配性及心理健康的消息(游恒山,民77)。

二、有效溝通之要素與原則

(一)要素

在人與人溝通的過程中,根據相關研究探討資料(吳武典、洪有義,民76;林彥好等,民80),可將有效的溝通要素歸納為以下五項:

1.坦誠

在相互的溝通當中,發自內心的自我坦露非常重要,其中又包括了自我了解、自我接納與自我表露三種涵意。進一步說,自我了解是指了解自己的感情、優點、缺點,並清楚自己言語行為所代表的意義。自我接納是指對自己有信心,能全然的接受自己,並肯定自己的價值。而自我表露則是把自己適當的表達出來,包括優點和缺點;適當的表達到極至便是幽默,尤其是幽默自己,幽默是非常好的人格特質,亦是人際溝通最好的潤滑劑,能使緊張的關係緩和下來。

2.關懷

關懷不是掛在口頭上說說而已,必須要有實際的行動相配合。如果先生表示愛太太,並稱許太太燒的菜真棒,就應該把太太做的菜吃光光;又如孩子在學校中成績良好得獎了,回家後父母再給他一次獎勵。這些都是以實際的行動,具體地表達個人本身的關懷。

3.信賴

人與人間應彼此相信,互不猜忌。許多父母對孩子常抱著很高

的期望，可是很少過問孩子的能力是否能勝任愉快。事實上，任何人都有能力，都可信賴，祇要你顧及到他的能力，任何人都可以有成就。即使低能兒，給他能力所及的工作，也將會有所成。在家中或學校，對於一些行為不好的孩子，我們應賦予他責任，讓他有表現的機會，相信他能做好事情。

4.同理

同理是一種很高的境界，包括同情且比同情更高，是一種感同身受的了解。要做到同理，必須符合以下的三要素：_1._設身處地的去了解，彼此能有共鳴。_2._不失客觀立場，你雖然了解他，你仍是你，他仍是他。_3._要能把了解傳達給對方知道。

5.尊重

我們應對事不對人，即使你不贊同對方某些觀點，也不可因此認定他是個問題人物，套上傷人感情的標記，甚至整個地否認對方。處理事情時，應該對事不對人。平日，我們應避免使用命令的方式，宜以商量、合作的方式說話。有時家人好友太過親密，說話難免就太直接，變得像命令式，顯得有點不尊重對方；即使明明是想幫助對方，仍應以委婉的方式徵求同意，對方就會覺得你的確是很尊重他。

(二)原則

一般人際溝通歷程中，可以找出四項人際溝通的原則（王以仁等，民81；曾端真、曾玲珉譯，民85），今分別加以說明如下：

1.人際關係必須經由學習而獲得

人際關係與溝通看來好像都是挺自然的，有如與生俱來的能力、也不易察覺自己的溝通行為是否有所偏差。在與人相處溝通的互動過程中，要抱著我不完美而需不斷學習的積極心態，這樣才能改善並提昇彼此的溝通層次與實際效果。事實上，由於我們個人的

背景因素，都會擁有一些用來和別人有效相處的溝通技巧；但仍然缺乏一些必須具備的其他溝通技巧，這些都需要藉由不斷的學習和練習獲得。

2.人際溝通具有持續性

　　人際間的溝通可以是屬於語言或非語言性質，在與他人的接觸往來中，我們時時在傳遞出別人可以下定義及作推論的行為訊息；人際的互動與溝通行為，並非僅僅只限於某個單一事件，而與其過去的觀點、交往經驗、所處環境等因素均有密切的相關，所以，人際溝通具有長期的持續性。

3.人際溝通具有目的性

　　人與人之間的談話溝通必有其目的，不論其目的是否能被溝通的雙方所充分地意識到。二人之間經常藉由語言的互動，不斷地持續進行下去，這其中一定包括有個人意識或潛意識方面的預期；即使是閒聊式的溝通，彼此談談藉此增加互動或打發時間，均可說是達到其目的了。

4.人際溝通具有關係性

　　在任何溝通過程中，人們不只是分享內容意義，也藉此顯示彼此之間的關係。在互動行為過程中將涉及人際關係的情感與誰是主控者二層面，其中關係的控制層面又可分為互補的或對稱的二種情形。在二人的互補關係中，其中一人讓另一人來決定誰的權力較大，因而後者的溝通訊息可能是支配性的，而前者的訊息則是在接受這個支配。而對稱關係中，人們不同意有誰居於控制的地位；當其中一人表示要控制時，另一人將挑戰他的控制權以確保自己的權力。

三、增進和諧溝通的具體作法

關於增進和諧溝通之具體作法，參照有關的探究資料（吳武典、洪有義，民 76；楊極東，民 75），歸納為以下八項，分別敘明於後。

(一)積極的傾聽

傾聽係仔細聆聽別人對你的說話，了解別人話中的意思，並體會出他當時的心情。也就是在溝通過程中，藉由專心仔細的聆聽對方的語意、語氣，且觀察接收他的行為語言。當別人在講話時，不要輕易地插嘴；無緣無故打斷別人的談話，將會引起對方的反感，也會使得別人不喜歡與你說話。

傾聽不祇是閉嘴聆聽而已，同時還要讓對方知道你在聽他說話，這代表了你對他的接納、尊重與關懷。所以，在傾聽別人說話時，還應加上微笑、點頭、拍拍他的肩膀、以眼睛關懷的看著他等之「行為語言」，讓對方知道自己了解他說話的內容。

(二)語意表達要清楚明確

在溝通中個人可將自己內心的話表達出來，但在說話的技巧上卻相當重要。不管自己有多好的意見，若想要把自己的意見、訊息讓對方能接受，除了對方「聽」的條件外，最重要的就是自己語意的表達，必須把握清楚、明確的原則，以避免誤會的發生。在溝通時，學習坦誠地說出自己的看法與內心真正的感受，清楚地表達讓對方能完全地明瞭。

有些人心理經常藏著話而不敢表達，或是積壓了某些不滿，祇在背後發發牢騷，如此一來，很容易造成彼此間的誤會。假如個人

心中有話或有不滿的情緒，不說出來會不愉快或是對彼此都不好時，不如找個適當的時機，真誠坦白的說出來，這樣往往能夠消除雙方的誤會。

(三)抓住對方談話的重點並給予適當的回饋

在聽別人說話時，必須要能了解他談話的主題，抓住他談話的要點，才能做有效而愉快的討論。同時，針對他談話的內容，也應適時地予以回饋，以引導對方做更多的陳述。特別是對方講話時不要隨意打岔，如果要回應最好等他講話告一段落，或先說：「對不起，對於您剛剛的說法，我的看法是……。」或者，如聽不清楚對方的話，可以說：「對不起，您剛才的說法，是不是……。」如此下來，才能進行有效的雙向溝通。

(四)容忍別人不同的觀點

每個人的生活經驗各有不同，所知所學的條件也有所差異，因而對同樣的一件事或一個問題，往往會產生各自不同的看法或意見。故在與人交往溝通的過程中，要學習去接納容忍別人不同見解的表達，不管對方的觀點或意見多麼荒謬，我們都要先聽且試做容忍，千萬不可以一開始就拒絕或評斷，甚至於嚴斥，否則溝通之門很快就會關閉了。

同時，人與人間的溝通往往是相對的；你怎樣對別人，別人也會用類似的反應對待你。設若我們能學習去容忍別人不同的觀點或意見，別人也會相對的容忍我們的看法，如此溝通之路即能大為暢通。

(五)讚美別人的優點

人不可能完美，但每個人多少都會有其特有的優點。與人來往

時，千萬不要以「愛之深，責之切」、「苦口婆心」等藉口去批評別人，而要以這種精神去發覺別人的優點，使彼此都能在優點中共同成長。在人際溝通訓練的方法中有所謂的「優點轟炸法」，即在一個小團體中，有一人站到中間來，其他人圍在他的四周，每個人對中間站立者提出對他觀點中的一項優點，如此可逐漸累積更多的優點而增加其自信心；同時，也會增進溝通雙方的情感，且發揮更有效之溝通效能。

(六)發生爭議時，要能論事而不論人

溝通之中難免會有一些爭議，此時雙方應表現出對事情雖有意見，但對人卻沒有成見。也就是說，溝通要在彼此尊重的情況下才能進行，萬一有了爭論切忌在口語上或肢體語言上，表示對方不值得或不夠資格再談下去，或是在口頭上表示諷刺、批評與論斷對方；否則，彼此之間的關係惡化，溝通之門也隨之關閉。所以，彼此爭議時，祇要針對此時此地的事做討論，千萬不要翻舊帳攻擊對方，也不要把事情做相關性的擴大。

(七)培養個人的幽默感

幽默不是譏笑、冷嘲熱諷，更不是將自己的歡笑建築在別人的痛苦上。幽默是出乎對方意料之外的反應或回答，彼此心照不宣且能會心一笑，無傷大雅。所以，幽默是人際溝通間的潤滑劑，使雙方能在和諧愉快的氣氛中，充分發揮溝通的效能。有人說中國人比較不懂得幽默，這或許是中國人的民族性比較保守、嚴肅；事實上，只要你有冷靜的心態，不要處處都往壞處想，你將能發揮個人的幽默感。幽默也是冷靜的副產品，一個冷靜不衝動的人，會在不如意的事情、爭吵來臨時，保持鎮定的態度面對問題、分析原因；同時，對於許多人與人之間無可奈何的事情，有幽默感的人會一笑

置之，永遠保持輕鬆坦然的心態與他人互動。

(八)與人溝通時的表達要具體

在溝通過程中表達時應儘可能的具體，以避免不必要的誤解；言詞要合理、切合實際，不可以偏概全、信口開河甚至誇大其詞。我們常會聽到：「說了老半天，到底有什麼具體意見可提出來！」、「光會批評、說教，說不定自己根本也不懂……。」這就是說提意見的人所說的話不夠具體。他個人所表達的見解不易被人了解；因此，他原來的良情美意不但不被接受，反而容易造成誤會，真是可惜。

第三節

教師人際關係與溝通效果之探討

一、國內在教師人際關係與溝通方面實徵性之相關研究

有關教師人際關係與溝通方面的實徵性研究，在國內相當地少見。在此僅能就顏火龍（民70）與楊昌裕（民75）二篇研究論文，分別探討說明如後。

顏火龍（民70）的研究中，以臺北市立國民小學為範圍，校長與教師為對象，來了解校長和教師之間溝通的實際狀況。其研究主要發現有以下九項：

㈠溝通係個人或組織利用某種方式傳遞訊息，並使他人或組織達成共同了解的雙向心理歷程，在國小行政上確有其重要性。

㈡溝通的模式必包括下列幾個部分：傳送者、信息、溝通途

徑、接收者和回饋作用。

㈢溝通的障礙來自語文因素、人為因素、組織因素以及環境因素。

㈣校長的溝通意願很高，但教師則不高；校長對校內的溝通狀況比教師持樂觀的看法。

㈤學校各項會議引不起教師的興趣，且報告佔用太多時間。

㈥下行溝通內容以行政業務較多，上行溝通則以行政業務及教師福利並重，教師希望校長多關心教師切身問題。

㈦學校的溝通方式以晤談及會議較多，信函及刊物等書面溝通較少。

㈧學校的層級化及分部化對校長和教師的溝通有影響。

㈨學校太大對校長和教師之聯絡有所不便，對校長是否接受善意批評亦有影響。

同時，顏火龍（民70）亦提出七項與溝通有關之建議：

㈠鼓勵教師參與校務研訂，以激勵士氣，提高工作效率。

㈡應利用溝通的回饋作用，以了解教師對校務的看法。

㈢校長要多體諒教師，以激發其工作熱忱。

㈣加強校內各單位的協調連繫，以促成和諧合作的氣氛。

㈤多舉辦非正式的活動，以加強彼此之間的友誼。

㈥改進學校會議的方式，以提高教師發言的興趣。

㈦增設有關溝通課程，以利校長及教師進修。

在楊昌裕（民75）的研究中，係探討密集式人際關係小團體訓練，是否能增進國小教師的人際技術，以及能否將其轉化到實際教學情境的師生互動表現上。其研究主要發現有以下三項：

㈠接受人際技術訓練的國小教師，在人際關係中的催化性和引導性條件之分辨及溝通能力，均顯著地較未參與任何學習經驗的國小教師為優。換言之，人際技術訓練可使國小教師具有較好的人際

功能。

　　㈡接受人際技術小團體訓練的國小教師，在國語科教學上顯然更常使用間接影響語言。

　　㈢人際技術小團體訓練，確實能使在職教師在師生溝通上，更為接納、尊重學生的意見和看法，並容許學生在課堂上有較多的參與自由。

二、加強師生溝通之效能

　　在傳統的觀念中，師生的關係雖相當地密切，但老師與學生間卻保持「師尊生卑」，以及為師者擁有絕對權威的不平等地位。然而隨著時代進步與社會潮流的演變，過去這種崇拜教師權威和強調老師單向傳授教學的方式，至今已不足以發揮有效的教育功能，甚至造成師生間嚴重對立、衝突與冷漠的現象。事實上，在工商業快速發展，與多樣性的變遷之下，學生有無數的問題和困擾，須要老師來加以了解與輔導；因而師生間的良好溝通，即成為老師與學生融洽相處之基石。

　　在各級學生中，一般常見的現象是：小學生對老師最為尊敬與崇拜，同時也多少懷有戒懼之心；中學生已進入青春期，在發育成熟的過程中，偏好孤獨而反對一切權威；大學生雖然已成年，略懂得人際間相處之道，但因追求獨立自主，也很少與任課教師或導師密切往來。因此，在推動師生間建立良好的溝通過程中，身為教師者在這方面亦應扮演主動、積極的楷模身份，使學生藉由與老師的互動交往中，對老師真誠的關愛與信任有所回應，並學習老師在表達與傾聽等方面的溝通技巧，必能達到師生間良好的雙向溝通。

　　在此針對如何增強教師的溝通能力，提出以下五種方式（王以仁，民79），作為改進之參考。

(一)教師應適當地表達對學生的關愛

教師平日要主動積極地表示對學生的關懷，且讓學生能正確地加以接收，在其表達的方式上就要特別把握「自然真誠」的原則。曾經遇過一位初任導師的女老師，在她班上有位女學生正遭逢喪母之痛，她很想對這學生表達自己的關懷，但一直找不到適當的方式來加以表示；是應該將學生約來辦公室或家中面談？寫一封安慰信給她？課後留下她當面表示？晚上到學生宿舍找她？思索許久仍找不出最佳答案。我當時建議她保持平常心，以較自然的方式進行，如：寄一張安慰的小卡片，碰面時拍一拍學生的肩膀等，學生即可感受到老師真摯的關愛。

(二)口語表達應言詞精簡、思路清晰且比喻要恰當

通常學生最怕做老師的講個不停，喋喋不休，沒完沒了。因此，老師在對學生表達其意見時，應儘可能的「言簡意賅」，且思考方式要能合乎邏輯，一段話一個重點，並注意其前後之連貫性，必要時也可舉例說明，以增加其說服力。然而，舉例要考慮其恰當性，切不可「引喻失意」。譬如：前財政部長錢純先生即舉過一例，十分貼切地說明了向人民索稅之困難，他說：「抽稅就像拔鵝毛一般，既要拔得多又要鵝不大聲叫。」而另有一位電力公司前董事長，為了強調核能電廠的安全性，曾舉一例：「抱一座核子反應爐，要比抱二個女人睡覺來得安全些！」此言一出，未見其效反而立刻遭來婦女團體的嚴重抗議。

(三)積極的傾聽與適度的回應

為師者應該多聽少說、先聽後說，藉由傾聽表示出對學生的專注，並鼓勵他多說話。當學生在講話時，不要輕易插嘴，無緣無故打斷其談話，將會引起學生的反感，甚至使他不願再與你說話。傾

聽並不是說你不講話就好了，而且還要讓學生知道你在專心的聽他說話，代表了你對他基本的尊重、接納與關懷。所以，在傾聽學生說話時，加上適當的回應是非常必要的。例如：點頭、微笑、用眼睛注視著他等，讓學生知道你已了解他說話的意思；同時還可加上一些口語的回饋，如：「嗯嗯！」、「對，我知道！」等。

㈣設身處地的去了解學生

這也就是同理心的發揮。老師應常常換個角度，站在學生的立場來想想，以了解學生的真實感受，亦即所謂的「感同身受」。老師若能考慮到個人的尊嚴，且樂於見到他人當眾的誇獎時，面對學生也應把握「揚善於公堂，責過於私室」的原則，來處理學生的問題，必可收到良好的效果。

㈤保密與承諾的使用

每個人都有屬於他個人的祕密，也會要求別人尊重其隱私，在良好而深入地師生溝通中，難免會談到一些與學生個人隱私有關的問題而猶豫不決時，老師可以提出保證來承諾學生替他保密，以消除學生的不安全感。保密是師生溝通中，為師者基本應持守的原則；故保密雖非所有聽到的事都絕對不能說，但老師仍應處處以同理心來為學生設想，以免學生受傷害。因此，不要隨便承諾學生，答應學生的事要遵守，沒有把握的事不要輕易地應允。

良好的師生溝通，對於解決師生間的問題與增進彼此的關係，都有一定的功效，故其方向是絕對地正確。然而，師生間良好的雙向溝通，祇可能澄清與消除彼此間的誤解，卻無法彌補雙方的差距。因此，在溝通有其一定的進度與限制下，師生雙方除了有效的溝通之外，尚需本著真誠與關愛之心，共同學習，彼此相互容忍與體諒，如此方能促使師生關係更臻和諧與親密。

三、強化教師之人際關係

　　針對如何強化教師之人際關係方面，參考相關研究資料（吳武典、洪有義，民 76；洪有義，民 75；楊極東，民 75；Kaplan & Stein, 1984）後，可綜合歸納出以下五項重點，一一說明如下。

㈠時常給予別人適當的讚美

　　每個人都喜歡得到別人的肯定與讚賞。當別人有好的表現時，要給予誠心的稱讚。當老師的人往往善於說理教導別人，而容易忽略了對他人的稱讚。要知道當一個人受到別人讚美時，他除了感到自己有成就感之外，還會感受到尊重、尊敬與關懷，同時他也喜歡接近你。如果身為教師者，不吝嗇自己的嘴巴，舉「口」之勞的讚美，不但能夠帶給別人無限的快樂，也會讓別人更喜歡你。

㈡重視人際的互惠關係

　　根據人際互動論的說法，人與人間的互動或交往是朝增加酬賞和減弱代價的方向發展的。這種互惠有功利的、經濟的和現實的，也有精神的、心理的和超現實的。所以在人際互動過程中，每個人難免都附帶有酬賞和代價的比較水準。一般而言，功利的互惠較具現實，不能長久；而心理的互惠較能滿足人的基本需求，較能長久。因此，教師若想增強人際吸引，除了多用心思去了解自己和別人的需求外，不妨坦誠表達自己的情感，不要吝嗇對別人表示欣賞，同時如能把感激對方的心情傳達給對方，對方也將會為你做更多的事、更多的服務。

㈢彈性處理問題的態度

　　每一件事都可能有多方面的看法與不同的作法。我們常看到某

些人彼此生氣或爭吵，是因看法與作法的不同所引起的。其實，意見與作法的不同，也可以導致很好的討論，不一定非爭吵不可。處理事情過於固執與堅持一種固定的方式，常會遭到挫折，在人與人的相處上，也會彼此鬧僵了。在教師的人際關係發展上，遇事應學習設法從各種角度來發現較佳的處理方式，抱持彈性處理問題的態度，會使事情更圓滿的解決。

㈣與人相處要講究應有的禮節

我們是禮儀之邦，最講究禮節。但是有些人常常忽略了在日常生活中對人應有的禮貌，有些基本禮貌，例如「請」、「謝謝」、「對不起」等，雖是老生常談，但是這些禮貌用語，適當地應用在人與人相處中，卻是非常重要。如果我們做老師的人，都能夠謹記這些禮貌用語，並能使它變成我們說話的一部分，在與人交往中適當地使用，必將獲得別人更多的好感。

㈤控制與疏導自己的情緒

控制情緒是使你在不該發脾氣的時候不要發脾氣，使個人的喜怒哀樂表現得宜。當你與別人相處，難免有不愉快的事情使你心裡覺得不舒服，但你必須適當的控制自己的情緒；當忍則忍較不會破壞人際關係，也比較能使事情不會愈弄愈糟。一個輕易發怒的人，是沒有人願意跟他接近的。許多人不愉快的情緒沒有得到合理的疏導，而將它發洩在不適宜的人、事、物上面，這就是所謂「遷怒」；遷怒最容易破壞人際關係，雖然自己情緒得到了喧洩，別人卻成了代罪羔羊，這是不公平的。教師應隨時去了解自己不愉快的情緒，找出合理疏導情緒的方法，千萬不要把別人當作代罪羔羊。如此一來，教師個人的人際關係必能更臻於完善。

本◆章◆摘◆要

　　人是群體的動物，也是社會的動物，人不能離群索居。生活在社會裡就必須與人接觸，能與人發生各種關係，這種人與人關係的存在與建立，就是所謂的「人際關係」。心理學家提出健康的人際關係，包括以下的特質：兩人彼此坦誠溝通且能接納彼此的看法，彼此的要求能合情合理，主動地關心彼此的成長和幸福，尊重他人之自由而不企圖控制他人。

　　與人交往相處的生活態度有以下四種：我不好—你好（否定自己，肯定別人）；我不好—你也不好（否定自己，否定別人）；我好—你不好（肯定自己，否定別人）；我好—你也好（肯定自己，肯定別人）。

　　人與人之間互相吸引的因素包括有：時空的接近，態度的相似，需求的互補，外在吸引力與能力等五項。而人際友誼進展則分為：知曉、表面接觸及相互傾訴等三階段。

　　為了與別人進行溝通，我們必須把個人的思想和感覺，轉換為他人能夠辨識的各種符號、姿勢或語文，然後他人再將之轉換回他自己的思想和感覺。有四種溝通的方式可以傳達我們的訊息：自然語言、人工語言、視覺的溝通及非語文的溝通。

　　有效的溝通要素為：坦誠、關懷、信賴、同理與尊重等五項。而增進和諧溝通的八項具體作法是：積極的傾聽，語意表達要清楚明確，抓住對方談話的重點能給予適當的回饋，容忍別人

不同的觀點，讚美別人的優點，發生爭議時要能論事而不論人，培養個人的幽默感，及與人溝通時的表達要具體。

　　為增進師生溝通之效能，可從以下五方面做起：教師應適當地表達對學生的關愛；口語表達應言詞精簡、思路清晰且比喻要恰當；積極的傾聽與適度的回應；設身處地的去了解學生；保密與承諾的適當使用。而針對如何強化教師之人際關係方面，有五項具體作法：時常給予別人適當的讚美，重視人際的互惠關係，彈性處理問題的態度，與人相處要講究應有的禮節，控制與疏導自己的情緒。

研◆討◆問◆題

一、根據與人交往相處的四種生活態度來看，試評估您個人目前屬於那一種生活態度？並請詳細討論之。

二、試針對人與人之間互相吸引的五因素，依照您個人認為的重要情形分別排列出其先後順序。

三、以您個人多年任教經驗，請列舉出四項您認為增進師生溝通效能最重要的具體作法？並一一論述之。

四、針對如何強化教師之人際關係方面，請儘可能提出您個人認為較有效的作法？並請分別說明之。

本◆章◆參◆考◆文◆獻

一、中文部分

王以仁（民 79）：強化師生溝通能力。**教育部學生輔導通訊，11 期**，26-30。

王以仁（民 90）：**家庭生命週期與家庭教育**。載於中華民國家庭教育學會主編：家庭生活教育（頁183-209）。台北：師大書苑。

李美枝（民 68）：**社會心理學**。台北：大洋。

林彥好等譯（民 80）：**心理衛生**。台北：桂冠。

吳武典、洪有義（民 76）：**心理衛生**。台北：國立空中大學。

吳就君譯（民 73）：**如何接觸**（第五版）。台北：時報。

洪有義（民 75）：你好，我也好。載於：宗亮東主編，**創造自我**。台北：正中書局。

洪志美譯（民 73）：**人際溝通分析**。台北：桂冠。

黃國彥、李良哲、黃世琤（民 71）：**心理學**（第二版）。台北：中華電視台教學部。

黃堅厚（民 74）：**青年的心理健康**。台北：心理。

曾端真，曾玲泯譯（民 85）：**人際關係與溝通**。台北：揚智。

游恒山編譯（民 77）：**心理學**。台北：五南。

楊昌裕（民 75）：人際關係訓練對國小教師人際技術與師生班級口語互動效果之研究。**國立彰化師範大學輔導研究所碩士論文**。

楊極東（民 75）：**人生理念的探索**。台北：桂冠。

顏火龍（民 70）：台北市立國民小學校長與教師意見溝通之調查研究。**國立政治大學教育研究所碩士論文**。

二、英文部分

Coombs, R.H. & Kenbel, W.F. (1966). Sex difference in dating aspirations and satisfaction with computer selected partners. *Journal of Marriage and Family, 28,*62-66.

Dion, K.K. (1972). Physical attractiveness and evaluations of children transgressions. *Journal of Personality and Social Psychology, 24,*207-213.

Festinger, L.A. et al. (1963). *Social pressure in informal groups.* Stanford, Calif: Stanford University Press.

Hewitt, L.E. (1958). Student perceptions of traits desired in themselves and dating with marriage partners. *Marriage and Family Living, 20,*344-349.

Kaplan, P.S. & Stein, J. (1984). *Psychology of Adjustment.* Belmont, Calif: Wadsworth.

Levinger, G. & Snoek, J.D. (1972). *Attraction in relationship: A new look at interpersonal attraction.* Morristown, N.J.: General Learning Press.

Newcomb, T.M. (1961). *The acquaintance process.* New York: Holt Rinehart & Winston.

Zajonc, R.B. (1968). *Social psychology: An experimental approach.* Belmont, Calif: Wadsworth.

第九章

生涯發展

　　梁明進老師從師範專科學校畢業後就一直在國民小學服務，迄今已有二十一年了，他堅持年輕時選擇就讀師範學校的信念，繼續守著國民教育的崗位，梁太太戲稱他為「教育士官長」，梁老師卻自得其樂。去年的春假，他參加了畢業二十年的同學會，餐會中每個人簡略談到二十年來的生活點滴：

　　李國維：師範學校畢業後一直在國民小學服務，二十年來一直擔任級任教師，課餘寫寫散文，目前已出版兩本著作，並榮獲過師鐸獎，……。

　　高清林：師範學校畢業在國民小學服務三年後，申請保送師大進修，目前在國中任教，……。

　　王玲雪：在國民小學服務五年，與一位醫生結婚後，就離開教育工作行列，專任家庭主婦，……。

　　林敏添：在國民小學服務期滿後，就離開教育工作行列，與朋友合夥，經營貿易，目前擁有兩家貿易公司，……。

　　吳煥春：畢業後分發到偏遠的山地小學服務，二十年來沒有離開過該小學，服務五年後與同事結婚，並兼任學校行政工作，後來參加主任、校長甄選與儲訓，目前擔任該校校長，……。

　　蔡志明：在小學服務期間，一面教書，一面就讀大學夜間部繼續進修，接著參加金融特考，經錄取轉任金融機構，目前擔任銀行的襄理，……。

　　曾秀玉：小學服務期滿，參加大專聯考，考取大學法律系，畢業後通過司法官高考，目前擔任地方法院推事，……。

　　紀美玲：畢業後回到自己鄉下的小學母校服務，五年後因結婚而轉至台北服務，後來參加主任甄選與儲訓，目前擔任教務主任，……。

　　劉家德：在國民小學服務期間，熱心地方事務，後來參加民意代表選舉，擔任過縣議員，目前擔任縣長，……。

　　當時同窗的好友，有人和他一樣，二十年來沒有改變過志趣，繼續守著陽光，守著小學教育；有人當了主任、有人當了校長；有人在國小服務期滿後，申請保送師範大學，然後轉任國中或高中教師；有人出國進修，榮獲博士學位，在大學任教；有人離開了教育界，或轉任公務人員、或投入工商企業界、政治界和金融界，都有相當傑出的表現。

　　梁老師和他的師範同學，二十一年前有相同的志願與抱負，但在二十年後卻有很多的不同，顯然這二十年來，他們每個人都因應了個人的興趣與環境的變化，重新規劃了自己的生涯，選上了自己的最愛。那麼生涯是什麼？生涯如何發展？如何規劃生涯發展呢？

第一節

生涯發展知多少

一、生涯的意義

　　生涯（或生計）一詞在我國的古典書籍中，最早出現在《莊子》養生主篇：「吾生也有涯，知也生涯」；此外，如白居易詩：「生計拋來詩是業，家園忘卻酒是鄉」、「料錢隨月用，生計逐日營」；劉長卿詩：「杜門成白首，湖上寄生涯」；生計一詞是國人的日常生活用語，它的概念可以是謀生糊口的工作或職業，也可以是個人生活，甚至是整個生命中的志向與抱負。饒達欽（民 63）認為生涯是指一個人生命歷程中所經歷的一序列職業、工作和職位，亦即生活中與諸工作角色有關的經驗順序。林幸台（民 76）認為生涯包括個人一生中所從事的工作，以及其擔任的職位、角

色,但同時也涉及其他非工作或職業的活動,亦即個人生活中食衣住行育樂各方面的活動和經驗。金樹人(民 77)指出 career 原意為兩輪馬車,引申為道路,即人生的發展道路,亦即指個人一生中所扮演的系列角色與職位。

生涯(career)在英文中的涵義,〈大英辭典〉解釋「生涯」為「道路」(road, path, way)之意,引申為人或事物所經歷的途徑,或指個人一生的發展過程。Hall(1976)認為生涯係指一個人終其一生,伴隨與工作的演進方向與歷程,統合個人一生中各種職業和生活的角色,由此表現出個人獨特的自我發展組型;它也是人生自青春期以迄退休之後,一連串有酬或無酬職位的綜合,除了職位之外,尚包括任何和工作有關的角色,甚至也包含了副業、家庭和公民的角色。

從中外學者的生涯定義,了解生涯的概念不僅因定義者看法不同而異,也因時代不同而略有轉變。大體上來看生涯可以是指與個人終生所從事工作或職業有關之過程,即謀生糊口的工作或職業的狹義用法;也可以是指整體人生的發展,除終生事業外,尚含個人生活整體型態的開展,即個人生活,甚至是整個生命中的志向與抱負的廣義用法。

由以上的定義分析,可發現生涯有以下幾個特質:

(一)終生性

生涯概括個人一生中所擁有的各種職位、角色,因此,生涯不是某一時段所特有,而是終生的。

(二)獨特性

生涯是個人依據其人生理想,為實現自我,而逐漸開展的一種獨特生命歷程。不同個體的生涯,在型態上或有類似之處,但其實

質可能完全不同。

(三)發展性

　　生涯是一個動態的發展歷程，個人在不同的生命階段中會有不同的企求，因這些企求而產生不斷的蛻變與成長。

(四)總合性

　　生涯並不是個人在某一時段所擁有的職位、角色，而是個人在其一生中所擁有的所有職位、角色的總和，這個總和不僅限於個人的工作或職位，應該涵蓋人生整體發展的各個層面。

二、生涯的發展

　　「生涯發展」（career development）是指個人預備或選擇某一行業，決定進入此一行業，適應行業中的種種規定或要求，以及在此一行業中扮演和學習各種角色，逐漸由較低層級升遷發展，成長進步到較高地位的歷程。

　　從生涯發展的研究文獻中，發現每個人生涯發展的詳細歷程雖然無法完全一樣，卻可找出它們的共通軌跡。

　　Super（1976）指出人生的整體發展，通常由時間、範圍與深度等三個層面所構成：

(一)時間

　　是指個人的年齡或生命時程，可分為：
　　1.成長期：由出生至十四歲（相當於兒童期）。
　　2.探索期：由十四歲至二十五歲（相當於青春期）。
　　3.建立期：由二十五歲至四十五歲（相當於成人前期）。

4.維持期：由四十五歲至六十二歲（相當於中年期）。

5.衰退期：六十二歲以後（相當於老年期）等五個階段。

(二)範圍

係指個人一生中所扮演的各種不同角色，這些角色包括子女、學生、休閒者、公民、工作者、退休者、眷屬、家管（home-maker）及父母等。

(三)深度

是指個人在扮演每一個角色所投入的程度。這三個層面可構成人生的彩虹（如圖 9-1）。

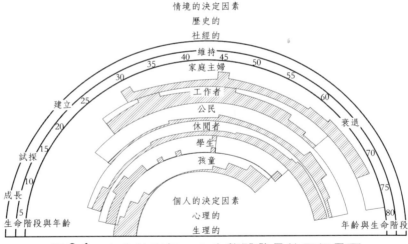

圖 9-1　人生的彩虹：人生整體發展的三個層面

資料來源：Brown, Brooks, and Associates (1985)。

Levinson等人（1978）曾探討十八歲至四十五歲美國成人的生涯發展歷程，發現這期間的生涯歷程可分為六個時期：

1.二十歲轉型期（18-22 歲）

離開原屬的家庭，逐漸減少對父母的依賴，以便準備進入成人的世界。

2.進入成人世界初期結構建立期（22-28 歲）

對成人角色、責任和關係的探索和暫時性的承諾，開始建立初期的生活結構，並對未來的人生理想有更清晰的認識。

3.三十歲轉型期（28-32 歲）

對初期的生活結構加以檢討或反省，試圖建立新的結構。

4.結構逐漸穩定期（33-40 歲）

個體在初期的生活結構修正完成後，會有往下札根追求成就的傾向，以使個人逐漸成為真正的自己，並讓人生的美夢成真。

5.四十歲轉型期（38-42 歲）

由於原來美夢與實際成就間的差距，使個體重新思索人生的目標，並改變與自己的關係，使能真正接納自己。

6.中年期開始（45 歲左右）

逐漸不在乎外在的是非得失，慢慢學會能以個人的內在企求來導引自己，追求自我實現。

金樹人（1992）綜合各家之言，將個人在組織內的生涯發展，分為起、承、轉、合等四個階段，茲將其階段、特徵及發展任務表列如下：

表 **9-1**　個人在組織內生涯發展四階段說明一覽表

階段	特徵	發展任務
起一入行階段	初生之犢，嘗試錯誤 1. 第一個正式有報酬而且全職時間的工作。 2. 須與其他同事合作，參與大型研究計畫，是個小角色。 3. 工作不盡然與能力完全相符，須調整心態。	1. 完成一個初步的職業選擇，這個選擇當作生涯起跑的基準，籌劃下一個目標的訓練或進修。 2. 圓一個看得見的夢——從職業或組織的環境中，去展現自己的才華、價值及野心，讓少壯的理想在工作生涯中實現。 3. 接受第一個工作所帶來的現實考驗。 4. 洗盡學生時代的書卷味，準備接受組織文化洗禮。
承一表現階段	駕輕就熟，初露頭角 1. 工作能力得以開展，漸可獨立運作，主管較能放手交付責任。 2. 在注意工作績效，展現專案能力時，也漸注意培養聲譽與聲望。	1. 接受並熟習於組織的特殊文化，涵泳其中，進出自如。 2. 處理並克服抗拒改變的心態。 3. 學習如何恰如其分的在職位上充分的發揮潛能。 4. 周旋於主管與同事之間，游刃於薪資報酬之外，追求卓越，力爭上游。 5. 認同於組織，認同於事業；在組織中尋得定位之處，安身立命。

轉一中年生涯階段	獨當一面，重責大任 1. 由執行層次提昇至管理或策劃層次。 2. 工作能結合組織目標與個人專業理念。	1. 發展生涯之錨。 2. 專才取向或通才取向。 3. 解決中年危機的困境。 4. 克服高原期的停滯。 5. 面臨退休的心理準備。
合一交棒階段	幾朝元老，提攜後進 1. 對組織的大方針或未來方向有決定性的建議權和影響力。	1. 做一個稱職的顧問。 2. 在工作、家庭與自我發展之間尋求一個適當的平衡點。 3. 為退休作心理準備。 4. 發覺自己進步的新興趣與資源。 5. 學習接受新的角色。 6. 放手，退休

資料來源：摘自金樹人，民81。

　　從生涯發展的研究中，可發現由於研究者所關注的焦點不同，對生涯發展階段的劃分也不完全一致，但這些研究資料仍可作為個體規劃生涯時的參考。

　　1. 各階段均有其獨特的需求與必須完成的任務。

　　2. 強調各個階段間的關連性，前一階段為後一階段的準備或先決條件，後一階段則有回顧、檢討前一階段的作用。

　　3. 生涯發展並非直線進行，雖然大部分的研究都按年齡順序排列，但事實上各期之間仍有許多循環、轉折之處，亦有統整的作用。

教師生涯發展概述

　　直接以教師為對象來探討教師生涯發展的研究並不多見，在未說明教師生涯發展之前，先談談教師生涯的特色。

一、教師生涯的特色

　　如果將教師生涯與一般生涯比較，教師生涯具有下列幾種特色：

㈠教師生涯是一種無生涯的工作

　　教師生涯與一般生涯不同之一在於教師生涯沒有職位高低之別，除了在行政工作上有校長、主任、組長之分外，無所謂晉升的問題，所有教師身份都相同，因此有人教學四十年，身份始終如一，難怪前文中梁太太戲稱梁明進老師為「教育士官長」。Lortie（1975）指出教師生涯是一種「無生涯的工作」（carreer-less work），正是此意。

㈡教學是一種孤寂的專業工作

　　教師的主要工作是教學，在教學的歷程中，雖然有協同教學或教學研討會，可以共同策劃教學活動或彼此分享教學工作的甘苦，畢竟機會不多，在大部分的教學活動中，教師必須投入其中，以自己的認知與觀點來面對學生、解釋教材、批改作業、評量學生的學習結果，真可說是教師自己策劃、自己執行、自己考核。而此等工

作要持續至退休，因此 Sarason（1971）認為教學是一種孤寂的專業工作。

㈢教師工作對象的同質性大於異質性

教師的工作每天所面對的對象都是年齡相近的學生，這些對象的認知發展、人格特質、價值觀等，從發展心理學的角度來看，大都可以預期，而且大部分在同一個階段，因此可說同質性較大；但一般行業者所面對的對象，年齡的分布往往大於教師所面對的對象，其特質雖可預測，畢竟範圍較廣，因此異質性較大。

㈣教師與工作對象的年齡差距逐漸增大

教師生涯中所面對的學生大都處於相當固定的年齡，如國小兒童，其年齡約在六歲至十二歲之間，但教師本身的年齡逐年增加，因此，初任教師時，與學生年齡差距不大，可能是「大哥型」或「大姊型」的教師，然後隨著年齡的增長，與學生年齡差距增大，而成為「爸爸型」或「媽媽型」的教師，最後則為「爺爺型」或「奶奶型」的教師。

二、教師的生涯發展階段

教育是一種專業工作，教師的生涯發展可視為一種專業人員的成長，有關教師生涯發展之研究，研究者也大多持此觀點，來探討教師在專業領域中的成長。

Fullor（1969）以文獻探討、深入的晤談以及檢核表等方法，探討在成為教師的過程中，各階段教師所關懷的課題，分述如下：

(一)教學前的觀察時期（pre-teaching concerns）

這是個人在學生時期的學生角色，對教師是觀察、批判的態度，甚至往往帶著敵意面對教師。

(二)實習階段的焦慮期（early concerns about survival）

這是開始接觸實際教學的實習階段，最關心的是自己的教學和教室管理能力問題、對教材內容的精熟程度，以及上級的視導評量等等，此期的焦慮緊張是十分明顯的。

(三)教學情境的關懷期（teaching situation concerns）

這個時期固然要關心前一時期的種種問題，也要對教學上的種種需要或限制多加關懷，更會將個人的學習轉移到和實際教學情境有關的事物。

(四)對於學生的關懷期（concerns about pupils）

雖然許多教師在職前教育階段就能表達出對學生的關懷；卻並不能真正適應或滿足學生的需要，往往要等到自己能適應教學的角色壓力和負荷之後，才能真正的關懷學生。

Pickle（1985）從專業的角度探討教師生涯發展的歷程，認為教師的成長主要涉及下述三方面：

(一)專業層面

包括從事教學工作所需的知識與技能、對教育工作的使命感，以及為公共執行教育任務所必須發展的情緒中立。

(二)個人層面

包括對自我與他人的了解、成就需求與個人特殊風格。

(三)思考層面

包括抽象思考、批判思考及前瞻思考等。每位教師自新任教師至退休為止，均在這三方面尋求增進，其發展的狀況，如圖 9-2 所示；新進教師在其職前的養成教育中，已使其擁有甚多的專業知能，但在個人與思考層面則尚待繼續學習，教師們在多年的教學過程中，不斷的吸收經驗，教學相長，而成為經師與人師兼備的教師。

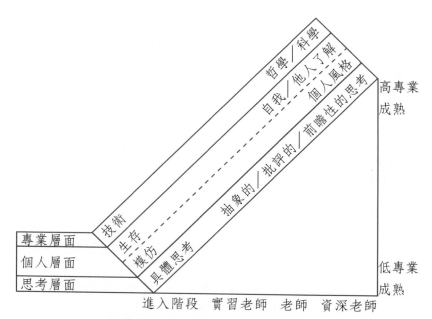

圖 9-2 教師成長歷程與成長層面

Paterson 以退休教師為晤談對象，請他們回想不同的年齡階段中生涯發展的重點，大致而言：

(一)廿～廿九歲之間

教師們完成了教育，參與教育專業組織，結婚成家。

(二)卅～卅九歲之間

生涯重點是教養子女，參與社區活動，參與教學以外其他類別的專業團體，得到高級學位，開始兼任其他職務，教師們認為這是教學生涯中的黃金時代，快樂而充實。

(三)四十～四十九歲之間

種種婚姻問題，家庭變故，情感糾紛陸續出現。有些教師遭到喪偶之慟，有些教師辭職他就。

(四)五十～五十九歲之間

常常遭到的困擾包括子女獨立的問題，金錢上的糾葛，休閒時間和方式的改變，專業服務或領導的機會增加等等，這是生涯中的重振時期（revitalization）。

(五)五十五～六十五之間

是生涯發展的衰退時期（wind-down）開始要面對退休的抉擇，以及退休後的生活適應問題等。

Fessler（1985）依據多年研究教師生涯發展的成果，將教師生涯自新進人員至資深成熟教師的發展過程，分為下列八個主要的階段：

(一)職前教育階段（induction stage）

這是師資養成時期的過程，是個人在師範院校受教育階段。

㈡實習導引階段（induction stage）

初任教職的頭幾年，要學習教師角色社會化，要適應學校系統的運作，這是教育人人努力求表現，希望能為學生、同學、上級或視導人員接納的階段。

㈢能力建立階段（competency building stage）

這是教師盡量改善教學技巧，提昇教學效率，講究補充教材，發現和運用新方法新觀念的時間，教師樂於出席研討會、觀摩會，熱衷於研究所進修課程等。

㈣熱切成長階段（enthusiatic and growing stage）

能力水準建立以後，熱誠而不斷成長的教師仍能持續地追求自我實現，他們主動積極，熱愛工作，持志不懈地以充實教學突破現狀為己任，亦能享有高度的工作滿足感。

㈤挫折調適階段（care frustration stage）

這是指教學的理想幻夢，工作不滿意，挫折沮喪，甚至於心力交瘁的時期。教師對教學生涯的意義和重要性感到懷疑。是生涯周期的中間階段（mid-career period）經常出現的現象。

㈥穩定停滯階段（stable and stangnant stage）

這個階段的態度是「作一天和尚撞一天鐘」的敷衍苟安態度，只求無過，不求有功。聘書上的義務完成之後，別無其他的企圖心或參與感，將成長和卓越完全地拋諸腦後。

㈦生涯低盪階段（career wind down）

這是準備離開教育專業的低潮時期。有些人感到愉悅自由。回

想以前的桃李春風，而今終能功成身退，豈不快哉？另外卻亦有人覺得苦楚艱辛，因為終生一事無成而牢騷滿腹，歎憾憂慮。

(八)退休落幕階段（career exit stage）

這是離開教職以後生涯寂寥的時期，有些人尋找短期的臨時工作，有些人可能含飴弄孫，頤養天年，也可能是齒危髮禿，多病故，總之是到了生命周期的最後落幕階段。

Steffy（1989）依據人文心理學派自我實現的理論，從個人發展的角度將教師生涯分為五個階段：

(一)預備階段（anticipatory stage）

此一時期主要為新進教師，亦可能有重新回到教職者，新進教師需要三年左右的時間才能進展到其他階段，後者則短期間可能超越此階段。此階段教師的最大特徵是對新角色的適應與準備，由於他之所以選上這一角色，必然有他主觀的想法，因此在行為上常表現出理想主義、精力充沛、開放、有創意、成長導向的特質。

(二)專家階段（expert / master stage）

此階段的教師對所任教的科目擁有多方面的資訊，不僅教學上能勝任愉快，而且能充分掌握學生的動向，班級經營幾乎完美無缺。此教師具有內在導向的動機，對新知新術有興趣繼續吸收與充實，可說是已達到自我實現的程度。

(三)退縮階段（withdraw stage）

此階段可分為三個小階段：

1.初期的退縮

此時的行為表現頗為沈靜寡言，較少參與活動，沒有創意，不

曾積極做反應，教學上不致有任何差錯，因此不易發現與一般教師有多大的差異。

2.持續的退縮

此時會出現較多批評的言語，對許多教學上的研習或探討不做任何反應，且常持嚴苛的態度評論他人，可能破壞人際間的和諧。

3.深度的退縮

退縮教師在意識上此時已脫離教育的領域，因此常表現不當的教學行為，對學生造成傷害。

㈣更新階段（renewal stage）

此一階段的教師多半發現自己開始已有初期退縮階段的徵兆，會產生厭煩不安的情緒，於是設法採取積極的反應方式，集中精力克服困難，但同時也較依賴外在的支持。

㈤離開階段（exit stage）

由於當初進入教職的理由不再存在，或已到強迫離開的年齡，因此教師將其重心放在未來的規劃上。

國內學者黃炳煌（民 71）以專業精神的發展歷程來說明教師的成長，至少應包括接觸、參與、興趣、認同與專心致志等五個階段。

在實徵研究方面，林幸台（民 78）以1060位國小教師為對象，探討其生涯發展狀況，結果在投入、挫折、遲滯、學習與轉移等狀況中，百分之三十八的教師屬於「挫折組」、「遲滯組」與「轉移組」各占百分之二十六，但「投入組」及「學習組」的總和卻不到百分之十。

上述國內外有關教師生涯發展的研究，有從理論推演者，有實徵研究者，雖然大都以時間做階段的說明，實際上教師生涯的發展

並非直線的模式，教師生涯的發展因教師個人或組織因素的影響而異。

三、影響教師生涯發展的因素

Krumboltz 等人（1978）從社會學習理論的觀點，認為生涯發展的歷程錯綜複雜，受許多因素交互作用的影響，其中最主要的有下列四項：

㈠遺傳因素及特殊能力

如性別、智力、肌肉協調、特殊才能等，均可能限制或影響個人學習經驗與選擇的自由。

㈡環境與特殊事件

如就學與訓練機會、社會變遷、社區背景、家庭等非個人所能控制的因素，對個人的學習與抉擇均有很大的影響。

㈢學習經驗

包括如教育或職業技能、個人生涯計畫等工具式學習，及如個人偏好、態度等連結式學習。

㈣工作取向技能

此為上述各項因素交互作用下的產物，如解決問題的技術、價值觀、工作習慣、認知歷程及心向等。而個人早期所培養的工作取向技能，又會影響往後的學習經驗與結果。

金樹人（1986）歸納指出影響個人生涯抉擇的因素有個人特質、價值結構因素、機會因素與文化因素等四方面，列表說明如下（請參閱表9-2）：

表 **9-2**　影響生涯抉擇的個人與環境因素

個人特質	價值結構因素	機會因素	文化因素
• 智能	• 一般價值	• 鄉村—都市	• 社會階級之期待
• 各種性向	• 工作價值	• 職業機會的接觸	• 家庭之抱負與經驗
• 技能	• 生活目標	• 教育機會的接觸	• 友伴之影響
• 成就	• 生計目標	• 職業機會的範圍	• 社區對教育或工作的態度與傾向
• 過去的經驗	• 職業與課程的名聲	• 教育機會的範圍	• 教師的影響
• 成就動機	• 職業與課程的刻板化態度	• 職業的要求條件	• 諮商者的影響
• 責任感	• 職業與課程價值觀的心理位置	• 課程的要求條件	• 角色楷模的影響
• 毅力	• 人—資料—事之導向	• 補習計畫之提供	• 文化中教育或職業機會的形象
• 守時	• 工作態度	• 各種輔導之提供	• 高級中學的學校氣氛與獎懲方式
• 熱情	• 工作道德	• 經濟狀況	• 專科學校的學校氣氛與獎懲方式
• 冒險的個性	• 休閒		• 主要參照團體的影響

・開明	・變異的需求		
・剛直	・秩序的需求		
・自我優點	・教養的需求		
・自尊	・救助的需求		
・決策能力	・權力的需求		
・職業成熟	・穩定感		
・性別	・安全感		
・種族	・利他		
・年齡			
・生理優點			
・健康			

　　美國的 Fessler 和 Christensen 合著的《教師教學生涯》（The Teacher Career Cycle,1992, Allyn & Bacon）列舉出十二項因素：個人的包括家庭、正面轉換期、危機、個人性向、業餘傾好、生命階段；機構的包括教育則例、學校管理風格、公眾信任程度、社會的期望、專業團體及工會的支援。高強華（1988）認為教師生涯發展的影響因素有個人因素和組織環境因素，簡述如下：

個人環境因素	組織環境因素
家庭因素	學校規則
積極的關鍵事件	管理類型
生活中的危機因素	公共信任
個人的脾氣或氣質因素	社會期望
嗜好或休閒	專業組織
生命的階段	聯合會組織

　　Fessler運用社會系統理論來研究教師專業發展，認為教師的生涯發展是一個動態的歷程，每個階段中有個人和組織環境因素的影響，這些影響因素，可以圖9-3來表示：

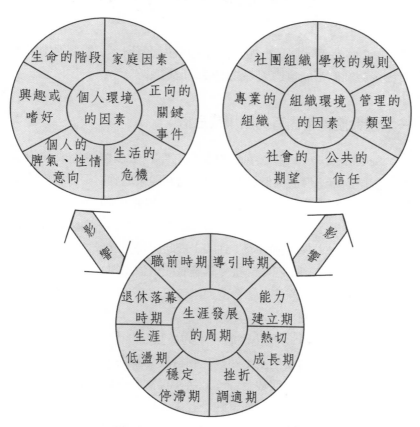

圖 **9-3**　教師生涯發展的動態關係圖

第三節

教師生涯發展的困境或危機

　　教師的生涯發展，一如其他行業的生涯發展，可能遭遇困境或危機，教師們可能會遭到哪些困境或危機呢？

一、生命旋律中固有的困境或危機

　　Schein（1979）認為生命的歷程主要是由個體身心成熟的發展、個體的事業發展與個體的感情、婚姻與家庭發展等三種旋律交織而成的一種「生命旋律的動態關係」（如圖 9-4）。每個個體生命旋律的發展不同，因此三條生命弧線的起伏不同，有人認為先成家再立業，二十歲就結婚了，到四十歲時已是兒女成群；有人認為先立業再成家，到了四十歲雖然事業有成，還是單身貴族。因此每個人在不同的生命旋律中都會遭遇困境，只是每人的困境不同，所遭遇的危機也不同。

　　Super（1984）：指出個體一生的生涯發展大致可歸納為：

㈠成長期：由出生至十四歲（相當於兒童期）。

㈡探索期：由十四歲至二十五歲（相當於青春期）。

㈢建立期：由二十五歲至四十五歲（相當於成人前期）。

㈣維持期：由四十五歲至六十二歲（相當於中年期）。

㈤衰退期：由六十二歲以後（相當於老年期）。

　　在這五個大的發展階段中，每個階段包含了一些小階段，在每個發展階段間還包含了轉型期（如圖 9-5），每個生命的發展都含有大周期、小周期與轉型期的循環，這些循環形成了個體生涯發展

的困境。

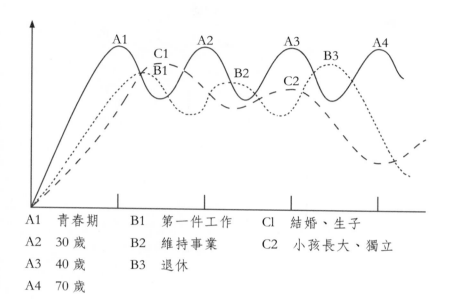

A1　青春期　　　B1　第一件工作　　Cl　結婚、生子
A2　30 歲　　　　B2　維持事業　　　C2　小孩長大、獨立
A3　40 歲　　　　B3　退休
A4　70 歲

A ───────── 表示個體身心的發展
B ·············· 表示個體的事業發展
C ─ ─ ─ ─ ─ ─ 表示個體的婚姻、家庭發展

圖 9-4　生命旋律的動態關係

資料來源：夏林清，民 75，P94。

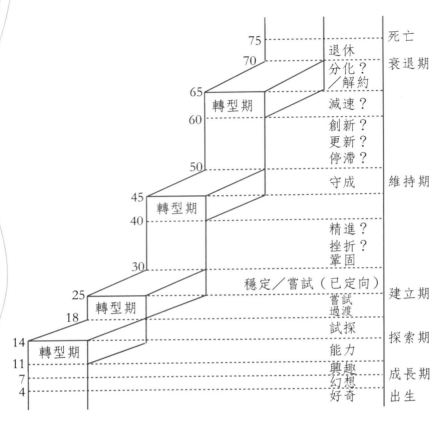

圖 9-5　大周期—發展階段與發展任務

資料來源：Supper, 1984。

二、教師生涯社會化過程中的困境或危機

　　教師生涯困境或危機，除了前述來自於生命歷程中固有的困境或危機，在成為一位教師的社會化歷程中也有困境或危機，茲簡述如下：

(一)工作環境不合適

　　教師的工作環境包括物理的及心理的環境，物理環境如：學校離家太遠，每天上下班要花很長的時間，讓教師覺得不值得，因此不願留任教職，也可能學校設備不如理想，又無法改善，教師認為會影響教學成效，因此乾脆離職；心理環境，如學校的組織氣氛充滿敵意、行政人員的領導方式過於專制、家長的要求背離教育理念等，均可能讓教師的生涯亮起紅燈。

(二)不良的工作習慣和態度

　　教師的工作相當繁重，尤其是小學教師不但工作量多，且時間長，教師不僅要早出，也經常晚歸，同時工作要相當勤快，如果上班時常遲到早退、做事拖拉、馬馬虎虎、敷衍了事，不僅同事對你另眼相待，學生及家長也會對你產生不良的形象，進而在教師生涯中產生危機。

(三)缺乏創新求變的動機

　　教育的理念、課程、教學法等雖然在短期間內變異不大，但教師應能隨時注意社會的變遷，引進新的思考方式或善用新的科技產品來改善自己的教學活動，求取更大的教學效益，但有些教師喜歡沿用以前的做事方法，思考方式不曾改變，形成作風保守或習慣僵化，因此若有新的教法或工具出現，未能接受或使用，自然會形成生涯的困境。

(四)人際關係不佳

　　教師所從事的工作對象都是活生生的人，如何與人相處會成為影響工作的重要因素，教師在學校中可能被同事或學生所接納、支

持、喜歡或被排斥、討厭，人際關係不佳者通常會有較嚴重的本位主義、較不合群、對人較冷漠或喜歡佔別人便宜。

(五)能力成長受限制

教師任職久了以後，可能因學校行政的措施，而一直擔任相同的工作，如固定擔任某段年級的課程或兼任某項行政工作，雖然在所擔任的工作上可能有較豐富的經驗，但如果被指派新的任務，或是處理較複雜的事物時，往往會產生抗拒，因為長時間固定某些工作時，已剝奪了教師在其他方面的學習與成長，因此能力成長受限制，角色也被窄化，有些教師喜歡這樣，有些不願如此，就會造成教師生涯的危機。

(六)工作壓力太大

工作壓力太大往往在教師生涯中產生負向的影響，有關教師工作壓力的研究指出：教師自我期許愈大，心理壓力愈大；部分教師有時覺得無法發揮所學或難以施展抱負；部分教師因缺乏適當督導，自認無法增加教學能力而感到困擾，較年長教師的壓力可能與婚姻、家庭生活或經濟有關；較年輕教師的壓力可能與工作適應、自我專業能力或人際關係有關；已婚教師較未婚教師有更多的心理壓力；城市教師較鄉鎮教師有更大的心理壓力；國小教師壓力較其他類型教師壓力大。

第四節

教師生涯發展的調適與突破

教師生涯並非完全靜止不動的，在其生涯發展過程中有生命固

有的困境，也有教師專業生涯社會化過程中的困境，如何因應這些困境使自己成為一個快樂的教師呢？以下從三方面來說明：

一、學習為自己規劃完美的教師生涯

如何統整教師的生涯發展計畫和學校組織的結構，使教師成為快樂的專業人員，Hall 認為個人和組織之間要統整，生涯發展的管理或設計，應考慮下列六項要點：

㈠評估生涯發展的時空情境因素（assessing the career context）

個人探索自己生涯發展的動機和機會，並規劃為有系統、有組織的發展方向。

㈡蒐集生涯發展相關的訊息資料（information seeking）

根據個人的價值、興趣或經驗、潛能等，了解組織中的生涯發展機會。

㈢設定生涯發展具體的目標（setting realistic goals）

這是統整個人的人生目標和組織未來的發展目標之後的確實結果。

㈣發展達成具體目標的策略或計畫（development of specific plans）

個人要形成計畫，把握關鍵的步驟，規劃內容也要設計具體的活動。

(五)**促成生涯發展目標與計畫的實現（implement the career plan）**

其中包括問題解決和適應技巧的運用等。

(六)**達到生涯發展的確實完成（performance）**

這是實現或完成生涯發展目標的最後階段。

二、肯定自己已擁有的能力與技巧

教師在長期的教學過程中所培養的能力和技巧，不僅是使教師在教育專業發展獲致成功的主要因素，也可能是教師轉業成功的重要原因，高強華（1988）指出這些能力與技巧包括：

(一)流暢的書寫能力。

(二)生動的表達能力。

(三)發展問題解決的能力。

(四)分析性、評鑑性的思維習慣。

(五)運用圖書、儀器、設備的能力。

(六)視導監督，領袖群倫的能力。

(七)與人協同合作的能力。

(八)說服他人的能力。

(九)面對群眾處理意外事故的能力。

(十)有效掌握和運用時間的能力。

(十一)計畫和組織與工作相關活動的能力。

(十二)從事長程目標之方案計畫的能力。

(十三)理解和運用數字符號的能力。

(十四)使用視聽、電腦輔助工具的能力。

(由)和他人溝通的能力。

(由)消除矛盾化解糾紛的能力。

英國於一九九八年所發表的教改政策「教師綠皮書」中提出所謂的「新專業主義」（new professionalism），強調要擴充教師的視野與對廣大的社會情境的認識，使教學活動不至於孤立，同時教師的專業知能亦必須不斷提昇，才能確保優良的教育品質（楊深坑，2000；蘇永明，2000）。

三、成為教師生涯贏家的信念與態度

教師想成為教師生涯的贏家，除了要學會在現存的教育體系內為自己做完美的生涯規劃、肯定自己已擁有的能力與技巧外，也應有下列的信念與態度，才能使自己成為成功的教師：

(一)隨時檢視自己的教學信念

雖然 Lortie（1975）指出教師生涯是一種「無生涯的工作」，教師可能終其一生都是教師。但教師本身應了解自己這輩子要扮演怎麼樣的教師，完全掌握在自己的手中，想成為怎樣的教師就會是那樣的教師，想怎樣教學就會那樣教，也會有那樣教的結果，這些完全受到自己教學信念的影響。因此，要成為與時俱進的教師，應隨時檢視自己的教學信念。

(二)設定適當的目標

目標是指引人努力追尋的標的或方向，沒有目標的人過著隨波逐流的日子，有些教師也會如此，既然一輩子只能當教師，就抱著當一天和尚撞一天鐘的心態過日子；目標訂得過高的人容易過著緊張痛苦的生活，有些教師也是如此，把目標訂得相當理想卻難以達

成，而過著自艾自憐或憤世嫉俗的日子；唯有設定適當的目標並持之以恆，腳踏實地去實踐，才能過充實而又有意義的生活。成功的教師應知道自己要往哪兒去，並為自己設定適當可行的目標，同時願意為這些目標付出必要的代價，以督促自己追求卓越的自我成長。

(三)勇於接受不斷的挑戰

教師所面對的對象雖然同質性較高，但教師與學生年齡的差距會隨著時間而逐漸拉長，從「大哥型」或「大姊型」的教師，逐漸成為「爸爸型」或「媽媽型」，最後則為「爺爺型」或「奶奶型」的教師，在轉型中自己的思想逐漸保守，而面對的學生卻逐年年輕，價值觀日益不同，挑戰也大，要成為教師生涯的贏家就要勇於接受不斷的挑戰。

(四)掌握教育的資訊

生存在這個資訊爆炸的時代，教師應具備有接受、處理、儲存與傳送資訊的能力，尤其是與自己專業相關的資訊，如新的教育理論、課程標準、教育政策、教學方法等，教師必須隨時注意，並加以吸收且和自己的知識體重新組合、儲存且在適當的時候傳送出去。要獲得這些新的資訊，教師應敏銳地延伸自己的觸角，如多閱讀專業書刊、多聽專題演講、多參與研習活動，或再進修。

(五)合理的時間管理

時間是個人很大的財富，時間價值的產生在於自己對時間的控制，能充分利用時間，善於控制時間，必可提高時間的邊際效益，建立自己每天的時間軌道，過著有計畫、有規律的生活，按照順序每日實行，用心設計每日行動，控制自己，辨別事情輕重緩急，不

拖延，不讓時間無謂的損失，必可成為教師生涯的贏家。

㈥運用有效的溝通技巧

教師的生活是一種溝通的生活，每天面對學生必須把知識、態度或技巧傳授給他們；面對家長必須讓家長了解學生的學校生活，也必須知道學生的家庭生活；面對同事了解彼此的任務或學生的生活，教師必須不斷的溝通，溝通不良會影響學生的學習、家長或同事的誤解，讓自己有挫敗的感覺，美國管理之父 Drucker 曾宣稱百分之六十的問題出在溝通不良，因此成功的教師必須運用有效的溝通技巧來溝通，要能明白自己所有傳送的訊息、訊息傳送的方法要具體明確、善用多種管道、用誠懇的態度、注意雙向的交流，如此才能達到事半功倍的效果。

㈦工作的壓力

教師的生活充滿了各種壓力，這些壓力有來自於學生、家長、同事、組織的管理、工作負荷、社會的期望，以及自身的人格特質與角色扮演，適當的壓力可激發教師的潛能，增加教學的成效，但過重的壓力，卻造成教師身心的不適或不良影響，降低教學的成效。因此，成功的教師應能察覺壓力的來源及其程度，並善用各種壓力因應方式，來調適自己的生活。

四、結語

教育是一項助人的專業工作，教師要能有效的協助學生成長，必須先肯定自己的工作，並喜歡自己的生涯發展。因此，想要成為成功的教師，首先要能規劃自己的生涯發展。教師在進行生涯規劃時，除了應了解自己的生涯發展受到哪些個人或組織因素的影響，

同時也要了解影響因素間的關係及生涯規劃的方法，以為自己設計出美好的藍圖，走出美好的人生。

本◆章◆摘◆要

　　我們每一個人都因應了個人的興趣與環境的變化，規劃了自己的生涯，但生涯是什麼？生涯如何發展？如何規劃生涯發展？如何突破生涯困境或危機？你是否了解？本章針對這些主題，綜合各家之說，提供各位一些參考的意見。

一、有關「生涯」的各種不同的解釋及定義。

二、有關「生涯發展階段」的不同論說。

三、國內外學者對教師生涯發展之特色與階段之觀點。

四、影響「教師生涯發展」的因素。

五、教師生涯發展的困境或危機之探討。

六、教師生涯發展的調適與突破之道。

研◆討◆問◆題

一、試說明生涯的定義。

二、試以金樹人教授之「生涯發展階段」理論，說明你個人教師生涯所處之階段及該階段之特徵、主要任務。

三、試說明影響教師生涯發展的因素。

四、試對教師生涯發展的困境或危機做些改善的建議。

本◆章◆參◆考◆文◆獻

一、中文部分

林幸台（民 76）：**生計輔導的理論與實施**。台北：五南。

金樹人（民 77）：**生計發展與輔導**。台北：天馬。

郭玉霞、高政英合譯（民 84）：**明日的教師**。台北：師大書苑。（譯自：Holmes Group, Tomorrow's teachers: a report of the Holmes Group.）

黃惠惠（民 78）：**我的未來不是夢──生涯發展與規劃**。台北：張老師。

蔡培村主編（民 85）：**教師生涯與職級制度**。高雄：麗文文化。

羅文基、朱湘吉、陳如山（民 80）：**生涯規劃與發展**。國立空中大學。

林幸台（民 78）：我國國小教師生涯發展之研究。**輔導學報**，12 期，165-297頁。

二、英文部分

Burke, P. J., et al. (1987). *The teacher career cycle: Model development and research report*. (EDIC Document Reproduction Service No. ED. 200604).

Fessler, R. (1985). A model for teacher professional growth and development. In P. Burke & R. G. Heideman, (Eds.), *Careerlong teacher education*. Springfield, IL: C. C. Thomas.

Fuller, F. F. (1969). Concerns of teachers: A developmental conceptualization. *American Educational Research Journal, 6,* 207-226.

Call, T. D. (1976). *Career in organizations*. Pacific Palisades. CA: Goodyear

Publishing Co.

Pickle, J. (1985). Toward teacher maturity. *Journal of Teacher Education, 36* (4), 55-59.

Super, D. E. (1976). Career education and the meaning of work. Monographs on career education. Washington, D. C.: The Office of Career Education, U. S. Office of Education.

第十章

感情、婚姻與家庭生活的調適

　　心理學家艾力克森（Erik Erikson）認為生命中有八個階段，在每一個階段必須面臨一重要危機，個體如何處理這些危機深深影響其人格之形成與生活之適應（請參閱圖 10-1）。其中第六個階段—成年前期（early adult 約十八歲左右開始）主要危機是親密與孤立。其重點在於親密人際關係之發展。擁有親密的知己朋友、情人以及婚姻伴侶皆是此階段須完成之重要任務，這些任務如能在此階段完成，則能順利度過此危機，反之，則將會感到孤獨、疏離、沒有朋友，並影響其未來生活之適應。

　　哈維甲斯持（Havighurst, R., 1953）針對成人生命發展的工作（adult development task），提出基本的架構。他指出由十八歲到三十五歲的成年人，他（她）的人生工作主要集中於擇偶、結婚、成家，及養育下一代等。三十五歲到六十歲的中年人，他（她）的人生工作有一部分是培養與配偶之間視如己出的感覺。六十歲以後的晚年期，他（她）的人生工作則是適應喪失配偶的生活及情緒調適。由此可知，親密關係之建立、擇偶、結婚、成家及養育下一代等，在人的一生中佔著很重要的地位。

　　溫馨的友情、絢麗的愛情、美滿的婚姻、幸福的家庭是每一個人都期待的，然而在變遷的社會中，我們發現愈來愈多的人活得很孤獨，愛得很辛苦，婚姻維持得很吃力，而家庭也愈來愈難以維繫。原因到底出在哪裡呢？本章擬針對這些問題作較詳細的探討。

I 口腔—感覺期	II 肌肉—肛門期	III 運動—性蕾期	IV 潛伏期	V 性慾和青少年期	VI 成年期前期	VII 成年期中期	VIII 成年期後期
							統整對失望
						生產對停滯	
					親密對孤立		
				認同對角色混亂			
			勤勉對自卑感				
		主動對罪惡感					
	自主對羞恥懷疑						
基本信任對不信任							
1	2	3	4	5	6	7	8

圖 **10-1**　艾力克森的社會心理發展八階段

資料來源：林彥好、郭利百加，民80。

感情生活

一、兩個案例

「很多人都羨慕地説我們是很相配的一對，無論從外表、個性、家世來看，彷彿除了她以外，再也沒有人配得上我……。從大一開始，當我在班上發現她，那種感覺！真難形容，只覺得以前都是白活了，從此以後，我的心裡再也容不下別的女孩。過了半學期，她終於屬於我了。每天我接她上學，上課坐一起，下課我送她回家，天天形影不離。

我們在一起，一切都很順利，雙方家長及親友也都贊成我們交往。只是，我總覺得少了什麼，愛情之外似乎還缺了什麼東西，最近這種感覺格外強烈。再過幾個月就要畢業了，在最近的一次畢業旅行中，我發現和相處四年的同學竟然無話可説，和大家都有隔閡。班上好幾個同學的名字至今仍叫不出來，這個學校教我既熟悉又陌生，而明天，星期四，一大早就有課，我還得早起去接她……。」（王桂花等，民76）

•

九點正，電話鈴聲準時響起，家裡沒有一個人要接，他們都很清楚，這是我的電話，我無可奈何地拿起話筒，心想：八成又是他。

「我是一個好勝心很強的女孩，大學唸的是師大，畢業後，順利進入一所國中任職。

　　我的上司（主任）大我十歲，為人誠懇、穩重，對我非常照顧，常常噓寒問暖的，是個體貼的男人，而我一直把他當兄長看待。偶然，在一次學校同事聚餐後，他送我回家，路上他表白了他對我的感情，之後他開始約我看電影、喝咖啡，我感動於他的真心，就這樣開始和他約會。交往一段時間，問題出現了。我的個性強、活潑、喜歡熱鬧；他正好相反，內向、保守、刻板。偶爾我穿戴時髦，打扮花俏一些，他就不高興；而我喜歡戶外活動，他卻偏偏愛待在家裡看書聽音樂，蒔花種草，剛開始彼此都還能遷就對方，後來我們都覺得很累，雖然，我們彼此內心裡都深愛著對方，最近他向我求婚，希望我嫁給他，怎麼辦呢？我和他的差異性是如此地大，這樣可以結婚嗎？」

　　由這兩個案例，我們可以發現「愛」令他們很困擾。

　　想想看上述這兩個個案，他們的情感與發展是建立在怎樣的基礎上呢？

二、感情發展

　　人，基於不同的理由和他人建立關係。從生物學的觀點來看：群聚可以使個人和團體都覺得較安全。從社會的觀點來看，關係可以使人克服童年時的恐懼，或產生「物以類聚」的效果，讓人得到安慰。

　　許多時候，人會選擇伴侶來填充內心的孤獨和焦慮；藉著迷戀或依賴某人，來彌補空虛感。Mckeen & Wong（1996）認為兩性情感發展，可以分為五個階段：

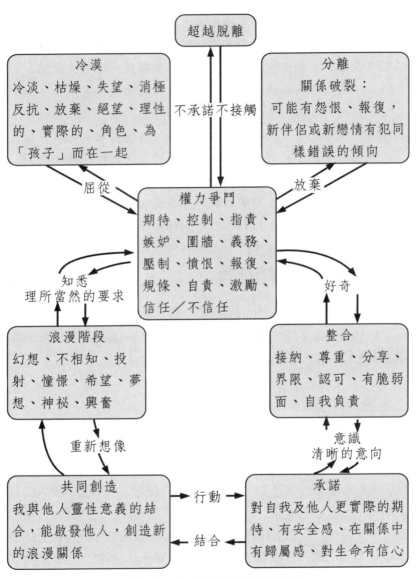

圖 10-4　情感發展的五個階段

資料來源：引自朱湘吉，民 90，頁 235~239。

(一)浪漫階段（romance stage）

關係開始時，我們因為不了解對方，因此常存有幻想，認為他可以滿足自己安全感的需求，讓生命變得有意義。這時，對方常被「物化」（objectified）為角色（如：男／女朋友、生意夥伴、爸爸／媽媽），許多希望和期望因運而生，他的盧山真面目反而沒被看到。當事人往往會被神祕、興奮、憧憬、夢想、投射等現象沖昏了頭，因而失去理智。隨著認識逐漸加深，神祕的面紗一層層地揭開，這些幻想也會隨之慢慢消失。

(二)權力鬥爭階段（power struggle stage）

權力鬥爭的目的，在爭取控制權。在家庭中，小至牙膏怎麼擠、如廁後馬桶蓋要不要掀起、誰來洗碗／倒垃圾等事件，都可能是權力鬥爭的戰場。在這個階段，如果對方無法滿足我們的期望，失望、怨恨便逐漸累積。這時，一方常會用強迫、指責或罪惡感來控制對方；另一方則開始自我防衛。在大大小小的爭鬥中，一道道無形的牆也在不知不覺中豎起。壓力、挫折、憤怒、受傷的感覺逐日增加。在這個階段，嫉妒也是常有的情緒，當事人因為害怕失去對方而嫉妒，有時也用嫉妒來控制對方的行為。

權力鬥爭中的衝突和差異，若未得到適當的解決和接納，可能會產生三種結果：

1.冷漠

雙方選擇繼續留在關係中，但是人卻變得冷淡、失望、消極反抗、放棄、絕望、理性、實際。生活一成不變、枯燥無味。有人則為了「孩子」而在一起，扮演好「應該扮演」的角色。

2.超越

留在關係中，但認為自己比對方好、自己比對方氣度大、「諒

解」對方的不成熟，底層的優越感把彼此的距離愈推愈遠。對關係不承諾也不接觸。

3.分離

關係破裂可能會心懷怨恨或報復，並尋找新夥伴開始另一段關係。但是，因為基本的行為模式並未改變，因此很有可能會犯同樣的錯誤。

當然，在這個階段，我們也可能因為彼此間的差異和未滿足的期望，而對自己和對方有更多的認識和學習。要能順利走過這一階段，雙方必須承諾繼續留在關係中，並且學習如何分享情緒，而非利用情緒來控制對方。

(三)整合階段（integration stage）

當我們願意放棄用「二分法」看事情，分出誰對誰錯、誰好誰壞，並用「好奇心」去探究彼此的差異時，整合階段就開始了。換句話說：當對方不如我們的期望或意見不同時，懷著好奇的心理去了解他的想法，透過溝通、對話，從了解到真心地接納、尊重。同時，也願意顯示自己的脆弱面，自我揭露，分享自己的感覺，並為自己的感覺負責，不再指責對方，擺脫「都是你害的」受害者角色。同樣地，也用好奇心去探究自己為什麼會有這些感覺。透過覺察、向人承認、接受、行動，讓整合的層面變得更深更廣。

(四)承諾階段（commitment stage）

承諾一起經營關係，並在信任感中分享更深層、更困難的議題（如：幼年的恐懼及創傷）。同時，因為彼此的認識加深，期望也較實際，早期關係階段中的承諾，也可以加以修正了。

㈤共同創造階段（**co-creativity stage**）

　　從關係中發展出來的了解、愛、成長、創造力和知識，現在可以擴散到關係以外的人，創造新的關係。自己和對方，也可以在靈性上相結合，成為「心靈伴侶」。夫妻在這個階段考慮創造「愛的結晶」，孩子才可能有較健全的人格。

　　總之，所有關係的發展（如親子、配偶、同事、戀人），都可能經歷以上五個階段。值得注意的是，這些階段的發展，是循環式的。例如：一對戀人在歷經了浪漫、權力鬥爭、整合階段，決定承諾一起生活，走入禮堂，共同創造一個「家」。婚後，孩子誕生，因為新成員的加入，家庭動力改變，因此又會進入另一個關係發展的階段。此外，和不同的對象，也可能處在不同的階段，例如：和新生兒處在浪漫階段，但和配偶卻在與孩子的「三角關係」中，產生權力鬥爭。

三、愛的內涵

　　在歷史、文學、戲劇中，我們讀過看過很多愛情故事，在現實生活中，我們也聽說了很多愛情故事，也許也曾親身經歷過，但故事內容卻是不盡相似。有人「衝冠一怒為紅顏」、有人「不愛江山愛美人」、有人「不想相思卻為相思苦」……。「愛」以各種不同的面貌，永遠糾纏著人類，所以無論時代如何地變遷，它一直都是流行的話題，但「愛」是什麼？卻少有人能清楚說明白。

　　筆者曾在「感情心理學」的課程中，就「愛是什麼？」與選修此課程的學生進行討論，學生們非常踴躍的發言，表達他們「愛」的意見。他們說：

　　㈠愛是一種只可意會不可言傳的感覺。

㈡愛就像吃河豚，味美但危險。

㈢愛是一種嚴重的精神病，令人行為失常。

㈣愛是一朵長在斷崖上的靈芝，想要得到必須有勇氣。

㈤愛是恆久忍耐又有恩慈。

㈥愛是一齣悲劇。

㈦愛是看到他（她）臉紅、心跳加速的興奮劑。

㈧愛是……。

從課堂討論中，我發現每個學生對「愛」都有自己的定義，也許「愛」是一種主觀直覺的心理狀況。有一些心理學家們也曾對「愛」的本質作過探討，茲舉幾位較常被提及的觀點，分述如下：

　　1.魯賓（Zick Rubin, 1974）認為愛有三個元素：⑴關懷（Caring）；⑵依附（attachment）；⑶親密（intimacy）。「關懷」是指願意為對方伸出援手，特別是在對方需要時；「依附」是指願意與對方長相廝守，是一種情緒上的依賴；而「親密」則包含了自我坦露、了解、信任。魯賓以此三元素編製「愛情量表」，並以正在戀愛中的美國大學生為測驗對象，結果魯賓發現，兩人若是在愛情量表上得高分，則兩人互相注視的次數較多，也表示他們正在戀愛以及將來可能會結婚。六個月後，他們也仍然在一起。國內李美枝教授（民 72）也曾以此量表進行多項研究，發現國內的大學生也有類似 Rubin 的研究結果。

　　2.耶魯大學教授史谷伯（Sternberg, 1986）提出「愛情三向度」理論（參閱圖 10-2），他強調「愛」實際上可從三個層面來看——親密（intimacy）、熱情（passion）及承諾（commitment）。其中親密是「愛的情緒」（感情）元素，指兩人間投契、相知相惜、心靈結合的情感，兩人交往時可藉由感覺來溝通，分享個人所擁有的，包括時間和自我，並提供情感上的支持；熱情是「愛的動機」元素，包括了生理上的需求和衝動，如相處時的感受、外表與

吸引力等都是屬熱情層面;「承諾」是「愛的認知」元素,指兩人之間的承諾,是一種理性的抉擇,也是維持兩人關係長久的動力。承諾通常由忠誠、關係的建立、患難與共,或是藉訂婚、結婚等付諸實現。Sternberg 強調「完整的愛」,這三個元素缺一不可。也就是兩人之間必須在情緒上、生理上及認知上能滿足與肯定。

圖 10-2 愛情三角形

3.心理學家佛洛姆(E. Fromm)認為愛是人類與生俱來的能力,但需要不斷學習如何去愛,才能將愛的能力發揮出來;他強調要愛人之前要先能愛己;他並認為「真愛是給人自由,而非束縛」,真愛應包括有下列四項因素:

(1)願意了解。

(2)用行動表示關心。

(3)關係的獻身感。

(4)責任感。

4.心理學家法蘭克(Frankl)認為愛的態度有三種型態:最原始的態度屬於身體層面,是性的態度,即針對他人的身體現況引起性的刺激,觸發性衝動,其次是迷戀,要比前述態度更深入到對方

的內心，直逼他人的心理層面，但是仍然不能達到對方的核心，第三種類型是針對對方的精神層面的愛。屬於第三層次的愛不再停留在身體或情緒層面的興奮，而是在精神層面有深深的感動，被對方人格的核心所感動。第三層次的愛是透過身體及心理的「衣裳」去看其精神的人格。因此，關鍵不在於身體特徵或心理特徵，而在於對方的人格。真實的愛是以對方人格的獨特性為對象，因此，不可能「轉移」到他人。除此之外，真實的愛在時間上是永恆的，此與性興奮狀態所表現的短暫性不同。性衝動一旦滿足就會消逝，心理的戀情熱度也有消退時，唯有以精神人格所導向的精神層面的行為可以恆久持續。愛超越所愛的人之死亡仍能持續，愛比死更強烈，其理由即在於此，即使所愛之人的身體因死亡而歸於無，在本質上是不受時空限制的（劉焜輝，民 76）。

綜合上述各家之說，「真愛」是以「許諾」為兩性關係持續與否的核心，「親密」與「激情」則是「許諾」的延續；關懷、照顧、責任及了解皆是愛的表現；真愛不是被動而來，愛是與生俱來的能力，但需要主動積極的學習；真愛是以對方精神人格的獨特性為對象，所以，真愛是可以永恆而不變的。

四、愛的類型

美國心理學家李約翰（Lee.J.A.）將愛情分為六種類型，不同的愛情類型是根據不同愛情需求發展出來的；一個人會選什麼樣的愛情，則是受到個體對愛情主觀定義所左右。

李約翰針對愛情類型進行許多研究，早期他將愛情分為九型，後來根據許多個案資料，編製問卷並分析結果，將九型改為六型，稱之為愛情的顏色（colors of love）：

㈠熱烈型：瘋狂熱戀、轟轟烈烈，激情的愛。

㈡遊戲型：只享受過程，不一定要有結果的愛。

㈢友伴型：細水長流、寧靜無波的愛。

㈣依附型（熱烈型＋遊戲型）：因戀愛而心神不寧，情緒起伏很大的愛。

㈤無私型（熱烈型＋友伴型）：願意自我犧牲、不求回報的愛。

㈥計畫型（友伴型＋遊戲型）：理智的、顧慮現實條件挑選對象的愛。

每個人愛的類型常因對象不同而經驗不同，也可能隨著個人成長韻律而有所變化。但若以婚姻與家庭取向來看，友伴型與計畫型的愛情較理想。因為婚姻與家庭生活是終其一生的，其中需要的是細水長流的感情，隨著歲月漸增的感情，雖非十分偉大動人，但最是能持久的。

計畫型之愛，雖然聽來不夠羅曼蒂克，但是在婚姻的現實之中，就是需要有重實際、就事論事、互補互足的相處方式，這種實用之愛能幫助兩人協調合作，有良好功能。

無私型之愛是重視對方的需要甚於自己的。人在婚姻中不宜一味犧牲，更不能否定自己的需要，唯在婚姻中是無法完全沒有犧牲成份在內的，因此無私之愛中的不自私，樂於為對方服務，考慮對方的需求，仍是需要的。

五、男女兩性對「愛情」的反應

社會中存有男女兩性對愛情反應的刻板印象，女人比男人更容易陷入浪漫的愛情中，「愛情是女人的生命」、「女人是為愛而生，為情而死」，而「感情只是男人生命中的一部分」，然而根據專家學者的研究卻指出：女人的愛情反應是「LIFO」型──「晚

進早出型」（last in, first out），而男人是「FILO」型——「早進晚出型」（first in, last out）。亦即女人比男人較晚進入情況，且一見情形不妙，即能及早撤出，而男人則是容易墜入情網，卻又不易撤出（賴瑞馨、林麗雲等著，民 78）。因此，研究者根據其研究結果指出幾點兩性對愛情反應上的不同：

㈠女人比男人較不羅曼蒂克。

㈡女人比男人較小心墜入情網。

㈢女人比男人較不相信有羅曼蒂克的愛情存在。

㈣女人比男人在戀愛中較不快樂。

㈤女人比男人較容易從戀愛中清醒也較能斬斷情絲。

㈥女人比男人較難在愛情中發生親密關係。

㈦女人比男人較能主動表示分手的意願，而男人則較喜用時間、空間（利用疏遠、冷淡和對方自然不來往）解決問題。

㈧女人比男人容易嫉妒；兩性的嫉妒焦點也不一樣。男人嫉妒的原因常與性有關，女人則比較跟感情有關；「移情別戀」對男人來講常是女人跟別的男人發生性關係；對女人而言則常是男人將感情轉注到其他女人身上。

㈨女人比男人更不易信任對方。

六、兩性交往的過程及應注意事項

㈠兩性交往的過程

雷斯恩（Ressin）的「愛情之輪」（見圖 10-3）將兩性交往過程分為四個階段：

圖 10-3 愛情之輪

1. 和諧談得來（rapport）。

2. 自我表白（self-revelation）。

3. 互信互賴（mutual dependency）。

4. 人格需求的滿足（personality need fuefillment）。

　　此四階段彼此相連，輪子的轉動方向可由一而四也可由四而一，或者由其中任何一個階段開始。在戀愛過程中如有不利因素產生，輪子轉動的方向可能倒轉過來，甚至停止不動，使愛情無法再發展。

　　Sternberg 認為愛有七個步驟：

(1)感嘆──即稱讚、讚美對方。

(2)親近──想接近對方。

(3)希望──寄予希望，認為也許自己的想像能實踐。

(4)愛心──自覺到能用愛去關懷對方。

(5)互相交談──知道彼此的感情。

(6)懷疑──對方的任何舉動都會引發「為什麼」的感覺。

(7)信任──經得起考驗的信賴。

　　一般說來，大部分男女兩性之間的感情交往，較理想的方式是

採循序漸進的方式進行——依認識、了解、熟悉、親密等順序，由友情而發展成愛情。在認識階段，男女之間一起藉由參加大團體（如四、五十人的郊遊）或小團體（三～五人的固定聚會）的活動而認識，如彼此雙方對對方有較佳的印象，則可能會與對方多聊幾句話，聊得來的話，話題一多，則可在互動過程中逐漸了解並熟悉對方，但如「話不投機」，則可能停留在此第二階段，或退回第一階段。在熟悉階段，男女之間如感受到對方對自己的情感支持與接納，則有可能進入親密階段。在親密階段，男女間感受對方的支持與接納一直在增強，交往一段時間後，藉由訂婚與結婚契約來完成終身大事，但如親密感受只是短暫即消逝或外在不利因素產生（如父母的反對……等），則此階段男女關係，可能退回第三階段，甚或前面一、二階段，總之男女間的交往，很少停留在上述任何一階段而長久不變，它是以「不進則退」的流動狀態存在。所以研究男女兩性間關係的社會心理學家曾戲言「山盟海誓、海枯石爛，此心不渝」等類的話，是愛情的謊言。

(二)男女兩性交往應注意事項

在男女兩性交往時，有幾件事是須要特別注意的：

1. 男女兩性的交往經由普通的友誼進展到一對一的愛情時，就會有親密行為的產生，從互相講話、牽手，到勾肩搭背、接吻、擁抱，最後到愛撫及性行為。許多年輕男女對於婚前親密關係的允許程度感到十分困惑，常在要與不要中掙扎，但也有許多人在他仍在愛情的關係中，性滿足就已達到了結婚後的層次。到底性行為對男女間感情是否有幫助？以下有一研究提供各位參考。

一項由魯賓所做的研究指出，在長達兩年的研究開始時，接受研究的大學生中，每對情侶在一起的時間平均八個月，其中四分之三只和對方約會。然而，他們之中很少有人有明確的結婚計畫，卻

有百分之八十二已發生性關係。在魯賓的研究中，不管是在約會早期或後期發生性行為，或是禁絕性行為者，他們的態度與他們兩年後的關係均不相關。在約會初期發生性行為並不會使情侶更容易（或更難）墜入情網。同時，禁絕性行為（或是持溫和性態度）也不會增加（或減少）發展成為持久關係的機會。

　　對性與愛的看法，有人持傳統式的觀點，認為絕對不可以有婚前性行為，也有人持開放式觀點，認為性是約會中必然的關係，沒有什麼不妥的，也有人持較溫和的觀點，認為愛是性的先決條件，而性是表達情感上的親近，有愛即可有性。但一般說來，如果在交往階段就發生了如此親密的關係，而最後又不能產生婚姻的結果，常會使我們在價值觀、道德觀，及自我人格上無法達到良好的評估，對未來人格成長易產生不利的影響。

2.遭遇感情挫折，應如何處理？

　(1)先冷靜自己，等情緒和緩之後，再尋求感情受挫之因，如能補救則採用合宜方式補救，如不能補救，則檢討自己的缺失，努力改進，把此次挫敗當成鍛鍊與培養自己的經驗。不要將此次失敗遷怒於對方，甚或傷害對方。

　(2)找尋其他方面自己所喜愛的興趣來做，如看書、爬山、運動等事，避免留給自己太多空閒的時間鑽牛角尖。或昇華將情緒轉移至其他方面，例如學琴、運動……等，以其他方面之成就來加強肯定自己的價值。

　(3)感情失敗並不代表其他方面也失敗，坦然面對感情的創傷，並相信傷害一定會治癒的。

　(4)寬恕他人，是解救自己痛苦的開始，故應擴大心胸，原諒他人。

　(5)不要因自我失戀經驗，而對其他異性產生偏見；也不要為逃避痛苦或報復即很快的再投入另一次戀愛中，因如此而為，將可

能使自己再受一次傷害，甚或牽連無辜的第三者。

(6)尋求專門的心理輔導。如覺自己無法處理，可尋心理專業人員協助，讓專業人員協助你走出這次低潮。

3.與異性交往時應有的態度

(1)以真誠的態度與所愛的人交往。

(2)尊重對方的意願，不可強迫。

(3)讓長輩認識對方，並多聽多想長輩的意見，以作為選擇判斷的參考。

(4)保持合宜的親密距離。

(5)盡量保持客觀冷靜的態度，感情的付出應在了解對方之後，勿盲目一頭栽入。

第二節

婚姻生活

「男大當婚，女大當嫁。」雖說並非每一個人都適合結婚，婚姻對於人類還是很重要的一件事，它能滿足人類生理、心理情緒上的慾望，但婚姻是人類生活中最複雜矛盾，也最親密的人際關係，夫妻間在共渡漫長的歲月中，彼此的奉獻與犧牲，付出與獲得，若仔細討論起，其間的錯綜遠超出我們的想像，但婚姻仍為大多數人所期盼，婚姻也仍然是人類最普遍的制度之一；在人類的社會中，沒有任何一個時代是離開婚姻、家庭的。婚姻使我們的感情得到依歸與寄託；婚姻使人類得以代代繁衍下來，婚姻使個體潛能得以在生活中更加擴展與實現……，總之，婚姻對人類生活有重大影響貢獻，它是值得我們關心的主題。

一、婚姻的面貌

(一)傳統婚姻與現代婚姻

　　過去傳統的婚姻不單是兩人的結合，而是兩個家族的聯姻，過去所謂的「成家」，並不是成立一個新的家庭，而是在大家庭中增加一個人口而已；婚姻生活是整個大家庭生活的一部分；家庭中很多的責任與困難都由大家庭中其他成員共同承擔；其主要目的是在廣家族、繁子孫、求內助；較強調親子關係，而較忽略夫妻關係；大部分的婚姻皆在父母之命、媒妁之言下形成，婚前較乏感情基礎。

　　現代人對婚姻有諸多期待，已非同往昔傳宗接代、繁衍種族，男女雙方都對婚姻有更大的期盼，不只是經濟的安定、子女的成長、家庭社會的意義，更希望從婚姻中滿足個人愛人與被愛的心理需求與情緒的彼此支持；甚至企求透過婚姻獲得知性與理性的成長，實現自我的理想與抱負。

　　現代人對婚姻的期望提高，要滿足它，與傳統婚姻內涵比較起來，現代婚姻的穩定性顯然要低了很多。又因時代潮流的改變，現代人婚前大都是自由戀愛，戀愛時浪漫的約會，於婚後變成平實的生活，兩人由片面認識進入全面的了解，適應自是不同；再加上社交的頻繁，使雙方接觸異性的機會增多，有時也因工作關係，夫妻南北分隔不能朝夕相處，更使現代婚姻增加了許多變數。

二、婚姻的本質

　　婚姻曾被比喻為許多不同的東西。有人毀謗它，認為婚姻是愛

情的終結者和墳墓；有人稱譽它，說它是愛情的昇華和保障。另外一些人則認為，婚姻就是婚姻，是人生必經的歷程，無所謂好壞。

至於婚姻是什麼呢？有些社會學家為婚姻下了個相當寫實的定義：「不論古今，婚姻均是一個新建立的客體。」它的意思是說，對已步入婚姻門檻的人，婚姻是種「個人經驗客觀化」的歷程，幾乎在每一件大小事上，夫妻兩人都是相互牽繫的，隨時都應考慮對方的立場與存在。

從法律的層面來看，婚姻就是經由法定程序，使兩個沒有任何血緣的人組成一個家庭，彼此冠上「丈夫」或「妻子」的頭銜。而隨著這個稱謂而來的，是許多權利和義務。

從宗教的層面：根據聖經的教訓，婚姻是上帝所設立神聖的制度，結婚是一男一女的終生盟約，而且結婚之後夫婦要相愛。

從個人的層面：現代婚姻裡，情緒性關係被強調。Mace（1972）曾言：「由於現代人逐漸不再基於家庭及社會的理由，而趨向於為了個人的滿足及情緒的安全感而結合；因此，有史以來人類首次普遍地強調婚姻關係的重要性。人們企望藉著這種相伴隨的關係（companionship），來滿足個人心理上被愛、愛人，以及有所歸屬，和生理上性的需求。」（戴傳文，民78）

三、擇偶的條件

婚姻的組合雖說情與愛的成份大些，但其間也摻和著強烈的「社會交換」意味。因為在情愛之外，我們在尋找終身伴侶時，我們多半會考慮雙方的社會地位、家庭背景、教育程度、健康……等條件。

在婚姻市場中，每位男女都希望找個具有個人與社會所認為最有價值特質的對象為終身伴侶。在過去傳統婚姻裡，大部分的女性

以生養子女、做家事，以及性的給予、體態的優美來交換男性的保護、社會地位及經濟的支持。然而隨著社會變遷，愈來愈多的女性投入職場，其交換的條件也隨之而異了。

民國七十三年，《張老師月刊》以社會青年及大專學生為對象調查他們的擇偶觀，以了解這一代男女心目中願意共度一生的條件是什麼。

結果顯示一些社會變遷的軌跡，而傳統的色彩又沒有完全消褪，可見在追求伴侶時，正融合傳統與現代的文化精髓。

男性娶妻條件中，為首的是能共同奮鬥，這可能是現代生活衝擊下的產物，在小家庭的獨立養家情況下，男性需要太太與之共同奮鬥。由此可以看出現代女性也需有奮鬥的能力和精神，三從四德或一意依賴的妻子已經過時了。

女孩擇夫時，仍以有「責任感」及「顧家」列為榜首。由女孩期望負責顧家的丈夫，及男孩期望能共同奮鬥的妻子來看，大家已不再有男主外女主內的觀念，男女都需內外兼顧才能締結好姻緣。

「有經濟基礎」在女孩找丈夫的條件中竟然落在五十個項目中的第三十三名，可見金錢多寡並非女性心目中最重要的，倒是「上進」、「踏實」、「有抱負」這些與高成就有關的潛能及態度才是女性重視的。

比較不同背景的人對於擇偶的態度，也發現一些有趣的現象，專校男生在五十項擇偶條件中，有二十五項顯著地高於大學男生及社會青年。經檢查受訪者資料後發現：所調查的專校男生年齡較小，戀愛經驗也較少，而對未來伴侶抱持的理想也較高。教育程度相近而已進入社會的青年，對於各項擇偶條件的要求標準則大多低於在學學生。也許年事愈長，對未來伴侶的期望也愈趨於實際吧！

社會青年的擇偶態度是否比較實際，在女性問卷資料中也可相互印證。例如：「有經濟基礎」一項，對於女性社會青年找丈夫的

重要程度便高於大學女生。「英俊的」及「多才多藝的」這二項特質雖然排名不高，但大專女生對於它的重要程度評估，仍然高於社會青年。

有無戀愛經驗也會影響擇偶的態度。例如還沒有固定女朋友的男孩子，對於「清秀的」、「有氣質的」，及「年齡」這三項擇偶條件的重要程度評估，都明顯地高於已論及婚嫁的男性。而未有固定男朋友的女孩子和已論及婚嫁的女性相比，則前者比較重視對方的身高、體重。

可見愈是成熟而有經驗的人，對擇偶愈有趨於現實的傾向。這一點也正可以給沒有經驗的年輕朋友做參考。

根據這項調查，男女分別的十大擇偶條件列表於下（資料引自吳就君、鄭玉英編著《家庭與婚姻諮商》，台北：空中大學，頁32）。

表 10-1　桃花排行榜

討老婆的十大條件	找丈夫的十大條件
能共同奮鬥的	有責任感的
孝順的	顧家的
身體健康的	上進的
善良的	踏實的
以家庭為重的	可靠的
專情的	身體健康的
體貼的	坦誠的
無不良嗜好的	品格端正的
溫柔的	有抱負的
善解人意的	有內涵的

資料來源：張老師月刊 73 年 3 月。

四、成功的婚姻

　　成功的婚姻是每個人的期望。但怎樣的婚姻才算是成功？要如何才能塑造成功的婚姻呢？根據多位學者的經驗和建議，綜合整理如下：

(一)必須是兩個身心成熟的個體

　　感情並非是美滿婚姻的保證，成熟的個性才是婚姻的先決條件。如果兩人在婚姻生活中，不了解自己與對方，不能接納對方甚至包括對方的家庭，將會使婚姻出現裂痕。

(二)兩個人必須彼此相愛且成熟地活在愛的成長裡

　　婚姻中兩個來自不同背景不同個性的人，要朝夕且長久相處，衝突是難免的，但有愛可以化解與包容對方；而成熟的愛可讓彼此間的衝突變成創造、發展婚姻生活的動力，使衝突成為兩個人共同成長與成熟的刺激。

(三)婚姻關係是動態關係，兩個人必須共同成長

　　許多人認為婚姻的諾言是一生的信守，一旦兩情相悅，就會永遠保持這個境界，但事實上婚姻關係是動態關係，個人的內在、外在條件總會隨著時間而改變，如觀念、環境、收入、家庭成員等，都會有變化，當變化發生時，共同生活在一起的兩個人如沒有保持相同的成長步伐，容易產生彼此的差距，造成彼此間的衝突。因此，在婚姻中兩個人必須共同提攜彼此的成長，建立共同的人生理想及目標，使兩人的精神與心靈能時時保持互相契合。

㈣互相尊重、包容與溝通

　　來自不同家庭，必有不同之處，而婚姻是共同創造和共同生活，這之中卻也不能失去自我。因而婚姻就好似是兩個交集的圓，其中交錯之部分代表兩人共創的家庭，另外分開的個體部分，代表有容許自我發展的空間。

㈤在婚前要有良好的心理準備

　　在婚前要坦誠相對，並學習接納對方的真面目，其次，在婚前，男女雙方應該把個人對婚姻及家庭的意義和價值，進行觀念上的溝通。再者，兩人也必須澄清婚後某些生活上的工作安排及分配，譬如：誰負責煮飯？誰負責掃地？或是誰主管錢？或各管各的？凡是生活上的細節，大至家庭經濟的處理和兒女教育的問題，小至飲食問題和家庭瑣碎之事的責任分工等，若能在婚前彼此溝通清楚並達成共識，則婚後為這些芝麻蒜皮之事爭吵的機會就減少很多。

㈥做婚姻決定時，必須考慮兩個人的背景相似性

　　背景相似不單指學歷而言，而是在修養上及各種見識上能互相契合，在此可包括年齡、教育程度、生活方式、家庭背景、思考模式、價值系統、興趣個性等背景上的相互配合。

第三節

家庭生活

　　家庭是個體一生中與他人接觸最早、關係維持最久，也是最錯綜複雜的團體。

　　個體自出生後，便受到家庭的養育和教育。家庭一方面在物質上維持其生命的成長，一方面在精神上，幫助其心智的發展。直到有一天，其能獨立生存和自組新家庭。在新家庭中人又孕育新的生命，使人類生命連綿不斷地存續下去。因此，「家庭」一直週而復始的存在著。由此可見，個人及幼自長，無時不與家庭發生著密切關係，家庭是我們生活歷程當中很重要的生活單位，沒有任何一種機構或制度能夠完全取代家庭的功能。

　　最近一項美國民意測驗顯示當前經濟蕭條、高失業率，許多中產階級家庭面對種種困難之際，認為唯有家庭才是真正的避風港。人們重新肯定家庭的重要性，家庭是他們面對外在工作世界挑戰的一個最安全、穩固及產生毅力的資源。由此可見，雖然經過幾千年的變遷，家庭的許多基本功能仍然根深蒂固。例如：家庭的生育功能使社會持續存在；家庭的社會化功能教導兒童在家學習生存及生活的技能，舉凡知識、價值觀、技巧等均為家庭教育子女的範圍；家庭的經濟功能，提供個人生存的條件與多方面需求的滿足；家庭的社會地位功能，塑造個人的社會階層及生活形式；而家庭建立親密關係的功能，不但使婚姻關係持續，也提供個人情緒的支持與安全感。

　　家庭是人類維護社會最小的群體，當這些群體不穩固或不能完全發揮其功能時，社區、社會、乃至整個國家的健全將受影響。心理學與教育學者皆強調問題的個體皆來自問題家庭，而有問題的個體製造社會問題。因此追本溯源為維持社會秩序，及促進個人與社會各方面的均衡發展，對家庭生活內涵的探討已不容忽視。因為沒有健康的家庭生活，便沒有健康的個人與健康的社會。根據mutual Life 保險公司調查，1989 年有百分之四二受調查者認為「家庭是傳遞一切基本價值觀念的基石」，而 1991 年的調查結果，百分比數增加到百分之八十四。一千二百位受調查者認為家庭較政府、學

校、僱主、宗教機構更能有效地傳承社會的文化價值；他們一致認為唯有鞏固的家庭才有鞏固的國家。因此也呼籲政治家們應將大選政見的大前提，放在如何再強化家庭，如何由家庭來回歸基本的價值與道德觀念。

美國盛頓特區的 Population Reference Bureau（PRB）在最近一期的〈新聞摘要〉中刊登了一篇出人意料之外的有關美國近五十年來家庭結構變遷的研究報告。該研究針對自 1950 年以來的美國人口普查資料進行反覆檢證，研究結果明確地指出：美國社會中的家庭並不如人們所想像的「逐漸加速崩解」，相反的，在過去半個世紀裡，美國的家庭仍然屹立而且調適的相當良好（Bianchi, Casper & Kent, 2001）。在可預見的將來，家庭的結構形式或會有些許變遷，但家庭做為人類社會最基本的社會制度，仍將恰如其分地謀其事、稱其職。家庭的第一線「社會化」功能，在個人社會化的過程中，將繼續扮演著重要的角色（引自吳齊殷、陳易甫，2001，頁 69-70）。

心理學者及社會工作者在探討家庭生活內涵時，有從橫面的家庭結構與系統（structure and system）、家庭成員的性格與心理、家庭次系統的人際關係、家庭群體行為與心理及家庭的社會行為與關係來著手，亦有從家庭的縱面——家庭的發展來著手研究。從心理衛生的立場來說，無論其採用何種角度，對我們有系統且深度去了解家庭，都有實際上的幫助。因此本文除了先探討社會變遷對家庭所產生的影響外，也從縱面的家庭發展開始，綜合每一家庭發展階段加上橫面的重點討論，且將焦點放在教師的家庭生活層面來分析，最後以健康家庭特質及養護之道，來協助教師提昇其家庭生活品質。

一、變遷中的家庭

近五十年來，由於工業化、都市化的結果造成一個顯著的社會現象，那就是家庭結構的改變。

㈠傳統的大家庭已漸式微，根據柴松林教授調查，台灣家庭人數平均是三點四人，日本二點六人，小家庭制度因此產生。在大家庭制度中，親戚很多，在團體生活中可以學習培養良好的人際關係及溝通方式。然而，今日的孩子雖然在小家庭中可以受到父母更多的關注，父母也更能掌握孩子的動向；然而正因為親子之間相處的機會與時間增多，使得父母一些不當的言行都可能對孩子產生長遠的負面影響。另一個使父母陷於困境的社會變遷因素是：過去強調長幼有序、尊卑有別的傳統權威之人際關係，已轉變成為重視人人平等、互敬互重的現代民主之人際關係。因此使得過去舊有的教育方式受到了挑戰，根據一些研究與觀察，現代的父母更需要來自外界的支援和幫助，因為教育孩子已成為一門科學，也是一門藝術。

㈡從父母家庭趨向於子女家庭，也就是說以父母為中心的家庭漸趨向以兒女為中心的家庭。子女對父母的要求較往昔多，許多父母均成了「孝子」、「孝女」。

㈢職業婦女增多，父母皆走出家庭核心，在量上，父母與子女相處的時間相對減少。在質上，因工作壓力大，較易忽略與子女的互動，而導致親子關係的冷淡。

㈣從夫權家庭趨向於平權家庭，家庭經濟趨向夫妻共同負擔，夫妻不再受傳統的約束，兩性關係愈見平等開放，家庭糾紛增多，離婚率增高。

㈤在繁忙的生活下，家人相聚的時間減少，關係趨向疏離，衝突增多。

㈥兩地家庭（甚或三地家庭—夫、妻、子各居一方）的出現。造成夫妻感情的疏離，甚而有外遇事件的發生，破壞了和諧的家庭關係。在此種家庭中，子女也得不到父母楷模的學習，對於品德教育的學習益形困難。

㈦隨著大眾傳播的普及，西方文化的衝擊，親子關係發生改變，問題增多。例如：倫理道德及價值觀念在大眾傳播和西方文化的衝擊下產生很大的改變。社會風氣乃重功利、競奢侈、圖享受，公共道德與個人品格也日趨低落，犯罪事件更層出不窮，大人所為不但不足以做孩子的榜樣，有時還帶給孩子不良的影響。

㈧雙生涯家庭的需求增加，由於夫妻二人均從事有生涯的職業，隨之家庭中的分工與權力結構就改變了。雖然上述的這些變化，並不意味著家庭的沒落，但卻顯示不論中外，當代家庭在不斷變遷的社會中較往昔需要更多的努力來適應和維持生存。

二、家庭發展工作

家庭並非是靜態且長期不變的群體組織，而是按階段逐步發展且興衰交替的動態結構。就像一個生物體，有生命，有活力，有盛也有衰。通常，一對男女結婚成家，便是家庭生命的開始，隨後生育子女，養育子女，子女長大離家，形成新家庭，原本家庭只留老夫妻，空守老年生活，最後去世，原本家庭瓦解消失。所以，家庭亦有它的生命周期。

根據杜佛（Duall）的說法，一個成功的家庭應能夠完成家庭生活周期中所要求的一些工作。當然沒有一個家庭是完全成功或完全失敗的。一個家庭可能在某些家庭發展工作方面較成功，另些方面不甚成功。下表即為家庭生活史，共分八個階段，每個階段皆有其重點工作，個人如何與之協調配合，將反應出家庭生活品質之高

低。以下將就幾個重點摘述如下：

㈠夫妻角色之調適

　　婚姻中的角色期望和角色扮演是一段漸進而持續的歷程。中嶽（1958）曾做過很有趣的調查，他極欲了解隨著年齡的變遷，兩性間對於理想的丈夫與理想的妻子之角色期待會有何變化。他認為良好的夫妻關係，端由雙方在婚前與婚後角色期待上的變化，以及彼此間如何相互接納所決定；而且想要彼此的相互期待能夠一致，恆久不變，得要靠相互的溝通與相互接納的態度。

典型的家庭生活史

階段	每階段大約年數	階段說明	基本技能（工作）
一	2	未有小孩的已婦夫婦階段	①配偶二人每日日常生活（事業上與休閒時間）上之互相適應。 ②建立新的認同—成人配偶。 ③對新的親戚關係之適應。 ④可能開始期待第一個孩子之來臨。對懷孕之適應。
二	2 1/2	養育幼兒階段（長子未滿 30 個月）	①對新的父母角色之適應。 ②學習為人父母之各種技能。 ③夫婦與父母角色之協商。 ④對事業、前途等工作上之各種適應。

三	3 1/2	有學齡前兒童之階段（長子女年齡在2 1/2至5歲之間）	①教導輔育兒童新的技能。 ②對因孩子們之成長而失去隱私之適應。 ③對事業與生涯之適應。 ④對可能第二個小孩降臨之準備。
四	7	有學齡兒童的階段（長子女年齡在6～12歲之間）	①鼓勵每位子女身心之成長。 ②對學校需求之適應。 ③妻子或丈夫可能重返學校或工作崗位。 ④逐漸增加參與子女有關之社區活動。
五	7	有青少年子女在家階段	①對子女日增自主權之適應。 ②計畫夫妻之各種活動並做子女離家之準備。 ③事業可能在此階段達高峰。 ④家庭經濟在此階段多達最高峰。
六	8	步入突飛之階段（自長子／女離家到幼兒離家）	①促使成年子女之獨立機會（上大學、工作、結婚等）。 ②繼續給予子女支持與協助但注意不過份控制他們。 ③鞏固父母之婚姻生活。 ④對可能失去配偶（死亡）之適應。

七	15±	中年父母階段（空巢階段）	①享受老伴之恩情。 ②對健康狀況之適應。 ③對祖父母角色之適應（若有孫子時）。 ④保持親戚關係。 ⑤可能增加社區活動或其他休閒活動。
八	10～15±	老年階段或鰥寡階段（自退休到死亡）	①對邁入老年及健康衰微之適應。 ②接受「老人」之認同。 ③對退休及失去社會或工作地位之適應。 ④在健康情況許可之範圍內參與有意義之活動。 ⑤對可能失去配偶而須獨居之適應。

資料來源：藍采風，民79。

表 **10-2**　不同年齡階段對於夫妻角色類型的
期待（中嶽，**1958**）

理想丈夫的角色類型	理想妻子的角色類型
弟夫→友夫→職夫┬→友夫 　　　　　　　├→師夫 　　　　　└→兄夫┘└→父夫	妹妻→友妻→婢妻┬→母妻 　　　　　　　└→姊妻→師妻
註： 父夫：像父親般可資依賴的丈夫。 弟夫：如小弟般憨厚可愛的丈夫。 職夫：專心工作賺錢養家的丈夫。 友夫：像密友般貼心接納的丈夫。 兄夫：如兄長般呵護幫助的丈夫。 師夫：像老師般的丈夫。	註： 母妻：像母親般呵護備至的妻子。 妹妻：如小妹般嬌滴可愛的妻子。 婢妻：專心家務照料起居的妻子。 友妻：像密友般貼心接納的妻子。 姊妻：像大姊般照顧協助的妻子。 師妻：像老師般的妻子。

　　關於教師夫妻角色期望與扮演，夫妻角色期望與扮演上較容易有角色窄化現象產生，下有一例可幫助我們了解：

　　新婚的林美玉老師一放學後即趕回家做家事，六點鐘不到就把家整理的清新乾淨，並煮好晚餐等她的先生回家，六點半左右，她任職於銀行的先生回家，一進家門就依循著老習慣；雙腳踢掉鞋子，脫掉襪子往旁邊一擲，就坐在沙發上蹺起二郎腿放在茶几上，閉目休息，並不斷地對林老師說：「今天的帳，有些出入，核對的兩眼昏花。」林老師卻回答他說：「你，現在必須把進家門即亂放的鞋子和襪子收好，並放在該放的位置，剛剛我才把家打掃乾淨，

請你不要再弄亂了，另外，都是大人了，坐要有坐相，兩腳不要亂放。」林老師的先生，睜開疲倦的雙眼，看了林老師好一會兒，之後輕輕嘆了一聲，並說：「是的，老師。」

上例中的林老師應可算得上是個賢慧的妻子，唯其在角色扮演上似乎欠缺彈性；在學校她是個老師，回到家裡她應是個妻子，但她卻「角色窄化」，不論在學校或在家裡，她都只扮演一種角色——教師，而大部分的先生，忙完一天，回到家裡希望看到的應是溫柔體貼的妻子而非老師。

健全成熟的夫妻，比較清楚在何種情況下彼此要扮演怎樣的角色，且能隨情況的需要，做適當伸縮性的調整與變化，適應生活的效果也較佳。反之，心理不健全成熟的夫妻，不是對自己所應扮演的角色不清不楚，便是夫妻不能搭擋配合，或固執不通融，結果產生夫妻行為上的問題，無法適應生活。

教師在學校扮演傳道的角色久了之後，也較容易患角色窄化的現象，應多加提醒自己，彈性變化角色。

(二)對雙方新的親戚關係之適應

一個人經由婚姻而與配偶的親戚產生姻親關係。這種姻親關係各有各的特別情況。通常最被關心的，莫過於公婆與媳婦的關係了；媳婦與公婆之間常容易發生困難，其主要心理原因乃是其複雜的三角關係問題，即：丈夫、妻子與婆婆之間的微妙三角關係問題。因母親與兒子之間有長年的特殊母子感情，尤其當丈夫是獨子，或是自小身體虛弱，常受母親細心照顧者，又或者是母親很早就失去丈夫，生活上及心理上一直很依賴兒子，母子關係很親近者，當兒子忽然有了另一個女人（妻子），心理依賴層面需重新再適，因此，母親、兒子與媳婦之間的一來一往，均得小心且適當的平衡，否則，常因顧此失彼而產生各種的情感問題（曾文星、徐

靜，民 79）。

　　在所有的姻親關係中，除了上述關係外，其他如姑嫂關係、女婿與岳父母關係、公公與媳婦關係⋯⋯等等。這些大部分都是三角關係，也較複雜，欲維持均衡，須小心處理，應付錯綜複雜的姻親關係，夫妻雙方如能互相協助對方認識自己的親戚，並居中扮演溝通協調的角色，那麼保持和諧的姻親關係應非難事。

㈢家庭生活與工作之調適

　　在生活中，工作占了相當的部分，也影響我們生活各個層面，它也顯示我們在社會中的地位。它使我們的生活充滿意義，也使我們的創造力得以發揮。精神分析學派的創立人佛洛依德也強調工作的重要，他認為一個健康的生活所需的是愛與工作。根據研究指出：我們的工作與我們的自我概念是息息相關的。我們常以我們做什麼工作來定義自己，如「我是 IBM 的工程師」、「我是一位老師」，或「我只是一個家庭主婦」，當我們介紹一位朋友時，通常我們會提到一個人的職稱，如「我介紹王先生給你認識，他是某公司的一位經理」。

　　Grafinkel（1982）的研究指出：工作影響我們的人格、家庭生活、社會關係以及態度。工作也影響我們的人格，是因工作環境長期呈現的刺激使人格產生變化，而人格又表現在我們的家庭生活、社會關係及態度上，可見工作對我們生活各層面影響之大。

　　通常教師的家庭生活較多是屬雙生涯家庭，夫妻皆有工作，唯工作時間較固定，且也因從事教職之關係，對子女教養問題較注意也較有心得，但也因工作性質較容易顯現權威性格，在家庭中與夫妻、子女的相處，較容易有教師角色的行為產生。因此，從事教職之父母親在與子女互動時，應常留意自己是否過於展現權威性格，是否留空間給子女表達意見與作決定。

(四)父母角色與親子關係

婚後的夫妻角色，在第一個孩子出生以後，多加了父母角色，造成了家庭生活很大的改變，許多婦女表示他們生活最大的改變不是由於結婚，而是由於第一個小孩的出生；父母感到有種新的責任，他們必須要保護與養育另外一個來到世上全然無助的生命。

做父母是喜樂痛苦參半的，它既是一種有報酬、興奮的經驗，又是一段不愉快受苦的時間。在美國一個對學前兒童父母的大規模的研究發現，百分之九十五至九十八的父母親，不論他們的教育程度如何，他們都認為做父母有一種很大的滿足（1978），當問到列出做父母的快樂是什麼時，他們認為與子女情緒的緊密連結列為第一位，增添樂趣是第二位，父母喜歡看子女的活動，並跟他們一起玩，自我實現與有種成熟的感覺也是重要的滿足；至於有小孩所形成的不愉快則為小孩把你綁住，同時花費也不少。

做父母也許如上述研究所言，苦樂參半，但父母是個體來到世界最先接觸到的人，也是子女最接近也最親密的人，對子女身心發展最具影響，因此，父母與子女關係是否良好，是子女將來幸福成功的關鍵。

從橫面來看，父母與子女關係有幾種成份，此包括扶養、管教及培養。「扶養」是指父母把生理及心理上未成熟的幼小子女扶養長大，使嬰孩能生存下來，並且順利發展。「管教」指的是協助子女學習宜學習的事，包括什麼是對錯、不該做的事，以及生活上應學習的生活知識及習慣，使子女能成長為健全的個人。「培育」乃指父母提供子女接受教育的機會，培養其將來適應社會的能力與信心。

從縱面來看，隨著子女的成長，父母與子女間的親子關係也跟隨著變化，稱為「親子關係的發展」。父母在子女成長過程中，擔

負著不同的任務。在嬰兒幼小時，很需要依賴父母的「扶養」，不但要父母餵養、照顧、扶養，在心理上也很依靠父母。嬰兒經由父母得到安全感及信賴感，而父母經由嬰兒獲得身為父母的幸福與滿足感。到了幼兒時，父母除了繼續扶養之外，還要開始給與適當的管教，讓幼兒能學習生活上所需的基本知識及為人的是非準繩，即什麼是應該及不應該做的事，讓幼兒能逐漸獲得管理與控制自己慾望及衝動的能力。幼兒漸而獲得自主自律的習慣。（曾文星、徐靜，民 79）。

在此階段父母採用何種管教方式對子女未來有深刻的影響。許多研究報告也指出：不同的管教方式，將使兒童呈現不同的人格特質。長島貞夫（1956）曾有深入的描述（見表 10-3），他認為在民主型的養育長大方式的兒童，具有堅強的忍耐力。羅先茲克（Rozenzweig, S.）也認為這種兒童特別經得起挫折的考驗（frustration tolerance）。

表 **10-3**　家格與兒童性格的關係（長島，**1956**）

家格類型	民主型	溺愛型	專制型	拒絕型
父母之養育態度	尊重兒童的自由和獨立、客觀、不神經質、富於愛情。	盲目接納孩子的要求、不理性、微神經質、富於愛情。	不了解孩子的需求、要求孩子服從命令、愛情很強。	認為孩子是其工作上的障礙、命令與強制小孩、欠缺愛情。
兒童呈現之性格	富於創造性、友好性、忍耐力強。	欠缺自發性與信心、情緒發展不成熟。	權威主義的性格。	深具反抗性與攻擊性。

到了兒童階段，父母要鼓勵兒童能與外界社會接觸，從生活經驗裡能學習自動自發的行為，培育成為未來的社會一份子。父母要鼓勵兒童能向父母表達自己的意見，參與家庭的討論，能以家庭一份子的身份而發揮功能。

當子女進入青少年時期，「成為我自己」是個體成熟的重要發展方向，因此子女在此時會非常重視自己是否擁有獨立能力勝於取悅成人。如果父母在此時不了解子女這方面的心路歷程，而仍視之為幼童，希望他言聽計從，那麼親子的衝突便無可避免。反之，如果父母能尊重孩子是獨立的個體，而給他足夠的空間去探索世界，結交朋友，並對子女所從事的活動顯現尊重、關心並感興趣的態度，則子女也會凡事與父母分享，並感受到父母親對自己的關愛。當然尊重並不是放任，因此為人父母者在子女的成長過程中，也當在尊重的原則上，協助子女建立正向的人生觀與價值觀。（陳英三，民 80）

當子女步入成人期，他已經視自己為成人，因此也期望父母能將自己視為成人。這個時期父母應該以「成人對成人」的原則待之，讓子女能朝著「長大成人」的方向努力。另外，此階段的子女需謀求就業、適應工作世界及建立屬於他自己的家庭生活，在此階段，父母宜協助子女在這些方面有良好的適應，也許需要在物質、金錢支援子女，也許需要在精神上鼓勵子女。

到了空巢期，父母一方面學習繼續自己生活，一方面也開始接受長大成人子女的關心及必要的照顧，「依賴—照顧」的親子關係呈現角色反轉。總之，親子關係是隨著年歲的增長與發展，是動態性的發展與變化的。

三、健康家庭特質與養護之道

　　文學家托爾斯泰在一百多年前曾說：「所有幸福的家庭都有類似的特質；但是所有不幸福的家庭卻有他們各自的原因」。如果這話值得我們深思，那麼幸福家庭的形象是什麼呢？造成不幸福家庭的原因又是什麼？

　　由於受到社會經濟變遷及道德轉變的衝擊，使得離婚率驟增、家庭親子衝突的嚴重化以及青少年犯罪率的增加，犯罪年齡的下降，部分心理學者與社會工作者，將其研究方向偏重在造成這些現象的家庭因素上去追溯；但亦有部分的研究者，探討什麼樣的家庭才是一個健康的家庭，及如何去創造一個健康的家庭。探討家庭問題，自有其價值，唯其層面較偏於消極性與補救性，缺乏積極性之意義。如能從健康家庭所擁有的特質之層面來探討，可能可以鼓勵一般家庭朝著更完美、更豐富的生活邁進，提高並強化家庭生活品質。

　　基本上，「健康的家庭」是一個概念上的名詞，與「幸福的家庭」、「高品質的家庭」是同義詞。它的定義是動態的：「它是指家庭關係的模式，包括人際關係、溝通技巧與資源的運作。它是形成正向家庭認同氣氛，促進家庭成員間滿足的和諧互動關係；它鼓勵並發展家庭和個別成員的潛能，且使家庭生活中能有效地處理壓力與危機，並維繫家庭的生存與成長。」當家庭能達到這個境界時，我們稱這種家庭生活為健康的家庭。換言之，健康的家庭強調家庭成員關係之和諧與功能之順利運作，以達成個體及整個家庭需求之滿足。家庭生活品質之高低可以家庭健康的強度來測量，其內涵較能突顯家庭生活之正向動態關係。

　　藍采風教授與陳皎眉教授曾經於1987年對六百餘位中、美大

學生做了一項有關健康家庭所應具備的特質研究。該研究的發現與史耐特等人（Stinnett, 1985; Curran, 1983）所提出之特質有極類似之處。筆者融合這幾項研究結果，歸納健康家庭所應具備之特質，加以闡述如下：

㈠處處以家庭為第一優先，對家庭能認同、有默契與承諾

一個健康的家庭，其家庭成員互相合作、鼓勵與支持，並重視家庭生活，為了家庭福祉，家庭成員願意犧牲一點個人的嗜好或減少一點工作時間，處處以家庭為第一優先。

一個健康的家庭，是有其家庭共同目標的，而目標的擬定是家庭成員共同擬定與修改的；健康家庭的目標，具有彈性，並非一成不變，是能因應外在環境不斷的修正。對目標的達成，成員能彼此互相妥協與承諾努力以赴。

一個健康的家庭，其成員在認知上會有家的認同感，並對自己的家感到驕傲。

一個健康的家庭，許諾與對性的忠貞不二是息息相關的。這代表互相尊重、信任與誠實。婚外情表示對婚姻及家庭沒有許諾，它對婚姻親密關係有極大威脅。婚外情對伴侶的自尊有嚴重的衝擊，因為這表示配偶是可以被取代的。一個美滿的婚姻，是配偶彼此之間都覺得對方是「世界上獨一無二，不可或缺的」（You are indispensable）。

㈡安排家人齊聚一堂的時間與共同的家庭活動

無論多麼忙碌，一個健康的家庭應該控制時間，而不被時間所控制，並設法安排家庭時間。這種家庭聚會並非偶然發生，而是有計畫地讓「它」發生。例如：參加教會活動、同鄉會、打掃院子、掃房子、做菜、一起用餐或家庭旅行。做什麼並不重要，一起去做

才重要。

　　史耐特教授曾向一千五百名兒童詢問以下的問題：「什麼是一個快樂的家庭？」他們沒有列出金錢、有好的車子或華麗的房子。他們最嚮往的是和家人共享時光，家人一起做活動（玩遊戲、慶祝生日、度假）等等。這個發現與最近一項對台北市國小學生所做的相關問卷結果相符合。

　　健康家庭的成員了解他們相處的時間必須是高品質，也必須是充足的。只有幾分鐘在一起，不會產生高品質的互動。這個原則帶給職業婦女、通勤家庭、身兼多職的家人，以及離婚單親父母們很大的困擾。然而，這些父母們若是對子女有極高的許諾時，雖聚少離多，亦可達到家人彼此間的凝聚力。例如：一位忙碌的職業媽媽告訴子女說：「若有急事或生病，不管我正在參加哪一項重要會議，一定要通知我，我會即刻回來照顧你。」

　　健康的家庭，提供成員們情緒上的支持及安全感的保證。當家人齊聚一堂，個人的寂寞與孤單感也可減到最低程度。例如：吃飯的時間也是家人齊聚一堂最好之機會，尤其中國式的圓形飯桌，象徵平衡、和諧。不論中外或文化差異，家庭教育常是在飯桌前「進行」的。不過，有些家庭吃飯時間像「戰場」，互相攻擊、挑剔；有些家庭的吃飯時間則是使家人之互相關愛表露無遺。家庭的飯桌前，家風使小孩們學習到敬老護幼、禮讓規矩、秩序、禮節。例如：日本家庭在吃飯前說一聲「Itadakimas」是指「請吃飯」、「受惠了」之意。西方宗教的家庭，在進餐前的禱告更進一步表達「感謝」之意。

㈢家庭成員互相接納、尊重、欣賞、讚美與感激

　　一個健康的家庭，其成員在認知上有「人有個別差異」的認識；在情感上有「他是我兄弟」的感受，無條件的彼此互相接納並

在態度上互相尊重「每一個人都是獨立的個體」。

　　被他人所欣賞或感激是最基本的人生需求。一個健康的家庭，其成員間彼此常互相表達讚美與感激。許多研究結果也指出：「欣賞是婚姻的潤滑劑」；「欣賞對方的優點就是帶給自己快樂」。因此，健康的家庭其成員是正向態度相待，並時時表達他們彼此欣賞與感激。

㈣家庭成員在精神上具有高度的宗教信仰傾向

　　藍采風與陳皎眉（1988）的研究，發現參與宗教程度愈高者，家庭的強度也就愈強。

　　所謂高度宗教取向，並不是指要參與宗教活動或去教堂、寺廟，而是指精神方面的生活型態。當家人有精神上的寄託，較易以耐心、寬容、諒解的態度互相對待。

　　宗教不僅提供家人共同的價值觀，也提供生活的意義。有人說：「信仰的距離便是人與人之間的距離」，那些有類似宗教（信仰與活動）的夫妻，他們的情緒親密度也較高。一項美國蓋洛普民意測驗指出，約有百分之六十三的受調查者認為崇高的宗教傾向強化了他們的家庭關係。

　　中國傳統的儒家思想是一種社會宗教，它約束人際和諧關係並提供社會規範的準則，諸如「父母在，不遠行」、「兄友弟恭」、「名正言順」、「仁者，人也」等等，對家庭內的孝道、手足等倫理關係的維繫有極大的功能。

㈤家庭成員之間有良好的溝通模式

　　健康的家庭，成員在溝通時能避免「老調重彈」，也有傾聽對方說話與以同理心了解對方的修養。不健康的家庭，在溝通時常有「當耳邊風」或「對牛彈琴」的現象，所謂健康的家庭並不是指他

們絕對沒有衝突、抗衡或爭吵，而是他們強調解決衝突的方法，讓彼此都有選擇的餘地。

家庭內的溝通方式能代表該家庭的權力分配。健康的家庭強調夫妻間平權關係。當我們向一位來自健康家庭的小孩詢問：「誰是一家之主？」他會說：「有時候是父親，有時候是母親。」意思是，父母對家中事務均有下決策之權力。

良好的溝通不僅傳達訊息，而且對訊息做反應。溝通的內容包括口語與非口語式的訊息。健康的家庭允許成員們自由的表達喜怒哀樂。雖然俗語以「無聲勝有聲」來描述二人在心靈上的溝通，但我們必須注意「無聲」或「沈靜」也可能是一種反抗與衝突的表達。中國傳統家庭採「小孩有耳無口」的取向，這種取向主要在教導孩子要聽話、不許爭執或討價還價。但是，青少年階段的子女或生活在衝突婚姻中的配偶們，沒有機會表達情緒及見解是非常痛苦的經驗。在健康的家庭中，家人們能自由的表達他們的意見，而不必擔心將被責備、譏笑或阻止。但是，健康家庭溝通時也注意到表達情意的用辭，注意到「言者無意，聽者有心」的後果（藍采風，1991a）。

溝通的起點在個體，因此，健康家庭成員與人溝通前應先與自己溝通，並先做好自我評估與自我反省。

㈥健康家庭是一個因應壓力有效能的家庭

每個家庭都有不同的困擾，也就是所謂「家家有本難念的經」，健康的家庭也不例外，健康的家庭也會有很多的問題，只不過他們能夠有效解決問題或面對壓力。他們能認識困境，進一步同心協力，有創造性、有系統、理性地克服困境。在困境中家人延展對彼此的支持與鼓勵。換言之，健康的家庭並非沒有問題，而是他們有能力與暴風雨抗衡。

　　健康的家庭在面對困難時，勇於面對困難，善用支持系統，發展新的家規，隨時接受「再社會化」，態度傾向於解決問題而非互相指責，家庭角色是相輔相成而非刻板角色。

四、健康家庭的養護之道

　　健康的家庭不是與生俱來，它可從學習與訓練中習得。下面綜合此領域學者之建議，以認知、態度及行動三層陳述於下：

(一)在認知上

　　*1.*要有養護家庭健康的意願；美滿的家庭生活不是自然發生也並非唾手可得，必須家庭中的每一位成員用心去經營，去共同創造。

　　*2.*要了解家庭生活需要不斷成長，而成長是終身的，為提昇家庭生活品質要有終生學習的理念。

　　*3.*對自己的家庭要有認同感。

(二)在態度上

　　*1.*處處以家為第一優先，萬一碰到有各種不同要求機會或衝突時，如：可能傷害家庭的幸福，但能保護工作上的利益；或可爭取到個人上進的機會，但會因而忽略對家庭的照顧，願意犧牲個人的利益或機會採取折衷之道，以維護家庭的幸福。

　　*2.*尊重彼此間的個別差異，並能無條件的彼此互相接納。

　　*3.*家是家內每一個角色的相輔相成，互相影響，凡是以家庭為考量，情緒上互相支持，彼此互相信任與許諾，有同舟共濟的態度。

(三)行動上

　　*1.*建立並善用支持系統，包括親友系統、朋友及社區資源，甚或利用專業機構、專業人員協助家庭生活的成長（如：各縣市的家庭教育服務中心……等）。

　　*2.*尋找保持自我成長以提昇家庭生活品質之道，包括參加各種相關研討會、演講及團體等。另外充分利用各種大眾傳播資訊，如《父母親月刊》、《婚姻與家庭月刊》等。

　　*3.*時時不斷檢視自己的家庭品質，當家庭有衝突發生時，除了召開家庭會議共商對策外，並能每隔一段時間就檢視自己家庭生活滿意度，如發現問題時，應利用各種方法，全體成員共商改善之道。

　　*4.*善用溝通。幸福美滿的家庭生活皆來自成員彼此之間良好溝通。在家庭中沒有個人的痛苦，有的是全家人的痛苦，因此善用溝通以增進彼此的了解與支持。良好的溝通有幾個原則可循：(1)與他人溝通前，先自我溝通。(2)應用同理心、傾聽、專注等態度了解對方。(3)溝通內容要具體、清晰及明確。(4)選擇適宜時間與地點。

　　總之，隨著每個家庭的經濟環境、家庭結構或家庭發展階段的不同，每個家庭皆有不同的家庭生活方式。但如何建立並且維護各個不同家庭的心理健康，其基本原則相同。上述這些原則對促進家庭健康能提供有效的幫助。

本◆章◆摘◆要

　　對家庭與婚姻的了解等於是對人的了解。因為由家庭與婚姻關係中，我們經驗了人生的歷程。人生的各種經驗——舉凡愛、憎、恨、生育、成長、疾病、恐懼、勇氣、毀壞、犧牲及死亡等，均可由家庭與婚姻的親密關係中體驗。因此，本章將針對這些主題作一探討。

　　本章分成三個主題——感情、婚姻、家庭。在感情生活部分有個案實例、愛的內涵、愛的類型、兩性交往過程及應注意事項、男女兩性對愛情的反應；在婚姻生活部分有：婚姻的面貌、擇偶的條件、成功的婚姻；在家庭生活部分有：變遷中的家庭、家庭發展工作、健康家庭與養護之道。

研◆討◆問◆題

一、試說明「愛」的內涵。

二、試說明男女兩性對「愛」與「性」之觀點。

三、說明成功婚姻的特質。

四、試說明婚姻的意義。

五、試說明家庭的功能。

六、試說明健康家庭的特質。

七、試討論教師在感情、婚姻、家庭生活中常遭遇到的難題有哪些？其改善之道為何？

本◆章◆參◆考◆文◆獻

一、中文部分

王桂花等著（民 76）：**搭好姻緣橋**。台北：張老師。

王鍾和（民 78）：地毯的那一端──談人際關係的轉折。**學生輔導通訊，第九期**，頁 11～15。

李美枝（民 73）：**女性心理學**。台北市：大洋。

李美枝（民 69）：**社會心理學**。大洋。

朱湘吉（民 90）：**生涯規劃與發展**。台北：國立空中大學。

黃天中著（民 80）：**生涯與生活**。台北：桂冠。

林彥妤、郭利百加等譯（1991）：**心理衛生──現代生活的心理適應**。台北：桂冠。

黃春枝（1986）：青少年親子適應關係與父母管教態度之研究。**政大教育與心理研究**，9 期。

吳就君、鄭玉英編著（民 78）：**家庭與婚姻諮商**。台北：空中大學。

吳育殷、陳易甫（2001）：**家內暴力的成因與後果──以母親為例**（P.69-70）。台北：五南。

陳英三著（民 80）：**心理衛生**。台北：五南。

晏涵文（民 78）：九○年代的新女性和新男性。**學生輔導通訊，第九期**，頁 16～21。

晏涵文、郭明雪（民 79）：兩性婚前生理及心理親密行為研究。**中華民國學校衛生學會雜誌，第 16 期**，頁 13～23。

曾文星、徐靜（民 79）：**家庭的心理衛生**。台北：水牛。

賴瑞馨、林麗雲等著（民 78）：**牽手一輩子**。台北市：張老師。

藍采風著（民 70）：婚姻關係與適應。台北：**張老師月刊**，頁

42～44。

戴傳文編著（民 78）：婚姻與婚姻諮商。台北：大洋。

二、英文部分

Festinger, L. (1951). Architecture and Group Membership. *Journal of Social Issues. 1.*

Frankl, V. E. (1975). *The Unconscious God.* Simon and Schuster.

Goode, W. (1959). The Theoretical Important of Love. *American Sociological Review, 24.*

Havighurst, R. J. (1953). Human Development and Education copyright.

Markman, H. J. (1979). Application of a behavioral Model of Marriage in Predicting Relationship Satisfaction of Couples Planning Marriage. *Journal of Consulting and Clinical Psychology. 47.*

Rubin, Z. (1970). Measurement of Romantic Love. *Journal of Personality and Social Psychology, 16.*

Rubin, Z. (1973). Liking and Loving：*An Invitation to Social Psychology*, New York：Holt, Rinehart & Winston.

Schachter, S. (1959). *The Psychology of Affiliation.* Standford, CA.: Standford University Press.

Steinberg, L. D. & Hill, J.P. (1978). Patterns of Family Interaction as a Function of Age, the Onset of Puberty, and Formal Thinking. *Developmental Psychology, 14(6)*, 683-684.

第十一章

休閒生活

　　在農業時代，人類社會隨著季節時序，日出而作，日落而息，在「勤有益，戲無功」或「業精於勤，荒於嬉」的觀念下，總認為勤勞是一種美德，怠惰是一種罪惡；人們只能環繞著宗教祭儀及社區活動工作、休息或玩樂，工作是生活的重心，休閒則隱藏於工作中；隨著科技文明的進步，不但促成繁榮的工商經濟活動、造就富裕安樂的社會、提昇物質生活的水準，而且改變了人類思考與生活的方式；由於機械自動化、資訊傳播快速、完善的社會福利與醫療設施、健全規劃的退休制度，使得人口增多、平均壽命延長、國民所得增加、工作時數逐漸減少；這些社會變遷的現象，造成我們在正常的謀生工作之餘擁有更多的閒暇時間。

　　根據行政院主計處調查研究報告顯示：七十七年臺灣地區十五歲以上國民平均每天的自由時間為六小時十一分（方人也，民79）。儘管早期的觀念認為休閒活動是退休老人的專利，一般人如休閒不事生產，則是偷懶與罪惡；然而，對現代人來說，求溫飽的生活層次早已超越了，但「求幸福」、「求快樂」的生活層次卻依然遙不可及。溫飽線以上的快樂與幸福，一部分是來自休閒活動的滿足（黃如雲，民71）。因此，現代休閒活動是屬於社會大眾生活的一部分，是人們從工作中賺得的報酬之一，在人類生而自由平等的信仰下，依附於中產階級的消費型態、文化水準上，加上以利潤為目的的商業化之大眾媒介推波助瀾，所成就的是迎合大眾口味的大眾文化，是感性的、肥皂泡式的流行文明（林素麗，民67）。

　　近年來，國際間的交流與互動日益開放和密切，國人深受東西文化與民主思潮的重大衝擊，除了政經、社會、教育制度的改革轉變外，為適應潮流，政府八十七年明定週休二日政策，以顯現出追求世界休閒潮流的趨勢；在二十一世紀之初，有效地安排、從事休閒生活，已成為現代人所面臨的重要課題之一（林本喬，民80）。

　　不論古今中外，任何時代的任何人幾乎都離不開休閒活動，在

生命的每個階段，雖然休閒活動的形式有所改變，因年齡、性別、地域、種族、文化及個人特性而有大幅度的不同，然而，大家都藉著休閒活動，一方面可發洩自己的緊張、無聊與不安，一方面可鍛鍊自己的身心（黃秀喧，民 70）。教師的生活素為社會所重視，因為他們肩負社會文化之傳遞與創新的責任，唯每天面對煩瑣的工作，每年面對相同的工作情境，對其生活的關心不能僅止於待遇的提高，尚須從其生活本身去了解，除了工作環境的調節外，尚須具有適當的休閒生活，使其身心得到調劑（宋英芳等，民 80）；因此，教師如何具有正確的休閒觀念，養成良好的休閒習慣，以提昇生活的品質與工作效率，的確值得社會大眾、教育行政當局、學校及教師本人必須加以重視與探討。

　　本章擬介紹休閒活動的內涵與功能，並把教師從事休閒生活所存在的難題、合適的休閒類型、有效的休閒安排逐次說明，期能提供學校教師積極健康的觀念與做法，以開創教師休閒生活的新境界。

第一節

休閒的意義與類別

一、休閒的意義

　　休閒又可稱為遊戲或娛樂；有人認為休閒是一種生活方式，也有人認為是一種活動。下面特列舉一些專業人士對休閒的不同看法：

(一)牛津字典

休閒是在工作之餘，個體有機會自由做一些事情，亦即在餘暇中，個人能為自己作計畫、安排的狀態。

(二)社會學辭典

當閒暇時不論個人或團體所做的任何活動，以尋求舒鬆與愉快，就叫休閒活動。這些活動不是由於某種需要，也不是謀求某種報酬，而是為了本身的興趣。包括了遊戲、競賽、健身、消遣、藝術活動，以及嗜好等。

(三)柯永河

休閒就是指一個人可以按照自己的意思支配時間，而在這個自己安排的時間裡，不需要負起任何責任，也不需要為每天的生活品質操心。綜合休閒生活的消極與積極兩面的意義，休閒的意義就是暫時離開對身心健康不甚佳的環境，而到另一健康環境去享受有益於身體和精神的經驗，或暫時離開煩惱、焦慮、忿恨、不安和矛盾的地方，去享受一下輕鬆的日子（柯永河，民 80）。

(四)劉焜輝

休閒活動是在不受拘束的自由時間內所從事的活動；是不以賺錢為目的的活動；是自動而非強迫性或義務性的活動；本身對個人或團體都有意義；是有益於身心健康的活動；是富於創造性與建設性的活動；是為了滿足自己的需求而自由展開的活動（劉焜輝，民71；民74）。

㈤吳武典

休閒活動的另一層意義就是「再創造」：利用工作之餘，舒展身心，使之再現生機與活力（吳武典，民76）。

㈥林一真

廣義的休閒是指任何人都自願從事，且能獲得心靈安適滿足的活動。而狹義的休閒是指個人在正規工作與責任外，自願從事的活動，以放鬆身心，使生活多采多姿、充實知識及增進創造力（林一真，民76）。

㈦金樹人

第一、不工作，休息的意思；第二、休息時的活動，有自由與自主的意味。可以是靜態的，也可以是動態的；可以是獨處的，也可以大夥兒行動，完全受個人自由意志來支配（金樹人，民75）。

㈧蕭文

休閒最簡單的定義就是鬆弛，個人經由操作或參與某些活動後獲得生理、心理的滿足感，進而能有效的回到現實生活（蕭文，民78）。

㈨嚴霽虹等

休閒大致可包含下面幾項要素：是一種再創造、自由、鬆弛、調劑（平衡、變換）需要、樂趣及經驗擴充（嚴霽虹，民72）。

綜合上述的休閒意義，我們可得知休閒活動是人類日常生活中，運用餘暇時間所從事的活動，這種活動可使我們輕鬆、滿足、愉快，可以調和情感，促進身心健康，豐富生活經驗，而不去計較

任何利害得失；因此，它乃是人生的潤滑劑，足以滋潤人生、平衡身心、充實知能及創造新契機。

二、休閒的類別

至於休閒活動的類別，如以目的來區分，美國輔導學家 Jones（1970）認為可分為四類（劉焜輝，民 71）：

(一)逃避性的活動

為了逃避日常工作而從事的休閒活動，如：閱讀課外書籍、運動、看電影電視、打牌等活動。

(二)一般教養性及鑑賞的活動

並非只想逃避工作，而是可以充實人生的活動，如：觀賞演出演唱、參觀美術展、學習技能等。

(三)創造性的活動

自己去創造生產的活動，如：作曲、著作、繪畫、陶藝、雕刻、縫紉等。

(四)服務性的活動

以服務為目的的休閒活動，如：義務工作、社區服務等。其中又以鑑賞、創造、服務性的活動為最理想。

如以休閒的性質來區分可得（陳瑩樺，民 74）：

(一)知識性

1.閱讀

　　一個真正享有讀書樂趣的人，一定懂得獨處的藝術，自然享有內在的寧靜天地，常覺平安喜樂。

(1)進修類

　　為未來目標所需而安排進修生活中較專業的書，這類書較需要整理、歸納、記憶，往往要有恆地花費較多的心力，但吸收後的充實感常讓人覺得愉快。

(2)消閒類

　　由各類較輕鬆的書籍裡，無形中獲得各類常識；園藝、烹飪、家庭佈置、電影、旅遊、風土民情、文學名著、散文、期刊、雜誌等。

2.藝文活動

　　藉著參與各類展覽、演出、比賽、演講，多看多聽以汲取專家展示的精華，並養成欣賞能力，享受視聽覺的愉悅。

(二)健康性

　　要做一個健康的現代人，身心兩方面皆須均衡，因此，我們必須將運動的習慣納入生活系統中，以促進新陳代謝保有活力。一般熟知的有各項球類運動、跑步、登山、健行、游泳、舞蹈等，有時在天候或缺伴的限制下，只要有一小塊獨立的空間，一樣可藉由跳繩、體操、打拳、瑜伽、仰臥起坐、伏地挺身等活動讓自己身心舒暢。

(三)嗜好性

　　人如果擁有嗜好，一輩子都不會有寂寞難耐的日子。

　　1.戶外活動：旅行、郊遊、野餐、放風箏、釣魚、參加各種營隊。

　　2.技藝：攝影、書法、插花、學習樂器、電腦、烹飪、縫紉、繪畫、學習外語、編織、剪紙、雕刻、陶藝、中國結。

　　3.嗜好：蒐集收藏品、種植、欣賞音樂、剪貼、聊天、寫信、寫日記、做禮拜。

(四)服務性

　　參與各種社會服務與義務工作，透過助人的行為，表達關懷與愛意的信念，在休閒中感到為善的喜樂。

　　如以休閒時間來分，可分為：（姚榮齡，民75）

(一)片刻休閒

　　家居或工作處所的休閒，如伸伸懶腰、韻律操、散步等活動，以短暫零碎時間的運用為主。

(二)日常休閒

　　在生活圈內的遊憩，如公園烤肉、看電影等活動，所用時間約半日或一日。

(三)週末休閒

　　遠離生活圈的遊憩，如名勝古蹟、國家公園的旅遊等，須在週末假日方可實施。

(四)長假休閒

　　可在國外去不同的地點長期休閒，如：出國觀光、度假等，只有連續假期或寒暑假方可為之。

第二節

休閒的功能

　　傳統社會對休閒活動的看法，常侷限於暫停工作、全心休息，以恢復體能的消極觀點，較少涉及休閒活動的積極層面。其實，休閒活動的主要功能，不但有助於個人現在的生活，並且對其一生的發展也有決定性的影響。也就是說，休閒不是只有消極地逃到一個零壓力的地方而已，還要更主動地去追求積極正面的經驗，使我們能快速恢復活力，對生活更具挑戰力，更存有希望的、積極的一面（柯永河，民80）。

　　休閒活動不但可以促進生理上的新陳代謝，也可以使緊張的情緒得到發洩與紓解；休閒時沒有任何束縛，沒有任何壓力，完全自由自在的恣意行動，反而留出了更豁達的心理空間，因而許多的創新與發明都是在休閒時豁然開朗的。而休閒活動的訓練也能激發工作的靈感（金樹人，民75）。休閒活動原本就不光是娛樂而已，更重要的是生活經驗的發展，因此就大多數人的休閒內容而言，實在是顯得太貧乏了（邱德才，民71）。

　　陳彰儀（民77）對國內成人參與休閒活動時的心理需求所做的研究指出：休閒活動能使身體鬆弛與休息、放鬆心情、調節緊張生活，使生活富有情趣及變化、使腦力休息、學習新的事物和擴張知識領域等；這些功能驅使人們樂於參與各種休閒活動。

　　綜合許多學者的意見，可將休閒活動的一般功能歸納成下列數端（林一真，民76；黃堅厚，民74；劉焜輝，民79；Jones, 1970）：

1. 休閒活動可以增進個人身心的發展。
2. 休閒活動可使我們在工作以外獲得滿足，補償個人缺陷。
3. 休閒活動可以擴展我們的生活經驗，促進社會化。
4. 休閒活動可以滿足個人成就的需求，肯定個人的價值。
5. 休閒活動可以鬆弛緊張的情緒，祛除攻擊的衝動。
6. 休閒活動可以培養獨處能力，增進自我的了解。
7. 休閒活動可以使精神上有所寄託，得以調劑。
8. 休閒活動可以使人滿足親和需求。
9. 休閒活動可以逃離現實壓力，促進潛能的發展。
10. 休閒活動可以增加消費量。
11. 休閒活動可以增加生產力。
12. 休閒活動可以激發創造力。
13. 休閒活動可以調節生活的步調。
14. 休閒活動可以促進非正式的溝通。
15. 休閒活動可以滿足審美的需求。
16. 休閒活動可以增進社會福利工作。
17. 休閒活動可以獲得新知能，開發次專長。
18. 休閒活動可以享受視覺、聽覺、觸覺、味覺等感官之美。
19. 休閒活動可以認識本土及其他文化。
20. 休閒活動可以使人親近大自然。

　　教師在學校的任務不外乎教學、研究及行政工作，由於制度使然，國民教育階段的教師幾乎只做行政與教學工作；單調繁瑣的例行公事，確實容易使教師產生職業倦怠的疲憊感，尤其是國小的教師，大多必須負擔班級的教學與生活輔導的工作，再加上學校所交辦的其他行政雜務，每天皆奉獻心力於鮮少有變化的校園工作上，每位盡責的老師難免都承受了不少工作壓力與難言之苦；因此，教師應具備良好體適能，在上課講解、課堂小組巡視、師生互動、親

師聯絡、活動課程示範指導、戶外教學活動、課程準備及行政工作溝通協調處理上，能達最佳教學效能。良好體適能能讓教師成為成功教育工作者，且讓教師生活愉快有品質（蔡慶文，民 91）。因此，教師在教育的專業生涯中所從事的休閒活動更需要發揮以下的功用：

一、增進身心健康

　　教師的生活單調、工作繁重、有形無形的限制多，身心容易失衡，需藉助適當的休閒活動來調節生活的作息、彌補身心的疲乏、恢復充沛的體力，以維持健康的身心。

二、發洩負向情緒

　　教師在現實生活中所遭遇的挫折與無奈，唯經由休閒活動才可擺脫眾多的壓抑、抒解內在的負向情緒或衝動，暫時減緩現實的壓力，獲得調息與重新出發的機會。

三、提昇個人價值

　　休閒活動除了娛樂效果外，尚有補償個人缺陷、自卑與潛意識需求的功能；教師可選擇自己專長的休閒活動以滿足教學以外的個人價值，同時可提昇團體的地位。

四、促進人際關係

　　教師的社交圈普遍狹窄，人際的互動非常有限，可透過休閒活

動增加與他人互動的機會，不但可認識而結交更多志趣相同的朋友，又能擴大視野、滿足歸屬感，更因體會人際交往與合作的寶貴經驗，成功促進個人成熟的社會化歷程。

五、學習新的知能

教學工作日新月異，教師需在正式的進修管道之外，運用休閒的方式另行汲取新的資訊與教學知能，一方面充實精神內涵，發展自我，一方面有助於學校的教學與研究工作，建立專業的特色。

六、避免角色固著

休閒活動可使教師有較多機會扮演與體驗其他多樣化的角色，一者，轉變刻板角色的期待；再者，消除他人對教師固著的負向角色形象。

七、擴散社會觸鬚

教師的工作範疇常侷限於學校與班級，平日較少接觸社會的其他層面；如能藉著休閒活動的安排，深入社會的各個角落，了解各種社會現象與民生苦樂，對於個人與工作皆有莫大的助益。

八、開闢第二生涯

教師可藉休閒活動試探與培養次要專長，開展其他不同的生涯方向，在輕鬆而無後顧之憂的學習氣氛下，激發創思潛能，為第二生涯開拓轉機，逐次達成自我實現的目標。

九、和諧家人關係

　　教師可安排家人一起休閒的活動，在自然而無拘無束的非正式情境下，不但有效達成真實坦誠的溝通、消弭彼此的誤會，亦可增進彼此的了解，有助於家人關係的和諧。

十、廣披關懷愛心

　　教師的專業成長歷程曾接受較多的人文陶冶，基於對受教者的關注與諄諄教誨，教師的愛心更可在有關的社會服務活動中發揮，而達成「老吾老以及人之老」和「幼吾幼以及人之幼」的崇高為善目標。

第三節

影響教師休閒生活的因素

　　教師除了平常有固定的假日外，每年都還擁有其他行業所沒有的寒暑假，在毋須工作，生活又無慮的長假中，是最容易安排休閒生活的職業團體。但由於國人勤勉耐勞，工作勤奮，因此成就動機強，休閒意識薄弱；而工作設計不良，生活空間狹隘，休閒知能貧乏，休閒涵養惡劣；再加上休閒資源嚴重遭到破壞（林一真，民76）；即使教師們有心從事休閒活動，難免會遭遇許多無法克服的障礙，就算勉強為之，效果亦大打折扣。

　　宋英芳等（民80）針對國中教師的休閒活動所做的調查得知如下：

㈠國中教師最常從事之活動為球類（如桌球、籃球、網球等）、旅行、散步、研讀書籍、郊遊、逛書店、逛街、品茗、園藝活動、聽廣播或錄音帶、慢跑、游泳等，均為一般人共認之健康性的活動，並無所謂的「暴發戶式」的休閒文化特徵；其自覺可達成之目的為放鬆心情、鍛鍊身體和健美、增加知識技能、娛樂、結交朋友或聯誼、修身養性、打發時間、尋求心靈寄託、滿足創造或成就感、休息等，均是樸實簡易可行的活動，與居家生活較易配合。

㈡國中教師很想從事卻很少從事之活動為打高爾夫、旅行、學習語言（粵、日語等）、溜冰、划船、游泳、駕車（騎馬）、攝影、打保齡球、射箭、釣魚、學特殊技藝（如手語、插花、美髮）、爬山等，多屬於需要較多金錢、特殊環境設施及費時的活動，與日常家居生活較難配合，因此，時間、環境與場地設施、金錢、能力、交通、家人配合等因素，影響所期望的休閒活動的實行。

由研究調查的結果我們可發現，教師由於主、客觀的因素，所真正能夠從事的休閒活動比較傾向簡單、經濟、健身、娛樂、休息等一般性、傳統性的類別；至於新潮、特殊、費錢、困難等非一般性、傳統性的類別則不易實施；所以，教師從事休閒活動的困境亦值得我們來探討，以便於協助教師了解實際的狀況，進而研究對策來解決問題，以達成推廣休閒活動的目的。下面針對若干影響教師進行休閒活動的因素加以說明之。

一、生態因素

(一)居住地區

　　教師居住或工作所在地區的休閒文化與地方特性影響教師的休閒活動頗鉅,如:都市與鄉村的差異性。

(二)居住環境

　　教師所處的社區或學校風氣亦對教師的休閒活動有直接的引導作用;另外,居家附近的交通、資訊的條件也會有所影響。

(三)自然資源

　　整個休閒環境的開發、自然資源的保護措施,都是休閒事業能否蓬勃發展的關鍵;教師皆為知識份子,較講究休閒環境的品質,如果天然資源浮濫破壞,自會降低休閒的意願。

二、社會因素

(一)職業

　　教師所屬職業團體是否鼓勵成員多做休閒,或流行某種休閒活動,皆會帶動教師從事休閒的意願;而學校規模的大小、人際的互動、校長的領導型態等等,也是提倡教師休閒活動的重要因素。

(二)收入

　　教師的收入雖然固定,但在日常家用之餘,卻無法有較高的積蓄,因此,休閒活動的性質、次數、預算都會受到限制。

(三)教育程度

教師的教育程度往往會影響休閒的選擇與品質，愈高者愈有強烈的休閒動機。

(四)工作性質

教師在校的任教科目與工作性質、時數也會決定從事休閒活動的需要性，一般兼辦重要行政工作者，較難按照己意去安排休閒生活。

三、個人因素

(一)性別

男女性別角色的期待與自許有很大的差異，當然也會影響休閒的意願與性質，一般認為男教師比女教師較容易有休閒的機會，女教師身為職業婦女，休閒機會自然容易被繁多的家務事所剝奪。

(二)年齡

教師的年齡分佈很廣，年輕的教師較具有休閒的潛力（體力），但年長的教師亦擁有較佳的休閒條件（時間、經濟），然而，一般仍以為年紀較輕，參與休閒活動的動機較強。

(三)個人特質

教師的人格特質差異頗大，每位教師的需求亦不盡相同，唯有符合個人興趣與取向的休閒活動，才能引發個人高度的參與感。另外，教師成長過程當中所培養出的生活習慣，亦與休閒的從事有關。

(四)態度與參與不一

教師通常富有較高的理性思考，也因此具有合理的休閒態度，但往往由於其他眾多因素，反而形成參與的行動無法與觀念一致的情況。

(五)年資

教師的年資與年齡有關，資深教師比新進教師較缺乏活力，懶於參與休閒活動；而資淺教師由於要適應環境與準備教學任務，有時亦難以隨心所欲參加各種活動。

(六)婚姻

已婚教師需照顧家庭、家人，考慮的事情亦較多，自然比不上未婚教師可無牽無掛的從事自己喜歡的休閒活動。

(七)家人數目

家庭人數的多寡會對家計的負擔、家人之間的互動機會有所影響，人數較少的家庭要辦理休閒活動顯得較方便、容易。

(八)時間

教師除了學校課程、事務，及日常生活的家務事外，是否能挪出足夠的空閒時間來從事休閒活動，便成為教師休閒生活的主要關鍵；雜務較少的教師就可能有較多的休閒時間。

適合教師的休閒活動

　　教師的生活雖然比其他行業的人員擁有固定的空閒時間，但因個人間的個別差異與不同的心理需求，需要不同種類的休閒活動方可滿足（Tinsley, et al.,1977; Tinsley & Tinsley, 1982）。由於社會風氣與教育措施的影響，很多人皆採取功利式的、立即得到回饋的休閒活動來紓發心中的壓力（蕭文，民78）。「小人閒居為不善」，如不能善用休閒時間，把休閒時間用來沉溺於賭博、暴飲暴食、遊蕩風花雪月場所等不良休閒活動，不但無法達成健全的休閒目的、影響正常的工作，甚至為害個人、家庭、學校、學生、及社會大眾；由於教師身分特殊，稍有偏差行為即容易造成社會的重視與輿論的貶伐，因此，在選擇與從事休閒活動時不可不慎。

　　曾喜城（民 86）探討教師應如何善用週休二日的休閒生活，指出行為學派提出：追求生活的滿足、求新求變、充實心靈、有創意的休閒生活、團結的好情操等可作為教師參考；而適合教師的休閒生活有藝文、運動、旅遊、服務性等四種活動型態，並強調休閒生活的最高境界是欣賞「遊戲」人生。

　　劉焜輝（民 74）曾指出健全與不健全的休閒活動之區分標準如下：

一、生產性

　　同一性質的休閒活動，具有生產性的休閒活動比不具生產性的休閒活動具有價值。

二、共同性

能夠由許多人共同享受的休閒活動要比由個人享受的休閒活動具有價值。

三、發展性

能夠增進個人身心健康的休閒活動要比只消磨時間的休閒活動具有價值。

四、適應性

適合於個人興趣、才能的休閒活動要比不適合個人興趣、才能的休閒活動具有價值。

因此，我們可得知教師從事休閒活動必須能把握生產性、共同性、發展性及適應性的正面效果，才能算是有意義而健全的休閒活動。休閒活動如具有挑戰性、刺激性、變化性，則有助於人們心理的健康（劉焜輝，民74）；如果從行為理論的刺激和反應的現象來分析，下列的刺激可充實休閒活動的正面經驗（柯永河，民80）：

一、視覺刺激

燈光的種類與強弱、色彩的設計、盆栽的擺置、家具的擺設、庭院的佈置。

二、聽覺刺激

音樂及音樂聲音的聯想。

三、觸覺刺激

溫度的變化、家具的質料。

四、肌肉感覺

坐椅的形狀、健身器材的運用、空間的感受。

一般任職學校的教師除少數仍處於青春期外，大多已是青年後期以上的年紀，消遣方式也逐漸由需要激烈體力的遊戲轉變為靜態式活動；到了成年期，因為生活方式以家為重，故消遣活動也以家人的共同參與為主，由於工作及家務的負擔，休閒時間減少很多。年齡愈大，興趣的範圍也愈來愈狹窄，重點也有了轉變，由耗體力、社交較廣轉為較輕鬆、較單獨的活動，重視生活哲學與文化的追尋。培養一種嗜好，老年退休後，就可以充實退休後的空閒時間，否則老年以後很難適應。「老化」對一個人消遣活動的喜好和形式影響不大，有時因生理功能限制或家庭因素，社會環境縮小，不得不放棄或免除一些活動，因此老年人興趣的範圍逐漸縮小，老年時的消遣是較安靜而節省力量的，並限於自己的家庭，不再到別人家去，也不再去俱樂部或其他公共娛樂場所（黃秀瑄，民70）。

了解休閒活動的正面特質與教師的發展及需求，有關適合教師從事的休閒活動，試列舉以下幾項，以供教師參考。

一、運動性休閒活動

教師在學校工作，學校所具備的設施，教師較能配合教學而就近使用，因此球類運動，如：桌球、網球、排球、羽毛球等皆為教師所喜愛；其他如：慢跑、游泳、體操、國術、瑜伽、靜坐等亦常為教師所從事。「水能載舟亦能覆舟」，運動一旦超出自己體能的負荷，反而只有百害而無一利（張國立，民75）；因此，提昇教師體適能可把握下列要領：㈠養成規律運動習慣；㈡把握工作中運動機會；㈢養成動態性家居生活；㈣從事運動性休閒活動；㈤學校行政措施的協助；㈥合理控制飲食（蔡慶文，民91）。進行運動性休閒活動要衡量自己的體能，避免劇烈用力，練習時須循序漸進，並安排適當的休息、補充必要的營養，才能達到休閒與健身的目的。

二、戶外性休閒活動

這是最普遍的大眾化休閒活動，利用例假日全家扶老攜幼外出尋幽訪勝，參觀名勝古蹟，不但怡情養性，亦能增進家人的親密關係，享受天倫之樂；此外，旅遊、爬山、賞鳥、釣魚、露營、遊覽動物園等也是一般人最常過的休閒生活。

三、藝文性休閒活動

此類休閒活動主要在啟發其他興趣與潛能，培養欣賞的能力，並藉參與的機會，擴展各個不同領域的人際脈絡；教師喜歡的活動項目有：演唱、演奏、歌劇、演講、聊天、寫作、品茗、棋藝、盆

栽、閱讀書報雜誌、觀賞電視電影、繪畫、攝影、雕塑陶藝等。

四、學習性休閒活動

工作之餘的進修與益智性休閒活動結合，強調專業知識或各種生活技能的充實或習得，這也是教師最經常從事的休閒方式，不但可增長見識、有助教學工作，亦可藉此發展生涯的第二春。適合教師參與的活動有：鑽研科學新知、電腦研習、機械電子產品的修護、金融經濟資訊的研讀、教育與心理專業知能的探究、社會民俗采風等。

五、服務性休閒活動

近年來，由於民生富庶，大家都更有餘力來關心社會的事務，許多人利用休閒時間從事社會服務工作，透過精神或物質的助人歷程，不但可以肯定自我的價值，滿足自尊、自我實現的心理需求，亦可藉由「助人為快樂之本」的真諦，提昇自己的生活內涵與品質。教師如能積極參與社會服務工作，自願擔任義務工作，為需要協助的社會大眾提供一己之力，不僅達成本身休閒的目的，同時也能發揮教育的專業知能，示範與帶動一般民眾參與社會服務工作。最常見的社會服務工作有：慈幼、慈暉、慈光活動，及最近大力推展的戒煙、反毒、環保、援救雛妓、婦女等活動，協助社會中的弱勢團體解決生存的威脅與障礙，重新開發個人潛能、開創幸福美滿的新生活。

第五節

教師如何安排休閒生活

大多數的教師雖然喜歡休閒活動，卻因為不知如何安排，使得休閒的美意成了空談，因此，如何安排與選擇休閒活動，已是教師的生活中不可不重視的課題。我們都知道不同的休閒活動可能具有不同功能，但有關人類如何選擇休閒活動的理論至今並不完整，大致可分成下列數端（林一真，76）：

一、補償說

主張個人如果有自由選擇娛樂的機會，他一定會選擇與工作顯著不同的休閒活動，以避免因過份單調、無聊、繁重而精神崩潰。譬如，在都市工作者在假日常湧向鄉村做休閒活動。

二、相似說

主張當個人有充分選擇自由時，他多半會選擇與自己日常所熟悉事務有關的活動作為休閒，工作者的任務若愈單調，所做的娛樂也愈單調。

三、參照團體論

認為大多數人是根據同事、家人及朋友的活動來篩濾或引導自己的休閒活動。換言之，此理論認為個人的休閒選擇受到社會價值

及規範的影響。

四、機會論

　　認為都市人因很少有機會參與農村活動，因此日常的休閒活動鮮少具有鄉村色彩，大多偏重都市型活動。

五、交換論

　　個人會選擇自己能從中獲得最大滿足（或利益）的休閒活動。倘若一種活動經常能使人得到高報償，當事人比較可能再選擇這種活動。由於饜足（satiation）的原理，當某一種活動的報償達到最高潮時，個人參加率就會有逐漸下降的優勢。對某種型態的娛樂投資的時間、精力及金錢愈多，個人愈不容易轉移至其他類型的娛樂活動，而他會在相同類型的活動中求變化。假如報償超出原先的期望，則會有滿足感；否則會改選其他活動。但如不能如願，也只好被迫留下繼續做相似的活動。

　　每個人的生活作息習慣有很大的差異，在考慮休閒活動時，必須依據個人不同的情況妥為安排；自己安排休閒生活較能滿足本身的需要，也可以從中體會到更多的樂趣。這時對個人而言，休閒生活不僅是休息與放鬆而已，而是個人自願選擇的一項活動，從中可以得到直接的歡樂，並且使自己的生命有更完整而豐富的經驗，進而產生新的工作條件與生活情趣（邱德才，民71）。下列幾個步驟可供教師安排休閒活動的參考（林本喬，民80；陳瑩樺，民74）：

一、訂定目標

　　教師可先根據自己的興趣與需求訂出短、中、長程目標，把目前最可行及未來欲行的休閒活動化為具體的目標，然後再逐步實行，以實現自己的理想；如果項目太多，可排定優先順序或結合同性質的項目；而活動的內涵也要符合自己的生活步調，才能對身心的均衡有所助益。

二、增強動機、善用資源

　　教師在決定從事某項休閒活動之前，可發掘一些有利的條件與事物，以提高參與的動機；如：有同事、朋友一起進行，彼此可分享心得與樂趣，又容易持之以恆，不會輕言放棄。同時，亦可有效掌握機構或社團的活動資訊與資源，協助自己投入休閒活動。

三、環境的控制

　　教師在進行休閒活動時，可巧妙地佈置活動情境，並醞釀和諧的氣氛，以引發高昂的參與情緒；至於時間的把握、活動的搭配，可採變化方式以提高效果；此外，生活中零碎時間的運用，亦可產生偷閒的意外情趣；控制環境的有效因素，在於運用之妙，存乎一心，必須有所突破，才可能誕生更多的創意。

四、自我增強回饋

　　適當的自我獎賞可鼓勵實施的信心，只要持久進行下去，長時

期的累積經驗與成長，形成歷久彌新的良性循環，休閒活動自然可達成預定的目標。

五、檢討修正

　　教師對於既定的休閒活動，可在進行過程中隨時反省檢討，如發現窒礙難行之處，可加以修正調整，務必使得各階段的目標皆可完成銜接，並符合實際的需要。隨時懷著積極、愉快的心態，來迎接充滿樂趣的休閒生活。

　　教師除可依上述步驟安排設計自己的休閒活動外，在實施時亦可參考以下的注意事項：

㈠所有的休閒活動皆應顧及本身的興趣與意願，千萬不要勉強或限制自己，使得休閒成為身心的嚴重負擔，導致本末倒置的現象。

㈡休閒活動最好與日常工作的性質有互補的作用，以產生對立的鬆弛，充分發揮調節的功能，拓展多樣性的生活經驗。

㈢休閒活動亦可配合正式工作的需要，延伸個人的內在興趣，使休閒生活和工作加以統整，促進專業知能的升級。

㈣實施休閒活動的計畫，必須說做就做，切勿考慮太多，拖延時日，往往一事無成。休閒活動貴乎於正當和適量，過與不及都不是好現象。

㈤實施休閒活動要善用時間，平日餘暇、短期假日、寒暑假等各需要不同的安排，把握時間的特性才能完善規劃；其次，善用零碎時間，亦會憑添不少生活的驚奇與樂趣。

㈥實施休閒活動要重視活動的環境，避免涉及不良場所，地點的選擇與安排，要慎重考慮。

㈦實施休閒活動要有正確的態度，除了消極的休閒目標，亦應同

時考慮積極的休閒目的,也完全隨波逐流,一味追求時髦風尚,而迷失自己的休閒取向。

㈧教師的收入有限,休閒開支皆為辛勤積蓄所得,因此,實施休閒活動應衡量本身的經濟能力,做合理的消費,才不至於影響日常生活的各項運作。

㈨休閒活動的實施種類可考慮一種以上,最好有動態活動,也有靜態活動,如能調和不同性質的活動項目,更可增進個人的適應性,獲得多樣性的休閒效果。

㈩實施休閒活動首先必須考慮安全措施,唯有在不危害個人身心的狀況下,休閒活動才有意義,否則不但徒然無功,還會適得其反,留下困擾的後遺症。

㈠實施休閒活動可採個別或團體的方式,一方面享受獨處的樂趣,一方面參與同儕團體,增進人際關係與社會關係,不但造福自己,也可把歡笑分享眾人。

㈡休閒活動的實施可含括家庭與學校的活動,藉著非正式的活動,促進同事、師生、親子、手足間的溝通與感情。

「忙,人自取;閒,天定許。」人的生活貴乎自己的安排,工作與休閒互相影響,互領生趣,互造生機與契機,若能調和得當,多采多姿的人生將會在我們的面前綿延開展,自信自得,而又充實圓滿(金樹人,民75)。「休息是為了要走更遠的路」,教師的職業生活確有從事休閒活動的必要與條件,教師在面對二十一世紀即將來臨之際,除了必須在教育的專業知能上不斷地成長,以滿足學生的認知需求外,尚須培養正確的休閒觀念,學習實用的休閒知能,以怡然自得、悠遊自在的心境,來促進自我的成長、提昇生活的品質、享受生命的樂趣,並能自信地迎接未來教師生涯的挑戰。

本◆章◆摘◆要

　　在傳統農業社會的人們認為「勤有益，戲無功」或「業精於勤，荒於嬉」，而工作是生活的重心，休閒則隱藏於工作中；隨著社會的變遷，使得我們在正常的謀生工作之餘擁有更多的閒暇時間。因此，現代休閒活動是屬於社會大眾生活的一部分，是人們從工作中賺得的報酬之一；加上世界休閒潮流的影響，有效地安排、從事休閒生活，已成為現代人所面臨的重要課題。休閒活動雖因年齡、性別、地域、種族、文化及個人特性而有大幅度的不同，但目的則大同小異。教師肩負社會文化之傳遞與創新的責任，面對煩瑣的工作，與單調的工作情境，除了工作環境的調節外，尚須具有適當的休閒生活，使其身心得到調劑，以提昇生活的品質與工作效率。

　　休閒又可稱為遊戲或娛樂；有人認為休閒是一種生活方式，也有人認為是一種活動。綜合多位學者對休閒所下的定義，我們可得知休閒活動是人類日常生活中，運用餘暇時間所從事的活動，這種活動可使我們輕鬆、滿足、愉快，可以調和情感，促進身心健康，豐富生活經驗，而不去計較任何利害得失；因此，它乃是人生的潤滑劑，足以滋潤人生、平衡身心、充實知能及創造新機。至於休閒活動的類別，如以目的來分，可分為逃避性的活動、一般教養性及鑑賞的活動、創造性的活動、服務性的活動等四類，其中又以鑑賞、創造、服務性的活動為最理想；如以休閒的性質來分，可分為知識性、健康性、嗜好性、服務性等四類；如以休閒時間來分，可分為片刻休閒、日常休閒、週末休閒、長假休閒等類。教師在教育的專業生涯中所從事的休閒活動需要發

揮的功用有增進身心健康、發洩負向情緒、提昇個人價值、促進
人際關係、學習新的知能、避免角色固著、擴散社會觸鬚、開闢
第二生涯、和諧家人關係、廣披關懷愛心等十項。

　　教師從事休閒活動的困境亦值得我們探討，以便於協助教師
了解實際的狀況，進而研究對策來解決問題，以達成推廣休閒活
動的目的。影響教師進行休閒活動的因素，在生態因素方面有居
住地區、居住環境、自然資源；在社會因素方面有職業、收入、
教育程度、工作性質；在個人因素方面有性別、年齡、個人特
質、態度與參與不一、年資、婚姻、家人數目、時間。

　　教師的生活雖然比其他行業的人員擁有固定的空閒時間，但
因個人間的個別差異與不同的心理需求，需要不同種類的休閒活
動方可滿足。由於教師身分特殊，稍有偏差行為即容易造成社會
的重視與輿論的貶伐，因此，在選擇與從事休閒活動時不可不
慎。教師從事休閒活動必須能把握生產性、共同性、發展性及適
應性的正面效果，才能算是有意義而健全的休閒活動。適合教師
從事的休閒活動有運動性休閒活動、戶外性休閒活動、藝文性休
閒活動、學習性休閒活動、服務性休閒活動。

　　有關人類如何選擇休閒活動的理論大致有補償說、相似說、
參照團體論、機會論、交換論。每個人的生活作息習慣有很大的
差異，在考慮休閒活動時，必須依據個人不同的情況妥為安排；
自己安排休閒生活較能滿足本身的需要，也可以從中體會到更多
的樂趣。教師安排休閒活動的步驟為訂定目標、增強動機、善用
資源、環境的控制、自我增強回饋、檢討修正。

「忙，人自取；閒，天定許。」、「休息是為了要走更遠的路」，教師的職業生活確有從事休閒活動的必要與條件，以怡然自得、悠遊自在的心境，來促進自我的成長、提昇生活的品質、享受生命的樂趣，並能自信地迎接未來教師生涯的挑戰。

研◆討◆問◆題

一、休閒生活對現代人有何重要意義?

二、休閒活動能提供教師哪些功能?

三、請簡單敘述你自己的休閒狀況,並舉出困難所在。

四、請你列舉最適合教師從事的休閒活動三種,並說出其優點。

五、試述你如何選擇休閒活動?有何根據?

六、你認為實施休閒活動必須注意哪些事項?

七、你認為學校或有關單位應如何協助教師辦理休閒活動?

本◆章◆參◆考◆文◆獻

一、中文部分

方人也（民 79）：談休閒輔導的概念。載於莊懷義等編著：**青少年問題與輔導**。台北：國立空中大學，888~890。

宋英芳等（民 80）：國中教師休閒活動狀況之調查研究。**教育實料文摘**，28 (4)，150~163。

林一真（民 76）：休閒輔導。載於**國民教育輔導論叢第五輯**。教育部國教司，103~123。

林本喬（民 79）：中學生如何安排休閒活動。載於林幸台等著：**成長之路**。新生代基金會，22~33。

林素麗（民 67）：休閒的理論與研究。**思與言**，15 (1)，27~28。

吳武典（民 76）：休閒生活和心理健康。載於吳武典、洪有義編著：**心理衛生**。台北：國立空中大學，265~271。

金樹人（民 75）：充實多采多姿的人生。載於洪有義、金樹人著：**創造自我**。台北：正中書局，177~198。

邱德才（民 71）：員工休閒生活的安排。**張老師月刊**，58 期，74~76。

柯永河（民 80）：忙裡偷閒─休閒生活與身心調適。載於張小鳳等著：**心戰─現代人的掙扎與突破**。台北：聯經，61~68。

姚榮齡（民 75）：青年以休閒促進工作、老人以工作調劑休閒。載於社會處、中華日報社印行：**老人的休閒活動**，193~199。

黃如雲（民 71）：休閒生活中寓有教育價值。載於張春興主編：**心聲愛意傳親情**。台北：桂冠，225~260。

黃秀瑄（民 70）：從輔導觀點談休閒活動，**輔導月刊**，17（11、12），2~5。

黃堅厚（民74）：休閒活動和心理健康。載於**國民教有輔導論叢第三輯**，教育部國教司，92~101。

陳瑩樺（民74）：加添生命的潤滑劑—談如何安排休閒生活。載於**大專青年輔導論文集**，文化大學心理衛生中心，209~214。

陳彰儀（民77）：休閒滿足二因子理論驗證—工作滿足之二因子理論應用於休閒滿足之適切性探討。**教育與心理研究**，11期，89~112。

曾喜城（民86）：教師的休閒生活，師友，366期，20~24。

張國立（民75）：**老人的休閒活動**。載於社會處、中華日報社印行：老人的休閒活動，7~185。

蔡慶文（民91）：教師體適能的提昇，師友，415期，23~26。

劉焜輝（民71）：談如何安排休閒生活。載於**心理建設與青少年輔導廣播講座專集**，教育部訓委會，153~158。

劉焜輝（民74）：怎樣使生活更快樂—談休閒生活。載於郭為藩等著，**美化你自己—獻給青少年朋友**。台北：正中書局，125~186。

劉焜輝（民79）：青少年休閒生活的輔導。載於莊懷義等編著：**青少年問題與輔導**。台北：國立空中大學，68~694。

蕭文（民78）：休閒出軌—談青少年的休閒輔導。**學生輔導通訊**，14期，82~83。

嚴霽虹（民72）：休閒生活輔導。輔導月刊，20(1)，59~63。

二、英文部分

Jones, A. J. (1970). *Principles of guidance* (2nd ed.). Revised and updated by B. Steffire & N. R. Stewart. New York: McGraw-Hill.

Tinsley, H. E. A., Barrett, T. C., & Kass, R. A. (1977). Leisure activities and need satisfaction. *Journal of Leisure Research, 9*, 110 -120.

Tinsley, H. E. A., & Tinsley, D. J.(1982). A holistic model of leisure counseling. *Journal of Leisure Research, 14,* 100-116.

第十二章

做一個身心健全的
快樂教師

　　在跨入二十一世紀之際，傳統教育的內涵與功能必須隨著社會的變遷、新時代人們的需求，而有重大的更迭；身為文化傳播、開拓人力資源的教育工作者，教師確有必要體察時代的脈絡與變化，進行各層面的調整，以配合教育工作所可能面對的困境與需具備的條件，以達成「經師」與「人師」的神聖任務，充分發揮教育的時代精神，滿足社會大眾的需求。本章擬從心理衛生的角度來說明教師如何成為一位身心健全的快樂教育工作者，不但個人得以成長，亦同時引導學生展現潛能，為下一世紀培育社會的中堅。

第一節　現代社會中的教師

　　走在校園裡，經常可聽到教師在閒聊中，總會有工作難為之歎，他們說：「在我們還是學生時，老師最好當；現在我們當了老師，卻發現學生愈來愈難教了！」。

　　近年來，教育改革已為政府與民間致力的焦點，然而，真正的問題在於時代在變、社會在變、所有的人與制度都在變，而教師長年處於校園中，除了與教學有關的事物較有接觸外，對外界大環境快速邁向現代化、民主化的挑戰與衝擊，似乎一時還難以適應，因此，當九年一貫課程與相關配套措施公佈實施時，教師的震撼與抗拒絡繹不絕，進而引發教師的退休潮。

　　教師的地位從傳統的「天地君親師」到後來的「軍公教」，每況愈下；而社會面臨解禁與開放的轉型期，在物質文明掛帥的潮流下，教師的地位與功能又遭遇重大的變革；近年來，因經濟及社會的變遷，九年一貫、教改變革、師資培育多元化，說明了教師工作

具有競爭性、多樣性與挑戰性。新世紀的教育是要培養可持續發展的學生，老師當然也需自我成長，成為可持續勝任的教師，及早自覺完成生涯規劃，以增進教育人員專業知識與技能，最終建立教育專業地位與形象。教師身負教育下一代的神聖使命，做好生涯規劃才能敬業樂群地投入教學，或者配合興趣與能力，在適當的時機或年齡階段找到第二春（陳煥榮、黃培聲，民 92）。

因此，在主、客觀的環境之下，教師的角色行為同時具備以下三種特性（吳武典，民 76）：

一、多元性

教師的工作繁雜而多元，不能只是單純的扮演一種角色，在家庭、學校、社會中必須同時扮演多種角色行為，不但自己容易混淆、迷失，亦容易引起社會大眾的關切與質疑。

二、變動性

隨著社會的潮流與人們的需求，許多有關措施逐次修正，學校內傳統的權威管理與教學的模式，亦受到更多的挑戰，必須不斷求新求變，才能滿足學生與家長的要求；這些快速的變遷令教師措手不及，一時調適不易，頓生無謂的困擾與無力感。

三、衝突性

由於多元的價值體系，尊重個別差異，允許不同的自由選擇，諸多現實與理想的差距，以及實施時的過度階段，常常引發爭執與矛盾，使得教師在認知與情感的層面，產生不少的無奈與衝突。

　　然而，教師的個人適應與專業成長；關係著學生學習的成敗與學校的發展；要有身心健全的下一代，就必須先有身心健全的教師，尤其是在國民教育階段，教師仍是協助學生社會化與人格發展的關鍵人物。而學校推展心理衛生的工作，也先要有心理健康的教師，再由教師透過教學或其他活動來影響學生，最後才有可能達成學校心理衛生工作的目標。

第二節

教師的難題與困境

　　在國內經常可發現一個有趣的現象－經濟景氣的起伏，影響著教師工作的行情。景氣上升，離職教師人數眾多；景氣下跌，大家又紛紛走入教師的行業。儘管如此，專業的教師工作絕非一般人能輕易勝任；Hunter（1977）認為航管人員、外科醫生及教師為世上最具潛在壓力的三種職業（Brown, 1984）；何況，國內正逢社會制度重大變革時期，教師的角色更顯尷尬，工作壓力亦接踵而來；根據郭生玉（民78）研究教師工作壓力與工作倦怠的關係時，發現六種工作壓力綜合起來可以有效預測國中與國小教師的工作倦怠，這六種工作壓力是：學校和行政人員的關係、學生的學習方面、角色方面、工作負荷、學生的不良行為、教師專業發展；而國外的研究也指出，男教師、資深教師、做同一工作愈久的教師、中學教師等較易經驗到更多的倦怠（Connolly & Sanders, 1986）；至於教師工作壓力的來源則有：行政人員不當作為、不當的薪水、學生價值與態度、管教問題、學生缺少動機、個人教學能力、工作負荷、無充分準備時間、無適當休息、缺乏社區支持、家長價值與態

度、大班級教學、同事關係等（Brown, 1984; Cichon & Koff, 1978; Clark, 1980; Martray & Adams, 1981）。

綜台國內外的看法，以下就教師個人、學校、學生、家長、家庭等各方面來探討目前常見的教師難題與困境。

一、個人方面

㈠教學能力

許多教師自開始服務後便一直採用同樣的教學方法，很少有動機與機會去了解這方面的新知能，即使是上級或學校所提供的教學資源，也同樣乏人問津；因此，當九年一貫課程開始實施，課程與教學的客觀要求有所改變時，便顯得心有餘而力不足，而長久的習慣一時亦不容易轉換過來，便衍生教師大量的退休潮。

㈡時間壓力

教師的工作時間幾乎是整個白天，且絲毫沒有彈性，尤其是國小的教師，一個蘿蔔一個坑，幾乎完全被綁在學校；如果是雙生涯的女教師，「四點半症候群」更是每天必須面對的壓力。

㈢生涯定向

教師的生涯發展要將個人的特質、成就動機、進修壓力與管道等因素考慮在內；然而，實際的客觀環境並無法配合，提供有利的條件，使得大多數教師的生活懶懶無勁，難以找出值得發展的方向與有力資源。

四 經濟條件

教師的待遇只能圖溫飽，很難滿足時代轉型所帶來的物質生活；相對的，社經地位自然停滯或下降，使得教師連起碼的精神回饋也逐漸消失，更遑論維持傳統教師的尊嚴與顏面了。

五 溝通能力

教學的工作容易使教師養成指導與命令的溝通模式，在講求民主、開放的社會裡，必須互相尊重，坦誠、平等的對待，才有妥協商量的餘地，教師對學生、上司、同事、家長及家人的溝通方式與能力，顯然有斟酌改進的必要。

六 感情生活

國中小教師陰盛陽衰，又因家計、任教偏遠、個性保守、生活圈子狹窄等問題，適婚年齡女性教師晚婚、失婚普遍，蹉跎青春，形成許多校園單身教師。

七 家庭生活

教師的家庭大多是雙生涯的生活（也不得不如此），平日各忙各的，下了班又必須料理家事，幾乎很難有全家相處談心的時間，到了寒暑假又形成長而無當，不易做妥善的安排；因此，家庭中總要有人必須在這種生活型態中犧牲自己的權益，甚或造成難以彌補的遺憾。

二、學校方面

㈠班級競爭

中、小學的教師，在升學主義與形式主義的籠罩下，加上家長的推波助瀾，經常呈現一片廝殺聲，為了考試的分數，各班之間爭個你死我活，教師的沈重壓力可想而知。

㈡學校環境與設備

由於都市化的結果，許多學校的環境品質相當惡劣，加上各級學校的教育經費呈倒金字塔式的分配，因此，辦理國民教育的學校設施經常捉襟見肘，無法提昇教學空間的水準，在這樣的環境下，教師又能有多高士氣！

㈢行政主管的領導風格

許多行政主管在歷經煎熬爭得行政職位後，視學校的資源為己有；而把教師當做行政上的籌碼，予求予取，任其擺佈，教師敢怒不敢言，只好以消極的工作態度來回應，以致校園內充斥著心情鬱悶的教師。

㈣學校風氣

在社會環境功利至上的影響下，學校內也逐漸形成利益小團體，彼此為己身的福祉僵持不下，告狀、搬弄是非、挑撥離間、冷嘲熱諷、明爭暗鬥，嚴重毀損教師清高的形象。

(五)退休制度

由於經費不足，許多教師無法順利退休，打擊工作士氣。

(六)考核、升遷、福利

現行升考辦法促使教師不安於校，安份守己、默默教學很難有所表現，必須遊走四方，代支代工，才有被提拔的機會。

三、學生方面

(一)師生關係

傳統的教師權威在被瓦解後，師生關係有了新的型態，教師必須要能接受學生逐漸主動的要求，而感情的淡薄也成必然。

(二)學生不良適應行為

受到社會風氣與家庭結構的影響，學生的差行為愈來愈嚴重，教師對班級常規的要求不易達到，實難有對策可施。

(三)學生學習意願

義務教育逐漸延長，一般學生的讀書風氣低落，成績普遍不理想，教師的努力教學，卻引不起學生向上的動機，挫折與無力感往往降低敬業的態度。

(四)大班級教

班級人數眾多，程度參差不齊，要進行正常化教學確有實際的困難，教師在理想與現實之間不知如何是好，只好過一天算一天。

四、家長方面

(一)不關心子女教育

家庭的教養方式會影響子女在學校的表現，有的家長毫不理會子女的學習情形，也不願配合學校或教師的措施，在無法溝通的狀況下，增加教師的心理負擔。

(二)干預校務影響教學

有的家長過於關心子女的學習，常對學校或教師做無謂的干擾，並利用媒體藉著輿論的力量來牽制學校的運作，影響教師的士氣甚鉅。

第三節

教師的自我認同與身心適應

一、教師的自我認同

教師在多元多變的環境中，要先培養自己正確的認知，唯有對自己的角色先予以接受與肯定，方可化消極的態度為積極的作為，不畏外來的衝擊與挑戰，在工作崗位上，愉快而有效地執行教育的任務。以下就教師的三種角色行為說明教師可加以認同的作為。

(一)教學的角色

1.因應學生個別差異的需求，以啟發而非灌輸的方式來教導學生。

2.在教室內以民主的專業學術修為來領導學生，開拓學生知識的視野，增進主動積極的求知動機。

3.不斷研究進修，充實自我，訂閱各類專業的書刊雜誌，引導自己並協助學生汲取最新的知能，以達成教學相長的目標。

(二)輔導的角色

1.確實蒐集與建立學生基本資料，願意傾聽學生的心聲，進而主動發現學生的問題。

2.修正管教態度，以輔導的觀念與做法協助學生透過自我了解，增進其解決問題的能力。

3.了解自己的人格特質與能力的限制，適當轉介學生，提供有效的資源。

4.提供家長親職知能的諮詢，直接對父母的協助，亦是間接受益於學生。

5.以身作則，運用人格影響力，做為學生楷模。

(三)行政的角色

1.真正體認行政工作的本質，非特權的享受，應以服務的態度對待全校師生。

2.講求公平公開原則，尊重師生合理的意見。

3.注重溝通協調的方法，務必做到師生心服口服。

4.重視平日建立良好的人際關係，考慮以感情為基礎的民主領導方式。

　　5.研讀並熟悉法令，盡量以積極有利的層面來詮釋，勿以消極的禁止或限制來約束師生。

　　6.全力支援教師的教學工作，協助學生順利地學習與成長。

二、教師的身心調適

　　教師亦為人，七情六慾總是難免；但唯有自己先有健全的身心狀態，才有可能在教學、輔導、行政的工作上，發揮最大的效能。在此，謹提出一些有助於教師在工作與生活中保持身心均衡、達到自我調適的觀念與做法，做為教師實踐時的依據。

　　㈠保持身體的健康，充分激發生理的能量，才有充沛的體力來應付日益繁重的工作。

　　㈡坦誠開放，了解自我，並接納自己的缺陷與不足，當自己能肯定自己、尊重自己，自然較能獲得他人的敬重。

　　㈢接納他人非十全十美的，勿以自己的標準來加諸在他人身上，亦即要能充分尊重其他個體。

　　㈣放棄神話式的權威身段，平等的對待學生或他人，在雙方皆能互相認同時，溝通才會有效。

　　㈤生活作息彈性安排，留給自己意外的短暫空白，可調整紛亂的生活步驟，重新界定可行之途。

　　㈥肯定自己的專業地位，積極追尋專業的成長，未來的社會唯有真正的實力，才有開闢燦爛天空的可能。

　　㈦塑造平凡踏實的家庭生活，掌握親密的人際互動，有了堅實的支柱，自然無後顧之憂，可專注投入工作的挑戰。

　　㈧培養多種興趣與嗜好，遊戲於動靜之間，既可增進教學知能，又可訓練體能、滋潤心靈。

　　㈨結交工作與休閒夥伴，一起分享成就、分擔憂慮，集思廣益，

攜手克服人生的困頓。

(十)發掘與善用有用資源，創造更多選擇的可能。

教師的快樂生涯

「教師對自我的接納與肯定，同時表現出所居地位的尊
嚴與充分選擇的自由；雖然不貶低自己的身價，但也不諱言
自己的缺失，以及身為凡人的無奈與物質條件的平庸。」

—電視影集「我們這一班」觀後感—

快樂原是不假外求，而繫於心之一念，教育工作的性質更是如
此，教師縱然不刻意追求快樂，但真正的快樂卻已長駐我心。

教師既已選擇教育工作為生涯的目標，就應以教育家自許；在
教學上，應有強烈的使命感，為達到作育英才而努力以赴；在輔導
學生時，應以愛心為基礎來關懷學生，運用各種專業的知能，提供
學生最佳的協助；在自我方面，力求知足，心存感激，以不斷地進
修與成長，來完成人生的過程。

總之，教師的工作在圓學生的夢，一個快樂的夢。

本◆章◆摘◆要

　　傳統教育的內涵與功能必須隨著社會的變遷，而有重大的更迭；教師必須體察時代的脈絡與變化，以因應未來工作所可能面對的困境與需具備的條件。

　　時代在變、社會在變、所有的人與制度都在變，教師在現代社會中的角色行為同時具有多元性、變動性、衝突性。要有身心健全的下一代，就必須先有身心健全的教師，尤其是在國民教育階段，教師仍是協助學生社會化與人格發展的關鍵人物。

　　航管人員、外科醫生及教師為世上最具潛在壓力的三種職業；教師的工作壓力是：學校和行政人員的關係、學生的學習方面、角色方面、工作負荷、學生的不良行為、教師專業發展；而男教師、資深教師、做同一工作愈久的教師、中學教師等較易經驗到更多的倦怠；教師工作壓力的來源則有：行政人員不當作為、不當的薪水、學生價值與態度、管教問題、學生缺少動機、個人教學能力、工作負荷、無充分準備時間、無適當休息、缺乏社區支持、家長價值與態度、大班級教學、同事關係等。

　　目前常見的教師難題與困境，在個人方面有：教學能力、時間壓力、生涯定向、經濟條件、溝通能力、感情生活、家庭生活；學校方面有：班級競爭、學校環境與設備、行政主管的領導風格、學校風氣、退休制度、考核、升遷、福利；學生方面有：師生關係、學生不良適應行為、學生學習意願、大班級教學；家長方面有：不關心子女教育、干預校務影響教學。

　　教師在多元多變的環境中，要愉快而有效地執行教育的任務，應扮演的三種角色行為是：教學的角色、輔導的角色、行政的角色；教師先有健全的身心狀態，才有可能在教學、輔導、行政的工作上，發揮最大的效能。

　　教師對自我的接納與肯定，同時表現出所居地位的尊嚴與充分選擇的自由；雖然不貶低自己的身價，但也不諱言自己的缺失，以及身為凡人的無奈與物質條件的平庸。教師縱然不刻意追求快樂，但真正的快樂卻已長駐我心。

　　教師在教學上，應有強烈的使命感，為達到作育英才而努力以赴；在輔導學生時，應以愛心為基礎來關懷學生，運用各種專業的知能，提供學生最佳的協助；在自我方面，力求知足，心存感激，以不斷地進修與成長，來完成人生的過程。

研◆討◆問◆題

一、現代社會的快速變遷對教師有何影響？

二、你在工作與生活中經常出現哪些難題與困境？

三、教師應認同哪些角色行為？

四、教師要如何調適自己的身心狀況？

五、你認為教師應如何追求其快樂的生涯？

本◆章◆參◆考◆文◆獻

一、中文部分

何長珠（民 65）：**做好一個中學教師的藝術**。臺灣省政府教育廳編印。

吳武典（民 76）：老師的難題。**教師天地**，12 月份。

吳武典、洪友義編著（民 79）：**心理衛生**（第三版）。台北：國立空中大學。

吳清基（民 79）：做一個高附加價值的現代教師，載於臺灣省政府教育廳主編，**台灣省國民小學新進教師教學參考手冊**，16-22。

郭生玉（民 78）：教師工作壓力與工作心厭關係研究，**師大教育心理學報**，22 期，131-146。

陳煥榮、黃培聲（民 92）：從教改談高職教師之生涯規劃，**師說**，177 期，36-38。

彭駕辭（民 67）：**教師的心理衛生**。臺灣省政府教育廳編印。

彭駕辭（民 79）：教師壓力的來源，**研習資訊**，66 期，3-8。

楊極東（民 76）：社會轉型中教師角色的調適——做一個快樂的現代教師，**教師天地**，12 月份。

劉焜輝（民 69）：**現代人的心理衛生**。台北：天馬。

賴保禎、簡仁育（民 76）：**心理衛生**。台北：中國行為科學社。

二、英文部分

Brown, J. (1984). *Missouri teacher* experience stress. ERIC ED, 253-313.

Connolly, C., & Sanders, W. (1986). *Teacher stress: An on-going problem that needs attention*. ERIC ED 266-130.

Martray, C. R., & Adams, R. D. (1981). *Stress: Specific life events in the teaching profession.* ERIC ED 260 055.

國家圖書館出版品預行編目資料

教師心理衛生／王以仁、林本喬、陳芳玲著.
--再版.--臺北市：心理, 2005（民 94）
面；　　公分.--（輔導諮商；24）

ISBN　978-957-702-791-7（平裝）

1. 教師 – 心理方面　　2. 心理衛生

522.014　　　　　　　　　　　　94007379

輔導諮商 24　　**教師心理衛生（第二版）**

作　　　者：王以仁、林本喬、陳芳玲
總 編 輯：林敬堯
出 版 者：心理出版社股份有限公司
社　　　址：台北市和平東路一段 180 號 7 樓
總　　　機：(02) 23671490　　傳　　真：(02) 23671457
郵　　　撥：19293172　心理出版社股份有限公司
電子信箱：psychoco@ms15.hinet.net
網　　　址：www.psy.com.tw
駐美代表：Lisa Wu　　tel: 973 546-5845　　fax: 973 546-7651
登 記 證：局版北市業字第 1372 號
電腦排版：亞帛電腦製作有限公司
印 刷 者：東縉彩色印刷有限公司
初版一刷：1992 年 6 月
二版一刷：2005 年 5 月
二版二刷：2006 年 9 月

定價：新台幣 400 元　　■有著作權‧侵害必究■

ISBN-13　978-957-702-791-7
ISBN-10　957-702-791-1

讀者意見回函卡

No. _____　　　　　　　　填寫日期：　年　月　日

感謝您購買本公司出版品。為提升我們的服務品質，請惠填以下資料寄回本社【或傳真(02)2367-1457】提供我們出書、修訂及辦活動之參考。您將不定期收到本公司最新出版及活動訊息。謝謝您！

姓名：_____　　性別：1□男　2□女
職業：1□教師 2□學生 3□上班族 4□家庭主婦 5□自由業 6□其他____
學歷：1□博士 2□碩士 3□大學 4□專科 5□高中 6□國中 7□國中以下
服務單位：_____　部門：_____　職稱：_____
服務地址：_____　電話：_____　傳真：_____
住家地址：_____　電話：_____　傳真：_____
電子郵件地址：_____

書名：_____

一、您認為本書的優點：（可複選）

　❶□內容 ❷□文筆 ❸□校對 ❹□編排 ❺□封面 ❻□其他____

二、您認為本書需再加強的地方：（可複選）

　❶□內容 ❷□文筆 ❸□校對 ❹□編排 ❺□封面 ❻□其他____

三、您購買本書的消息來源：（請單選）

　❶□本公司 ❷□逛書局⇨_____書局 ❸□老師或親友介紹

　❹□書展⇨____書展 ❺□心理心雜誌 ❻□書評 ❼□其他_____

四、您希望我們舉辦何種活動：（可複選）

　❶□作者演講 ❷□研習會 ❸□研討會 ❹□書展 ❺□其他____

五、您購買本書的原因：（可複選）

　❶□對主題感興趣 ❷□上課教材⇨課程名稱_____

　❸□舉辦活動 ❹□其他_____ （請翻頁繼續）

（免貼郵票）

心理出版社 股份有限公司

台北市 106 和平東路一段 180 號 7 樓

TEL: (02) 2367-1490
FAX: (02) 2367-1457
EMAIL:psychoco@ms15.hinet.net

沿線對折訂好後寄回

六、您希望我們多出版何種類型的書籍

　❶□心理 ❷□輔導 ❸□教育 ❹□社工 ❺□測驗 ❻□其他

七、如果您是老師，是否有撰寫教科書的計劃：□有□無

　　書名／課程：＿＿＿＿＿＿＿＿＿＿＿＿＿＿＿＿＿＿＿

八、您教授／修習的課程：

上學期：＿＿＿＿＿＿＿＿＿＿＿＿＿＿＿＿＿＿＿＿＿＿

下學期：＿＿＿＿＿＿＿＿＿＿＿＿＿＿＿＿＿＿＿＿＿＿

進修班：＿＿＿＿＿＿＿＿＿＿＿＿＿＿＿＿＿＿＿＿＿＿

暑　假：＿＿＿＿＿＿＿＿＿＿＿＿＿＿＿＿＿＿＿＿＿＿

寒　假：＿＿＿＿＿＿＿＿＿＿＿＿＿＿＿＿＿＿＿＿＿＿

學分班：＿＿＿＿＿＿＿＿＿＿＿＿＿＿＿＿＿＿＿＿＿＿

九、您的其他意見

謝謝您的指教！　　　　　　　　　　　　　　　　21024